儒家文明协同创新中心项目资助

儒林

2024（第九辑）

山东大学儒学高等研究院 编

先秦儒学与早期中国

主　编 杨朝明
执行主编 蔡　杰
副 主 编 陈晨捷 李　琳 刘光胜

齊魯書社
·济南·

图书在版编目（CIP）数据

儒林. 第九辑 / 杨朝明主编. -- 济南：齐鲁书社，2024. 9. -- ISBN 978-7-5333-5053-6

Ⅰ. B222.05-55

中国国家版本馆CIP数据核字第2024SU8245号

责任编辑　王亚茹
装帧设计　亓旭欣

儒林（第九辑）

RU LIN DI-JIU JI

杨朝明　主编

主管单位	山东出版传媒股份有限公司
出版发行	齊魯書社
社　　址	济南市市中区舜耕路517号
邮　　编	250003
网　　址	www.qlss.com.cn
电子邮箱	qilupress@126.com
营销中心	（0531）82098521　82098519　82098517
印　　刷	山东华立印务有限公司
开　　本	720mm × 1020mm　1/16
印　　张	17.25
插　　页	3
字　　数	248千
版　　次	2024年9月第1版
印　　次	2024年9月第1次印刷
标准书号	ISBN 978-7-5333-5053-6
定　　价	78.00元

目　录

青年论坛

会议综述

五人谈

对谈人 黄玉顺 谢文郁 唐文明 王文东 曾海军

主持人 孔德立

整理人 白义洋

2024年5月18日至19日，“儒林论坛·先秦儒学与早期中国”学术研讨会在山东大学中心校区成功举办。论坛特别设置了“五人谈”环节，由首都师范大学政法学院教授孔德立主持，与谈嘉宾有山东大学儒学高等研究院教授黄玉顺、山东大学哲学与社会发展学院教授谢文郁、清华大学人文学院哲学系教授唐文明、中央民族大学哲学与宗教学学院教授王文东及四川大学哲学系教授曾海军。此次会谈以“先秦儒学与早期中国”为主题，重思先秦儒学的形成与发展过程，溯源早期文明的广阔背景与深厚价值。

孔德立： 尊敬的各位老师、亲爱的同学，“五人谈”即将开始。根据会议的安排，由我来为五位老师服务。杨朝明老师精心设计了“五人谈”环节，这是我第一次主持“五人谈”，所以向杨老师请教了这个环节的用意。根据我的理解，这是对我们本次研讨会的主题——“儒林论坛·先秦儒学与早期中国”——最后再做一个回应。本次会谈，我们请到的五位学者分别是：山东大学黄玉顺教授、山东大学谢文郁教授、清华大学唐文明教授、中央民族大学王文东教授及四川大学曾海军教授，有请五位教授落座。

五位教授在各自的研究领域都是执牛耳者。黄玉顺教授一直特别关注“生活儒学”，并在儒学界开创了“生活儒学”的研究派别。黄教授师承中国社会科学院的蒙培元先生，蒙先生的“情感儒学”在学术界的影响非常大，所以黄教授近些年的研究，也注重从生活情感的角度切入中西伦理文明的比较研究。

谢文郁先生是研究宗教学、神学和西方哲学的大家。谢教授关于形上学思维的研究，为传统儒学的研究带来了很多碰撞性的思考，特别是本次会议他提交的论文《君子何以“知人知天”？》，给我们诸多启发。不难发现，谢教授的研究思路，呈现出一种由西方哲学向中国文化的回归倾向，这是我的一个揣测，希望谢老师在接下来的讨论中给我们一个提示。

唐文明教授，无论是对伦理学的研究，还是对早期儒学和儒教信仰的研究，都卓有建树。特别是近年来，他投身于西方文明和中国文明的比较研究，去年在生活·读书·新知三联书店出版了有关沃格林的专著《极高明与道中庸：补正沃格林对中国文明的秩序哲学分析》，就沃格林思想在北京大学举行了一次“当代中国哲学五人谈”的思想对谈，由杨立华老师主持，引起了学术界的轰动。我当时也在线上观看了这场直播，收获颇多。

王文东教授长期致力于礼学的研究，尤其是先秦礼学的研究。此外，王教授特别注重从出土文献的角度阐释《礼记》，这对我们研究早期儒学无疑是一个非常好的切入点。

曾海军教授以《周易》为主要研究方向，近年来的关注点主要是在先秦诸子学方面，并已出版两本著作——《诸子的生活世界》《诸子时代的秩序追寻——晚周哲学论集》。

五位教授的研究既包含了中国哲学领域，又涉及了宗教学领域，甚至是中西方伦理的比较研究，我想在此基础上，今天的“五人谈”一定会碰撞出很多火花。今天的主题是“先秦儒学与早期中国”，谈中国要谈儒学，谈儒学要从先秦谈起，而先秦儒学对中国传统文化的奠基具有决定性的作用。所以本次儒林论坛诚邀全国各地儒学界的同仁们在此论道，可谓秀木成林。我们就以“先秦儒学与早期中国”为题，通过以下几个具体问题来展开。

问题 1：怎么看待“先秦儒学与早期中国”？以中西对比为视角，我们可以从中借鉴什么？

孔德立：早期儒学的形成与发展具有源远流长的文化背景，在昨天一天的讨论中，我们看到学术界已经关注到了儒学产生前中国文化的传统精神，比如说讨论了三代文化对儒学的形成所起到的奠基作用。那么，唐文明先生对早期儒家的起源具有精到的研究，特别是他的著作《与命与仁——原始儒家伦理精神与现代性问题》，为这个话题铺垫了非常广阔的讨论背景，所以我们先请唐文明教授来讲一下。

唐文明：谢谢德立，谢谢杨朝明老师的安排。本来应该请谢文郁老师先讲，我就遵照主持人的要求吧。之前德立把几个小的题目发给我，我简单想了一下，就以此来做一个开场和铺垫。首先是“先秦儒学与早期中国”这样一个主题，从“早期中国”的概念来看，它是个历史概念，但我们主要是从哲学的角度去理解，所以说这是一个哲学和历史相交织的主题。昨天其实有很多文章讨论到如何看待孔子的问题，如果说孔子是先秦儒学的核心人物，那么应如何界定孔子和三代的关系？乃至于如何界定孔子与更上古的尧舜时代之间的关系？这些问题非常重要，过去学界也很重视。

在我看来，古代的学问里面，比如三代也好，尧舜时代也好，第一，这段历史不是传说，更不是神话，而是信史。第二，这种信史不是我们现在史学所刻画的样子，那是什么呢？我做一个类比的说法，比如说在犹太—基督教的传统里面，会认为以色列的历史不是简单的民族史，而是圣史，即神圣历史。我的理解是，也许我们可以借鉴这种研究方法，也就是说，从儒学或儒门教化的角度，应该把尧舜三代，特别是“六经”里面关于尧舜三代的论述，理解成圣贤的神圣历史。

以这种方式来看，我们某种意义上也会卸脱一定程度的历史负担。如果仅从考证的角度来说，按照现在的考证观念，只能说商代还是可信的，因为有甲骨文的出土，这是无可争议的，夏代就不可信了，尧舜更是无从谈起。所以按照历史学的观念，儒学是讲不下去的。但事实上，我们不能想象一个不讲尧舜三代的儒学，如果说尧舜三代，夏代和尧舜都是神话、都是虚构的，或者说像顾颉刚先生原来讲的“大禹是条虫”，儒学还怎么讲？所以这里存在方法上的问题，并不是说历史学不重要，历史学自然是非常重要的。我们看西方的《圣经》研究，会将教化的信仰层面和理性的历史研究非常好地结合起来。昨天我跟谢老师聊，他也提到，实际上在学术中有区分，在一般的系统里面不太关心到底是不是神话，一般会相信是真的。所以不同领域有不同的处理办法，这里面需要很好的分工。因为儒学或儒教的现代研究，我们目前全部放在诸如历史学、哲学这样的大学学科里面，所以传统儒学现在面临的问题，反而是信仰层面或者说古代那种信念层面的匮乏。这是我关于三代主要想讲的观点。

孔德立： 谢谢唐老师！唐老师讲了非常重要的问题，就是历史学的叙事是一个角度，考古学的叙事是一个角度，这也涉及当下我们如何建立中国的文化自信。实际上唐老师提到了重大的历史问题、理论问题和现实问题。从之前的夏商周断代工程到现在的中华文明探源工程，我们知道的陕西省榆林市的神木“石峁遗址”2019年被列入《中国世界文化遗产预备名单》，“石峁遗址”被定为龙山文化的后期和夏文化的早期，目前发现的这个城址的规模和完整度已经超过了“陶寺遗址”。唐老师提的问题是：如果我们只把三代作为孔子或者早期儒学的一个源头，那怎么看待尧舜？尧舜是不是信史？我们现在再请曾海军教授来谈一下，有请曾老师。

曾海军： 谢谢主持人！跟各位前辈坐在这里感到非常惶恐。我想回应一下唐老师说的三代问题，我们昨天晚上聊天时恰好说到这个问题。对三代问题，丁纪老师有一些思考，跟唐老师的关注完全一致，但具体思路不同。唐老师以宗教或基督教的思路重述三代话语，有点入室操戈的意思。对于唐老师所说的神圣意识，我非常认同，只是未必要以基督教的思路来讲述。就我们自身的文化传统方式而言，我认为中华文明中一直有神圣方面的叙事。

《孟子》里有一句话，“王者之迹熄而《诗》亡，《诗》亡然后《春秋》作”，孔子作《春秋》是“其事则齐桓、晋文，其文则史”，“其义则丘窃取之矣”。丁老师对此做了一个划分，认为这里面有其事、其文与其义，三者涉及我们熟悉的孔子“删《诗》《书》，定《礼》《乐》，赞《周易》”。“五经”里的“事”其实是王事，即尧舜以来之事。“文”即王官所作，也即王史。因为有王事、王史，所以王义自然就在其中，三者是统一的。那么孔子做了什么工作呢？孔子作《春秋》，《春秋》里面的事不再是王事，而是霸事，即齐桓、晋文等霸者之事。史也是列国之史，不再是王史。所以霸事、国史里面见不出王义，那怎么办呢？

我们昨天晚上聊天时也提到孔子革命的问题，我的理解是，孔子在这个时候，最好是等类似“汤武革命”，即等新的“汤武革命”出现，然后传承下去。但怎么理解孔子没有等待而是自己做了这个事情呢？其实孔子以作《春秋》的方式，将王义寓于霸事、国史之中，由此使得王义得到传承。但这种传承会导致义与事、史之间的断裂，义不是由王事、王史自然见出，而是赋予在霸事、国史之中。作《春秋》当然是一件前无古人的事情，本该由天子所作，现在由孔子作了。三代本身的理想性就在于三者是统一的，孔子之后，三代就已经成为过去。但由于孔子作《春秋》，王义还是得以传承，如此回归三代的可能性便得以保留。尧舜三代当然是圣王之治的理想表达，但孔子之后发生了巨大变化。

孔子“删《诗》《书》，定《礼》《乐》，赞《周易》”，丁老师将前“五经”的述与《春秋》的作分开对待，并对《论语》做类似《新约》的处理。将《论语》视为道成肉身的表现，不知道能不能跟唐老师的观点形成呼应。这相当于说义无法再通过王事、王史来体现，但孔子的《论语》使得君子之学成为可能，就是让每一个人可以直接面对义，通过修身养性成为君子。因此，完全可以将《论语》当作与“六经”并提的经书。

以上主要介绍了丁老师的相关工作，我觉得可以很好地回应唐老师刚才所说“怎么看待尧舜三代”的问题，跟我们今天的主题也非常贴切。昨天晚上还讨论到一些问题，比如唐老师认为，过去会有从皇到帝到王的叙事。我的看法是，儒家对尧舜三代的叙事，由孔子往前看，是用王来统摄之前的帝和皇。由孔子往前看的叙事，不同于“创世记”的叙事方式。创世的叙事方式有一个清晰的起点，然后再讲时代如何一步一步地跌落下来。但由孔子往前看就不一样，离孔子越近的才说得更清楚，越远的就更难以说清楚，我觉得这是很不一样的。所以可以用王统摄更早的帝和皇，不一定要重新把皇、帝、王做成线性历史。

我们昨天晚上聊天还涉及一个问题，如果说有神圣意识，有理想的三代之治，那么三代之治怎么会跌落呢？或者说秦政是怎么出现的呢？我认为，如果由孔子往前看，就可以解决这个问题。《论语》中对尧舜的描述我们非常熟悉，所谓“尧舜其犹病诸”，也就是说作为理想的三代之治，其实跟现实之间存在裂缝。换句话说，理想本身并不意味着必须得全部现实化，所谓“人能弘道”，但理想的道能弘到什么程度，这是不确定的。这也就可以回应类似“秦政是怎么出现的”这种问题，因为理想原本就有随时滑落的危险。秦政是怎么出现的？是因为有法家。法家是怎么出现的？是因为有私学。私学是怎么出现的？我们通常说孔子兴私学，我认为孔子只是认私学。以前没有私学，王官散失，私学兴起，孔子就认了私学。但认私学其实是有风险的，认私学就无法排除法家的可能性，也就无法排除秦政的可能性，这也就可以回答秦政为什么会出现。同样地，孔子作《春秋》将义寓于霸事也是有风险的，这也就可以解释为什么说“罪我者其惟《春秋》乎”。但孔子不能不认私学，也不能不作《春秋》，只有这样，才有机会将义传承下来，使得后世回复三代成为可能。

唐文明： 关于历史，按照现在的观念，总是想要找到孔子的思想和三代之间存在的一种进展关系，但是按照经典的叙述，从皇、帝、王再到霸这样的历史变化，反而是某种看起来像是历史越来越差的论述。所以要看到底从什么角度来讲，我觉得可能比较尖锐的一个问题，我也提出来，就是如何定义历史的主体。如果历史的主体是中国，无论是现代建构的还是历史上形成的中国，这是一回事；如果历史的主体是儒门教化，那可能是另外一种思路。

我觉得这是处理“先秦儒学与早期中国”这样的概念或主题时，需要事先思考的，比如说中国到底从哪个时期算起？尧舜的时代算不算中国？现在历史学界认为从夏代开始，因为夏代出现了明确的国家形态，所以“早期中国”就是指三代，好多历史学的学者持这种观点。那就需要考虑如何看待尧舜这一段历史。或者说夏商周三代和孔子以后，包括秦，到底哪个才是中国？如果都是中国，那么到底是什么样的中国？是一个世俗历史的中国概念，还是既包含了神圣历史的部分，也包含了世俗历史的中国概念？都是需要去分析的。

孔德立：谢谢曾老师！曾老师结合唐老师的问题做出了回应，谈到了孔子作《春秋》，特别最后提到秦政的出现是因为法家，法家的出现是因为私学，私学的出现是因为孔子认私学，从孔子推到秦政，我慢慢消化，如果说这个逻辑成立的话，首先要说明这不是孔子本意。孔子所说“罪我者其惟《春秋》乎”，制礼作乐是天子的职责，孔子不是天子，但是还需要有人承担这个工作，所以他会说“罪我者”。这是我的理解，不一定对。

实际上，在中西方文明发展的过程中，都涉及了如何看待各自民族早期文化的问题，那么在西方宗教叙事的话语体系里面，如何看待他们的历史？作为研究西方基督教的著名学者，我们请谢文郁老师来谈一下这个问题。

谢文郁：刚刚唐文明教授特别谈到了基督教如何看待《圣经》的问题，其实我们看到西方文明里头，最原始的时候是需要文献记载的，比如说像《希伯来圣经》《荷马史诗》，这两部书中很多内容都是根据传说记载下来的。我们讲到传统的时候，文字还是最关键的，像《旧约》里面的“创世记”，就是由传说记载成文字。我认为所有的传说都有非常核心的东西，背后有很强大的支撑，特别是有些传说是由一代一代人传下来的。每个部落都会出现一个比如说记性比较好或者特别有智慧的人，由他们一代一代传下来。但在没有转换为文字的时候，我们讲的这个传统的传承确实是有问题的。比如西方像基督教把传承拉到亚伯拉罕的信仰那里，所有亚伯拉罕的事迹都是传说，后来在传到摩西的时候记载下来。像《荷马史诗》中的荷马是一个盲人，盲人的记忆特别好，每到一个地方，就把当地的故事记下来，再用讲述的方式讲出来，直到希腊文字发明之后才记载下来。

我认为中国经典中能够成为传统的是《易经》，《易经》由文王所作，我们要从传统界定的角度追踪的话，我更重视以《易经》为开始的文明。在谈论《易经》的时候，我顺便谈一谈我自己这些年读《易经》的感受。我认为《易经》是体现中国人和西方人不同思维方式的非常重要的一个点。比如在《荷马史诗》里我们看到，万事万物出现的原因会归到诸神那里去。每一件事情背后都有神在操控，万事万物的发生都在神。赫西俄德要追溯这个神的起源，最后追踪到了一个最早的神，叫Chaos，是最早的混沌神。可以说这就导致了西方人的思维方式是寻找本源，找到一个最初的本源之后，万事万物都从那里来，所以搞清楚本源之后也就理解了万事万物。

但是我自己在读《易经》的时候发现，《易经》并不追求那个东西，《易经》每个卦爻所呈现的问题意识是：面对未来怎么办？它的思维方式通过每一个卦和爻呈现，即我们面对未来每一个时刻怎么办？因为未来是不稳定的，那么在不稳定性中能不能找到稳定性？西方在追寻原因，找到原因就找到了可靠性，因此它的思维方式是向后的，也就是寻找原因的原因这样一种方式。而《易经》并不追求原因的原因，它直接告诉我们面对未来时，在卦、爻所呈现的态势里面怎么找到可靠性，面对不同的选项要选哪个。所以在思维方式上，《易经》是面向未来的，这种思维方式在我看来，造就儒家传统的时候，是一种向前看、向未来看的思维方式。大概说说我对早期儒家的看法：早期文明是由《易经》中这种面对未来的开放性（在开放性面前寻找确定性和可靠性）发展而来的传统。我觉得在追溯这样的传统时，可能要更多重视中国文明中这样的思维方式。

问题2：如何看待先秦儒学在后世的发展历程？以古今之变为视角，当代的儒学复兴能够从先秦儒学中借鉴什么？

孔德立：感谢谢文郁教授！谢老师实际谈了三个问题，一是在西方基督教的传统里面，传说是依靠信仰传承，再记载成文献，这样一种历史建构顺序是传说—信仰—文献—传承。谢老师又比较了中国的《易经》，认为《易经》中具有面向未来的开放性，这种叙事结构在中国文化的传统里面是一种根基性的存在。同时，《易经》为未来建构了情感持续的方式。我也关注到谢老师和黄老师合作过一篇文章，涉及了对"情感儒学"的讨论。

下面我们请黄老师与谢老师来谈一个问题，什么问题呢？大家都知道黄老师做“生活儒学”研究，特别是在学术界提出了“生活儒学”的概念。黄老师很重视情感，在和西方文明做比较时，认为情感方面带有中国文化特质性的因素，这一点在中国的早期文明和西方文化中是存在分别的。近几年，黄老师又特别关注先秦儒学的超越性问题。那么关于儒学早期文明的发展与情感、超越性等问题的关联，我们就请黄老师来谈一谈。

黄玉顺：谢谢主持人！我想先谈的是我们会议的主题，谈谈怎么认识“先秦儒学”的问题。长期以来，我对这个问题有一些想法。“先秦儒学”的概念，是现在“中国哲学史”研究范式里面的提法，这是一个很模糊的概念。现在“中国哲学史”的叙事，是按照“先秦儒学”“两汉儒学”“魏晋玄学”“宋明儒学”这样的时间顺序排下来的，且往往是按照朝代排的，它掩盖了一些重要的东西。而且，“中国哲学史”的话语，把整个儒学史处理成了书斋里面的概念游戏，这存在很大的问题。

这和我所讲的“生活儒学”有关，就是现在“中国哲学史”的叙事，脱离了生活，这个问题比较严重。所以，前些年我主办过一场会议，专门谈“重写儒学史”的问题。这里面涉及很多问题，其中比较关键的问题是：儒学的秉性是“入世”的，是回应时代问题的，因此，要认识儒学，就要认识儒学的时代背景。孟子讲“知人论世”，这是一个基本原则。但我们看“中国哲学史”包括“宋明理学”那样的研究，会发现它好像跟时代、跟生活完全没关系。这样的研究意味着没法理解历史上某一位儒者的宗旨：他的问题意识到底是什么？他为什么这个时候来谈某某问题？比如，程朱为什么要谈“天理”？阳明为什么要讲“良知”？“心中贼”到底指的是什么？如此等等。

所以我想说：要认识所谓“先秦儒学”，首先应该把它放在更大的背景当中去，那就是所谓的“时代背景”及其“转换”。这可以看作是一种“历史哲学”的观念，或者“中国历史哲学”的观念。简单来讲，先建立一个历史的大框架，建立一个坐标系，再回过头来，在这个坐标系中去描述某一个点。

从目前比较靠谱的传世文献来看，大致来讲，中国的历史，我把它分成三大阶段，相应地，就有三大儒学形态和两次社会大转型。首先抓住中间的两次社会大转型，第一次社会大转型时期是春秋战国时代，在思想观念上属于中国的“轴心时代”，即第一次社会转型及其观念转型；第二次社会大转型就是我们大家现在还身处其中的社会转型及其观念转型，有人把它叫作“新轴心时代”，这当然可以再讨论。

在这几个时代，儒学的面貌甚至性质是很不同的。这里可以跟西方做一个比较。欧洲在“轴心时代”转型之后，进入了帝国时代，但其实中国也转入了帝国时代。在欧洲来讲，是罗马帝国；在中国，就是从秦汉王朝一直到清王朝。我又把这个帝国时代分成前后两期，西方的罗马帝国后来解体了，进入了所谓的“封建”状态，这其实非常像唐朝解体之后的状况，中国也进入了极其分裂的状态，即五代十国。但跟西方不同的是，后来的宋、元、明、清仍然是帝国时代。而欧洲呢，没再出现帝国“大一统”。后来有一种所谓“帝国”，包括拿破仑帝国等，其实是现代性的“帝国”，这完全是一个现代性概念。

至于儒学，是跟中国历史的时代转换相应的。我前面提到的那场会议“重写儒学史”，后面还有一个标题，叫作“儒学现代化版本”问题。儒学的近代转型，已经经历了 1.0 版、2.0 版等。这个 1.0 版一直可以追溯到宋代，这是我结合时代背景对儒学史的一个全新的认知，跟过去“宋明理学”的研究截然不同。“生活儒学”认为，不同的时代，有不同的生活方式，也就有不同的儒学形态。所以在我看来，整个中国哲学或者儒家哲学，大致来讲，可以分为三个大形态，中间有两次大的转型，这样就可以把儒学史描绘得非常清楚。所谓“先秦儒学”，一般叫作“原典儒学”，我们可以有两种概括，一种叫作“周孔之道”，一种叫作“孔孟之道”。后来从秦汉直到明清的儒学，我称为“帝国儒学”。接下来是“现代儒学”，不断出现新的版本，一直到 20 世纪的现代新儒学的版本，再到今天中国大陆儒学的版本。

我想强调的是：我为什么要画一个三大儒学形态及两次大转型的框架呢？

第一，必须在一个坐标系里面才能够准确地描绘一个点，那么，在这个大框架或者“历史哲学”的框架下，我们回过头去看“原典儒学”，就会发现，它和“帝国儒学”包括“宋明理学”在本质上是不同的。这是我想强调的第一点。具体怎么不同呢？这里没时间展开，举个例子来讲，就是我们这几年讨论比较多的所谓“外在超越”“内在超越”的问题。宋明儒学或者帝制时代的儒学，基本上是“内在超越”的；而“原典儒学”，特别是“周孔之道”，却是承认“外在超越”的，承认有一个上帝。此外，两者之间还有很多不同，乃是本质的不同。这是我想讲的第一点。

第二，套用黑格尔的“否定之否定”概念，我想，我们面向现代性的儒学，就是第二次社会大转型所伴随的儒学观念的转型，应当考虑“否定之否定”的问题。当然，这并不是简单地“吾从周”，回到西周、回到周公。但是，我觉得，中国的所谓“新轴心时代”可能会有很多类似西周或者“原典儒学”的观念需要重建，这是今天值得我们着力去加以阐发的。我自己最近几年花了很大的功夫来讲儒学超越性层面的问题。这样的工作，可能只有“原典儒学”才能给我们提供最值得参考的资源。

谢文郁：我们看到黄玉顺老师所谈的“生活儒学”也好，蒙培元先生所谈论的“情感儒学”也好，所有情感面向都是一种指向未来的趋向。我们每个人都有这样的生存倾向，这种倾向作为情感是指向未来的，所以我们会更关心的是情感的结构。因此，我自己理解，整个儒学后来的发展就是要建立一种情感秩序，这使得我们能在完善的情感秩序里头去生存，我跟黄玉顺老师有关这方面的讨论比较多。因为受到西方哲学的训练，我更注重的是对情感做具体分析，就是说不同的情感会有不同的指向，但是在不同的指向里面，我们建立的情感秩序应该是怎么样的？所以我这一年做的情感分析是在这种意义上去谈的。

唐文明：对玉顺老师我的了解可能不够，我觉得你这几年也走向儒教说，我倒是觉得我们又多了一个同道。但是我想给宋明理学做一下辩护，玉顺老师反对内在超越说，强调外在超越，我是这么理解的，我认为宋明理学不是内在超越，现代新儒家解释后的宋明理学被认为是内在超越，所以真正的内在超越是现代新儒家做出的判断，宋明理学的超越性还是很强的。所以从这一点来说，我觉得恰恰需要认真地反思现代新儒学的问题，可能才能够证成黄老师讲的从原典出发，以外在超越为根基的儒学。

问题3：出土文献对认识早期儒学带来了什么影响？

孔德立：谢谢黄老师和谢老师！黄老师谈了儒学发展的几个阶段，以此为基础又回到了早期儒学、“原典儒学”。最后的落脚点，黄老师的结论是通过“否定之否定”，认为现代性的儒学一定要从“原典儒学”的层面上寻找儒学的内在资源，才能完成现代哲学的建构。近些年来，从1973年的马王堆帛书到1993年的郭店简，到上博简，到清华简，再到现在安徽大学的竹简，都为我们认识早期儒学提供了颇具颠覆性的文献材料。当然，也包括现在没有公布的海昏侯的《齐论语》，所以接下来请唐文明教授与王文东教授谈一下出土文献对认识早期儒学带来了什么影响。

唐文明：我认为以现代史学的实证方式处理文献材料是不合适的，或者说有不合适之处。谢文郁老师在前面的讨论中其实提到了传世文献的某种权威性，近代因为实证化的倾向过于严重，乃至于出现疑古思潮，所以后来李学勤先生拨乱反正，提出要走出疑古时代，实际上也导致一个问题，就是出土文献的价值甚至要比传世文献还高，这是不正常的。所以昨天我评一些论文时就提出可以把出土文献和传世文献高度结合起来，传世文献有它的权威性。而且出土文献基本上不可能具有颠覆性的改变，它可以丰富我们的认知，加深我们对过程的了解，但要真是颠覆性的，那完全是另外一回事。所以我觉得应该强调传世文献的权威性。

王文东：刚才德立教授说研究出土文献有什么意义，我觉得意义非常大。因为我们研究儒学也好，或者研究早期诸子思想的本来面目也好，都有很多尝试。比如，朱子认为子思子、程子继承道统，自汉以来的儒者不在道统中，这个观点引发的分歧就非常大。那么，研究早期竹简包括海昏侯的墓里面出现的《齐论语》，有什么意义呢？很重要的一点是有助于我们考虑真儒的面貌是什么。比如说我的导师焦国成老师写了一篇文章《儒家经世学派考原》，就是从荀子的角度来论证真儒是什么。焦老师认为子贡守丧六年，这六年间完全有可能在做一些整理文献的工作，所以可能后来儒家的一些文献和子贡是有关系的。我们从子贡的悟性，包括经历来看，子贡很出色，不会像有些弟子一样，理解不了孔子的一贯之道。所以子贡确实具备了体会孔子思想本意的天赋。另外，焦老师认为荀子比较贴近孔子讲的君子儒，也就是说孔子已经意识到了儒家后来的分化可能会走偏。

郭店楚简的出土不能完全解释这个问题，对于郭店简只能说去古未远，但我想如果有更多这样的文献出来，就不会出现后来研究者对孔子那么多的批评。近代以来到现在的100多年间，大部分时间都是在批评孔子。郭店简至少在文献上提供给我们很多认识，比如早期儒者究竟从什么出发点来讲儒家？比如君子儒究竟是什么？焦老师认为子贡、荀子的思想比较接近孔子。我写过一本小书，叫《天之道与人之礼——〈春秋〉经传主体思想》，我认为子贡、荀子之学说，以及春秋学、公羊学，在某种意义上体现了孔子讲的“君子务本”。另外一个就是子思，思孟学派作为道统谱系中的一环，我觉得也要结合起来，去体察孔子讲的君子形象。包括朱子确定的“四书”在宋代成为官方经典，明清之际地位有所下滑，学界好些年都在研究明清之际的“四书”学，特别是阳明后学，你看这时的《儒林外史》《红楼梦》，这些作品里儒者是什么形象？小人儒都说不上，儒家呈现给我们的就是没有出路可走。除了阳明学及后学，我们看同时代很多作品中，儒者都没有出路。所以我认为要想回归到早期原典时期，就要考虑真儒，即孔子思想的本意，这还是很重要的。

谢文郁：是的，而且我认为儒家要复兴的前提是建立一个君子群体，如果没有君子群体，就没有儒家文明，就会散落在外。在这意义上，我跟唐文明兄有时候谈起来说要建立儒教就要建立君子团体，每个人都可以成为君子。按照《中庸》的说法：“思事亲，不可以不知人；

思知人，不可以不知天。”君子不可以不知人知天，所以需要有敬天传统，在这个基础上再建立君子团体。君子和小人的区分在于，小人是不在乎知人知天的。如果没有这个传统，我认为儒家很快就会消亡掉。仅仅靠一些文献考古，只能使我们成为书生而已。

王文东：我觉得有三个问题比较重要，第一个问题是孔子讨论的，人应该成为什么样的人？这是早期儒者讲的问题。第二个问题是，如何与人共处？共处强调公共性、共同体、规范系统，而对内在德性的讨论侧重强调人应该成为什么样的人。我们伦理学也讲成圣成贤，马克思主义伦理学的新德性论，实际上还是回归到儒学强调的人应当成圣成贤，最新的马克思主义伦理学德性论的发展实际上就是要激活这种传统。第三个问题是，何为好的生活？因为要建设好生活，就要强调好的社会或理想社会。再回归到儒学，如果我们描绘或者刻画它的真面目的话，我觉得首先要回答以上三个基本问题。

我们今天讲人类文明新形态，讲中华民族新的文明，现有很多讨论实际上没有办法刻画它的内涵。我们讲传统中华文明，从孔子来说，距今 2000 多年；从很多能够反映礼制中的秩序的器物方面来说，可追溯至 7000 多年前；从考古学来说，起源可追溯至 8000 多年以前。礼书中讲到礼的内涵，在早期中国考古中实际有非常生动的体现。今天在百年未有之大变局的背景下，讲人类文明新形态，讲中华民族文明新的形态建设，立足这个具有非常丰富内涵的传统文明，我们如何刻画、如何建设新的文明？儒学是最具有典型性和代表性的。

新的出土文献的发现是弥足珍贵的，有助于我们的研究回归儒学本意。刚才几位老师也讲到帝国儒学、制度儒学、政治儒学，黄老师讲“生活儒学”，这是一种创新。但要回归儒学本身，无论从问题还是从孔子本意来说，我想出土文献都有助于我们规避掉儒学发展过程中并非出于孔子本意的部分。在这个意义上，我们要回归原典、激活原典。要想刻画和建设中华文明真实、丰富、具体的内涵，那就一定要回归原典本身，而不是原典以后衍生出来的儒学形态。回到原典，理解孔子讲的真儒很重要。

我也比较认同从经世角度结合心性儒学恢复新时代的儒家道统，孔子教人一定是教人成功，孔子绝不会认为世界不能改变我们就改变自身，这恐怕不能代表孔子精神的全貌！所以说，阳明确实不能代表孔子的最后面貌，理学对此负很大的责任，贡献和责任共在。所以我最近在提这个问题，阳明学以后儒学没有路可走，儒者都是悲哀的形象。要反省儒学后来发展的路，就要回归原典。回答德立教授刚才提的问题，郭店简包括其他文献的出土对我们来说太重要了。在郭店简里，礼学更多强调性情与仁义、爱敬的关系，这是儒学非常重要的可以称为出发点的东西，但是后面礼的制定，都是由长官的意志决定，儒者变成为政治服务的存在，而且以此作为儒者最主要的任务，从根本上说多少就偏离了早期儒者的出发点。大概讲这么多。

孔德立：谢谢各位教授对相关问题的讨论！我们看先秦儒学和早期中国的关系，实际上包罗万象，中国后续所有的学术问题皆发端于此。刚才五位教授从不同的角度，谈了儒学的渊源及儒学产生后的流传，并从中西宗教学的比较角度谈了两种不同的文化如何形成了不同的特质，还谈了出土文献如何影响和改变我们对先秦儒学的认识。对我启发很大的一点是，几位教授无论是宗教学的背景还是伦理学的背景，均可以提供非常鲜活的思考路径和思维方式，和我们从纯粹哲学和历史学的角度的讨论不太一样。我觉得我们通过文字学、考古学、历史文献学、哲学、宗教学等学科的交叉比较，可以获得一个更广阔的认识视野，来看待先秦儒学与早期中国。

我们研究先秦儒学的问题，实际上是中国文化的大问题。我们说有 100 万年的历史，有 1 万年的文化史，有 5000 年的文明史，实际上先秦儒学的奠基对此起到了决定性、根本性的作用。另外，我们认识先秦儒学其中很大的问题就是文献，唐文明老师从文献、信仰的角度给我们做了很好的指导，即不能用解构性的、分析性的、纯粹理性的研究方法去一条一条地分析文献，认为某个句子不是早期的，不是先秦的，这个方法论本身存在问题。所以我们看谢文郁老师提交的论文，就是谈何以君子的问题，昨天我们也有短暂的讨论。张祥龙教授谈论了家与孝的问题，他通过研究现象学又回到了中国文化中具有本根性的家和孝的问题。黄玉顺老师研究正义论，研究情感，但是他的落脚点是关心如何从“原典儒学”中找到一种超越性，为现代儒家的建构提供一种思想资源。

虽然不想说再见，因为我觉得时间过得太快，但毕竟已经超时了。借鉴刚才谢老师提到的君子，我想了四句话，第一句是人能弘道，第二句是君子弘毅，后两句是儒林论坛，学界共仰！今天上午的“五人谈”结束，谢谢各位。

“儒家文化”略论

◇ 黄玉顺
（山东大学儒学高等研究院）

【摘　　要】文化是生活方式的表现形式，儒家文化是儒家所倡导或认可的生活方式的表现形式。从共时性的角度看，儒家文化的核心是“礼”，涉及三个层次：礼义→礼制→礼仪。“礼制”指社会规范及其制度；“礼义”即“义”，指礼制内在蕴含的价值尺度、正义原则，包括体现仁爱情感的正当性原则、顺应时代生活方式的适宜性原则；“礼仪”则是指作为礼制外在表现形式的仪式和礼节等。从历时性的角度看，儒家文化经过了两种不同的历史形态，即西周封建时代的儒家文化形态和秦汉以降的帝制时代的儒家文化形态。今天的儒者应当积极探索儒家文化的现代形态，特别是现代性的礼制和礼仪。

【关 键 词】儒家文化；共时结构；历时演进

【作者简介】黄玉顺（1957—），四川成都人。哲学博士，山东大学儒学高等研究院教授，博士生导师。

从汉代尊崇儒术以来，中国文化的主流就是作为“孔孟之道”的儒家文化；如果按照“周孔之道”的观念，儒家文化的内涵甚至可以追溯到西周。但是，究竟何为“儒家文化”，是一个见仁见智的问题。

一、儒家文化的概念

汉语“文化”，出自《易传·贲彖传》：“文明以止，人文也。观乎天文，以察时变；观乎人文，以化成天下。”[①] 单词“文化”，至迟在汉代已出现，例如刘向《说苑》：“凡武之兴，为不服也，文化不改，然后加诛。”[②] 然而何谓“文化”，学界至今众说纷纭。

汉字“文”的本义，许慎《说文解字》解释：“文，错画也，象交文。”[③] 这就是说，“文”指绘画或文字交错的笔画。“文”与“质”或“素”相对。孔子说：“质胜文则野，文胜质则史。文质彬彬，然后君子。”[④] 朱熹引杨氏解释：“质之胜文，犹之甘可以受和，白可以受采也。”[⑤] “白可以受采”也是以绘画为喻，犹言“质可以受文”，即“文”与“质”相对。子夏问《诗经》“巧笑倩兮，美目盼兮，素以为绚兮”[⑥] 是何意，孔子答：“绘事后素。”[⑦] 朱熹解释：“素，粉地，画之质也。绚，采色，画之饰也。言人有此倩盼之美质，而又加以华采之饰，如有素地而加采色也。……绘事，绘画之事也。后素，后于素也。《考工记》曰：‘绘画之事后素功。’谓先以粉地为质，而后施五采，犹人有美质，然后可加文饰。……礼必以忠信为质，犹绘事必以粉素为先。”[⑧] 即“文”与“素”相对。显然，《易传》中“文化”之“文”是指区别于自然状态（素、质）的一种“人文”“文明”的社会状态。

汉字“化”的本义，许慎解释：“化，教行也。从匕从人。”[⑨] 这个“匕”读作 huà，是“化”的古字。“教行”指教化，但并非“化”字的本义。许慎说：“匕，变也。从到人。”[⑩] “到人”即“倒人”（汉代《说文解字》尚无“倒”字），即倒下的人。徐中舒《甲骨文字典》也指出：“化”字“象人一正一倒之形”[⑪]。这就是说，“化”的本义是从站立的

① 《十三经注疏·周易正义·贲象传》，北京：中华书局，1980 年，第 37 页。
② 〔汉〕刘向撰，向宗鲁校证：《说苑校证·指武》，北京：中华书局，1987 年，第 380 页。
③ 〔汉〕许慎：《说文解字·文部》（附检字），北京：中华书局，1963 年，第 185 页。
④ 《十三经注疏·论语注疏·雍也》，第 2479 页。
⑤ 〔宋〕朱熹：《四书章句集注·论语集注·雍也》，北京：中华书局，1983 年，第 89 页。
⑥ 《十三经注疏·毛诗正义·卫风·硕人》，第 322 页。今本无“素以为绚兮”一句。
⑦ 《十三经注疏·论语注疏·八佾》，第 2466 页。
⑧ 〔宋〕朱熹：《四书章句集注·论语集注·八佾》，第 63 页。
⑨ 〔汉〕许慎：《说文解字·匕部》（附检字），第 168 页。
⑩ 〔汉〕许慎：《说文解字·匕部》（附检字），第 168 页。
⑪ 徐中舒主编：《甲骨文字典》，成都：四川辞书出版社，1989 年，第 912 页。

人转变为倒下的人。从哲学上说，“化”指人之存在状态的转变，即解构旧的主体性，转变为新的主体性。在这个意义上，“化”本质上是“人的转化”。这其实是儒家和道家一致的观念，只不过道家追求自然性的“真人”（“真”字也从“匕”，即“倒人”[①]），反之便是“假人”“非真也”（“假”字从“人”，即“立人”[②]）；而儒家则与道家相反，追求“立人”，如孔子说“己欲立而立人”[③]，从而强调“教行”“教化”。[④]

后者正是来自《易传》的“文化”观念，亦即儒家的“文化”观念，后来被概括为“人文化成”。由此可见，对于儒家来说，“文化”的本义是“人”的存在状态从质朴的、朴素的“自然状态”转化为人文的、文明的“社会状态”。因此，《易传》所说的“文明”，意谓由“文”之而“明”之，即通过“文化”的转化，使“人文”得以“彰明”，故《易传》说“文明以止”。（但要注意，《易传》的“文明”并非现代汉语作为“civilization”汉译的“文明”概念。）近代“西学东渐”，人们用汉语“文化”来翻译西语“culture”，因为两者的含义之间具有“可对应性”（当然同时具有“非等同性”）[⑤]，后者同样有培植、礼俗、生活方式等含义。英语“culture”出自拉丁语“colere”，最初由古罗马哲学家西塞罗（Marcus Tullius Cicero）解释为“灵魂的培养”（cultura animi），同样是“人的转化”。

人的转化，其实是源于人的存在状态的转化，即生活方式的转化。因此，比较而言，梁漱溟的“文化”概念更切近，也更具涵盖力，他说：“你且看文化是什么东西呢？不过是那一民族生活的样法罢了”[⑥]；“文化并非别的，乃是人类生活的样法”[⑦]。但他所谓的“生活的样法”乃指“生活中解决问题（的）方法”，归结为“意欲”（will）的不同，进而

---

① 〔汉〕许慎：《说文解字·匕部》（附检字），第168页。
② 〔汉〕许慎：《说文解字·人部》（附检字），第165页。
③ 《十三经注疏·论语注疏·雍也》，第2479页。
④ 参见黄玉顺：《“文化”新论——“文化儒学”商兑》，《探索与争鸣》2019年第9期。
⑤ 黄玉顺：《爱与思——生活儒学的观念》（增补本），成都：四川人民出版社，2017年，第4—9页。
⑥ 梁漱溟：《东西文化及其哲学》，北京：商务印书馆，1999年，第32页。
⑦ 梁漱溟：《东西文化及其哲学》，第60页。

提出所谓“人生的三路向”，即“（一）向前面要求；（二）对于自己的意思变换、调和、持中；（三）转身向后去要求”，据此区分西、中、印三种文化类型。① 我们可以不同意这种“生活意志论”②，但“生活的样法”这个表述是值得借鉴的。质言之，所谓“生活的样法”可以理解为“生活方式”（lifestyle）。

不过，严格来说，尽管“文化是由生活方式决定的，而非相反”③，但是，毕竟“生活方式”与“文化”并不是同一个概念。因此，更确切的表述应当是：文化乃是生活方式的表现形式。文化作为动词，就是以“文”（以礼乐为中心）来“化”（转化）一个群体的生活方式；作为名词，则是这种转化的结果，即一种新的生活方式。这种生活方式的文献记载，即典章制度及其价值观念的叙述。

如果文化是生活方式的表现形式，那么，儒家文化就是儒家所倡导或认可的生活方式的表现形式；这种表现形式体现在社会生活的方方面面，包括物质生活与精神生活、政治生活与经济生活，乃至日常生活的饮食起居、举手投足等。

二、儒家文化的共时结构

所谓“共时结构”，意指暂时撇开儒家文化的不同历史形态之间的差异，而归纳其在任何时代都具有的共同结构。

儒家“文化”之“文”，作为生活方式的表现形式，涉及群体生活的所有方面，这里不能一一展开；但是可以肯定，儒家文化的核心是“礼”。正因为如此，关于如何才能由“质素”而“文化”（动词），孔子强调指出：“文之以礼乐。”④ 孔子曾说：“文王既没，文不在兹乎？”⑤

① 梁漱溟：《东西文化及其哲学》，第 61 页。

② 黄玉顺：《梁漱溟先生的全盘西化论——重读〈东西文化及其哲学〉》，《社会科学研究》2018 年第 5 期。

③ 黄玉顺：《爱与思——生活儒学的观念》（增补本），第 278—279 页。

④ 《十三经注疏·论语注疏·宪问》，第 2511 页。

⑤ 《十三经注疏·论语注疏·子罕》，第 2490 页。

朱熹指出："道之显者谓之文，盖礼乐制度之谓。"[①] 章太炎曾指出："孔子称尧舜'焕乎其有文章'，盖君臣朝廷尊卑贵贱之序，车舆衣服宫室饮食嫁娶丧祭之分，谓之文；八风从律，百度得数，谓之章。文章者，礼乐之殊称矣。"[②] 柳诒徵也说："至周而尚文"，"其文教以礼乐为最重"。[③] 可见"礼"是儒家文化的核心，这是古今共识。

唯其以"礼"为"文"，故有"礼文"之说。例如《礼记》"三王异世，不相袭礼"，孔颖达疏："三王之世，礼文烦多；五帝之时，礼文简略。"[④] 关于禘祭之礼，程颐指出："四时之祭，有禘之名，只是礼文交错。"[⑤] 关于乡射之礼"射不主皮"，朱熹解释："《乡射》礼文。"[⑥] 孔子说"不能以礼让为国，如礼何"，朱熹解释："其礼文虽具，亦且无如之何矣，而况于为国乎？"[⑦] 如此等等。可见"文化"之"文"主要就是"礼文"。

那么，何谓"礼"？在儒家文化中，"礼"涉及三个层次：作为制度规范的"礼制"；作为礼制的内在价值原则的"礼义"；作为礼制的外在表现形式的"礼仪"。其结构为：礼义→礼制→礼仪。

（一）礼制

儒家所谓"礼"，泛指社会规范及其制度，包括物质生活与精神生活的规范、政治生活与经济生活的规范，乃至日常生活的规范等。[⑧]"礼"指制度规范，故有"礼制"之说，例如《礼记》"天高地下，万物散殊，而礼制行矣"[⑨]、"是故圣人为之断决，以三日为之礼

---

① 〔宋〕朱熹：《四书章句集注·论语集注·子罕》，第 110 页。

② 章炳麟：《文学总略》，傅杰编校：《章太炎学术史论集》，北京：中国社会科学出版社，1997 年，第 43 页。

③ 柳诒徵编著：《中国文化史》，上海：东方出版中心，1988 年，第 119 页。

④ 《十三经注疏·礼记正义·乐记》，第 1530—1531 页。

⑤ 〔宋〕程颢、程颐著，王孝鱼点校：《二程集·河南程氏遗书·伊川先生语一》，北京：中华书局，1981 年，第 167 页。

⑥ 〔宋〕朱熹：《四书章句集注·论语集注·八佾》，第 65 页。

⑦ 〔宋〕朱熹：《四书章句集注·论语集注·里仁》，第 72 页。

⑧ 黄玉顺：《中国正义论纲要》，《四川大学学报》（哲学社会科学版）2009 年第 5 期。

⑨ 《十三经注疏·礼记正义·乐记》，第 1531 页。

制也”[①]。“礼”又称作“制度”，例如《易传》“节以制度，不伤财，不害民”[②]；《尚书》“王乃时巡，考制度于四岳”[③]；《左传》“且夫富，如布帛之有幅焉，为之制度，使无迁也”[④]；《礼记》“礼义以为纪，以正君臣，以笃父子，以睦兄弟，以和夫妇，以设制度”“天子有田以处其子孙，诸侯有国以处其子孙，大夫有采以处其子孙，是谓制度”“是故礼者，君之大柄也，所以别嫌明微，傧鬼神，考制度，别仁义，所以治政安君也”[⑤]；等等。尤其《礼记》引孔子语：“子曰：‘制度在礼，文为在礼，行之，其在人乎！’”[⑥]

至于许慎解释的“礼，履也，所以事神致福也”[⑦]，意谓“礼”指祭祀之礼，但这只是狭义之“礼”。实际上，儒家之“礼”涵盖一切社会规范及其制度，例如作为儒家经典的“三礼”即《周礼》《仪礼》《礼记》，皆称为“礼”，即涵盖了上至朝廷、下至乡里的制度规范。许慎之所以特别强调祭祀之礼，是因为“国之大事，在祀与戎”[⑧]、“祀，国之大事也”[⑨]，祭祀活动的礼仪集中展示了当时的群体秩序及其人际关系规范，是“礼”的一种典型的展现形式。

这种作为儒家文化核心的制度规范在“经典”文本中的记载，叫作“典”或“典章”，故有“典章制度”之说。例如《尚书》“惟殷先人，有册有典”[⑩]、“天叙有典，敕我五典五惇哉；天秩有礼，自我五礼有庸哉”[⑪]。舜问：“四岳，有能典朕三礼？”[⑫]可见“礼”与“典”（典册）联系在一起，这也是“文”“礼文”的一层含义，即载于“典”之“礼”。故“礼”又称“典礼”（并非现代汉语专指仪式的“典礼”之意），

---

① 《十三经注疏·礼记正义·问丧》，第1656页。
② 《十三经注疏·周易正义·节彖传》，第70页。
③ 《十三经注疏·尚书正义·周官》，第235页。
④ 《十三经注疏·春秋左传正义·襄公二十八年》，第2001页。
⑤ 《十三经注疏·礼记正义·礼运》，第1414、1418页。
⑥ 《十三经注疏·礼记正义·仲尼燕居》，第1614页。
⑦ 〔汉〕许慎：《说文解字·示部》（附检字），第7页。
⑧ 《十三经注疏·春秋左传正义·成公十三年》，第1911页。
⑨ 《十三经注疏·春秋左传正义·文公二年》，第1839页。
⑩ 《十三经注疏·尚书正义·多士》，第220页。
⑪ 《十三经注疏·尚书正义·皋陶谟》，第139页。
⑫ 《十三经注疏·尚书正义·舜典》，第131页。

例如《周易》“圣人有以见天下之动，而观其会通，以行其典礼”[①]；《左传》“武子归而讲求典礼，以修晋国之法”[②]、“德刑、政事、典礼不易”[③]；《礼记》“命典礼考时月，定日，同律、礼、乐、制度、衣服，正之”[④]；等等。

（二）礼义

儒家常有“礼义”之说，但这里的“礼”与“义”并非并列关系，而是说的“礼之义”。正如冯友兰所指出：“礼之‘义’即礼之普通原理。”[⑤]所谓“普通原理”，就是普遍原则，其实也就是儒家正义论的正义原则。孔子指出：“君子义以为质，礼以行之。”[⑥]这就是“义→礼”的观念结构：作为制度规范的礼制，是礼义原则的实行、实现。

汉语“义”有两个基本含义，即“正”（正当）与“宜”（适宜）；它们源于汉语“情”的两个基本含义，即“情感”与“情实”（实际情况）。因此，儒家文化用“义”来表达社会正义论的两条正义原则。

其一，“义”作为正当性原则，要求“礼”即社会规范及其制度的建构必须出自仁爱的“情感”，这样才是正当的，这是“动机论”原则。

按古训，义者，正也。孟子指出：“义，人之正路也。”[⑦]《礼记》指出：“礼以治之，义以正之”[⑧]；“礼义以为纪，以正君臣，以笃父子，以睦兄弟，以和夫妇，以设制度”[⑨]；“正君臣之位、贵贱之等焉，而上下之义行矣”[⑩]；“使耳目鼻口心知百体皆由顺正以行其义”[⑪]；“身不正，言不信，则义不壹，行无类也”[⑫]。这些都是在讲以“正”

① 《十三经注疏·周易正义·系辞上》，第 79 页。
② 《十三经注疏·春秋左传正义·宣公十六年》，第 1889 页。
③ 《十三经注疏·春秋左传正义·宣公十二年》，第 1878 页。
④ 《十三经注疏·礼记正义·王制》，第 1328 页。
⑤ 冯友兰：《中国哲学史》，北京：中华书局，1961 年，第 414 页。
⑥ 《十三经注疏·论语注疏·卫灵公》，第 2518 页。
⑦ 《十三经注疏·孟子注疏·离娄章句上》，第 2721 页。
⑧ 《十三经注疏·礼记正义·丧服四制》，第 1696 页。
⑨ 《十三经注疏·礼记正义·礼运》，第 1414 页。
⑩ 《十三经注疏·礼记正义·文王世子》，第 1410 页。
⑪ 《十三经注疏·礼记正义·乐记》，第 1536 页。
⑫ 《十三经注疏·礼记正义·缁衣》，第 1650 页。

为“义”。

那么，“义”及“礼”的正当性内涵来自哪里呢？来自“仁”。孔子指出：“人而不仁，如礼何？”[①]《礼记》指出：“仁以爱之，义以正之，如此则民治行矣”[②]；“孔子对曰：‘古之为政，爱人为大。所以治爱人，礼为大。”[③]这就是荀子所说的“称情而立文”[④]。荀子指出：“君子处仁以义，然后仁也；行义以礼，然后义也。”[⑤]这就是说，如果没有仁爱的情感动机，那就没有正义，也就没有正当的礼制。这就展示了儒家文化中“仁→义→礼”的观念结构。

其二，“义”作为适宜性原则，要求“礼”即社会规范及其制度的建构必须顺应社会生活的“情实”，这样才是适宜的，这是“效果论”原则。

按古训，义者，宜也。《礼记》指出：“义者，宜也”[⑥]；“礼从宜”[⑦]；“仁近于乐，义近于礼”，“礼者别宜”[⑧]；“仁者，仁此者也；礼者，履此者也；义者，宜此者也”[⑨]。这些都是在讲以“宜”为“义”。

儒家文化的适宜性原则要求社会规范的建构必须顺应特定时代的基本的生活方式，例如周公“制礼”，就是顺应当时宗族生活方式的实情；而我们今天建构制度规范，则要顺应现代生活方式的实情。

（三）礼仪

社会规范及其制度，即礼制，必然会外在地表现于仪式、仪节、礼节之中，这就是“礼仪”。不遵礼仪，谓之“无仪”，既是“无礼”，

---

① 《十三经注疏·论语注疏·八佾》，第 2466 页。
② 《十三经注疏·礼记正义·乐记》，第 1529 页。
③ 《十三经注疏·礼记正义·哀公问》，第 1611 页。
④ 〔清〕王先谦撰，沈啸寰、王星贤点校：《荀子集解·礼论篇》，北京：中华书局，1988 年，第 372 页。
⑤ 〔清〕王先谦撰，沈啸寰、王星贤点校：《荀子集解·大略篇》，第 492 页。
⑥ 《十三经注疏·礼记正义·中庸》，第 1629 页。
⑦ 《十三经注疏·礼记正义·曲礼上》，第 1230 页。
⑧ 《十三经注疏·礼记正义·乐记》，第 1531 页。
⑨ 《十三经注疏·礼记正义·祭义》，第 1598 页。

也是“没有文化”的粗野、野蛮，即孔子所说的“质胜文则野”。《诗经》写道：“人而无仪，不死何为”；“人而无礼，胡不遄死”。[①] 许慎解释：“仪，度也。”[②] “度”指“法度”，即作为社会规范的“礼”的表现。作为儒家文化“三礼”之一的《仪礼》之名，贾公彦解释：“《仪礼》见其行事之法”，“其义可知”。[③] 这就是说，“仪”是“行事之法”即“礼”之“义”的表现。

不过，“仪”尽管是“礼”的表现，但不等于“礼”。《左传》记载：“晋侯谓女叔齐曰：‘鲁侯不亦善于礼乎？’对曰：‘鲁侯焉知礼！’公曰：‘何为？自郊劳至于赠贿，礼无违者，何故不知？’对曰：‘是仪也，不可谓礼。’”[④] 所以，孔子严格区分“礼”与“仪”，指出：“礼云礼云！玉帛云乎哉？”[⑤] “玉帛”即属于外在的礼仪。孔子认为，不仅要避免“繁文缛节”的“过犹不及”[⑥]，还要避免“忘本”：“林放问礼之本。子曰：‘大哉问！礼，与其奢也，宁俭；丧，与其易也，宁戚。’”[⑦] “为礼不敬，临丧不哀，吾何以观之哉！”[⑧] 显然，在孔子看来，在丧礼中，“哀”“戚”的情感才是“礼之本”。这正是上述“仁→义→礼”观念结构的一种体现。

三、儒家文化的历时演进

所谓“历时演进”，意指儒家文化的历史形态的转换。文化，包括儒家文化，并非一成不变的东西，这是上述“礼的适宜性”原则的体现，正如《礼记》所说：“礼，时为大”[⑨]，“变而从宜”[⑩]。制度规范的历

---

① 《十三经注疏·毛诗正义·相鼠》，第 319 页。
② 〔汉〕许慎：《说文解字·人部》（附检字），第 165 页。
③ 《十三经注疏·仪礼注疏·士冠礼》，第 945 页。
④ 《十三经注疏·春秋左传正义·昭公五年》，第 2041 页。
⑤ 《十三经注疏·论语注疏·阳货》，第 2525 页。
⑥ 《十三经注疏·论语注疏·先进》，第 2499 页。
⑦ 《十三经注疏·论语注疏·八佾》，第 2466 页。
⑧ 《十三经注疏·论语注疏·八佾》，第 2469 页。
⑨ 《十三经注疏·礼记正义·礼器》，第 1431 页。
⑩ 《十三经注疏·礼记正义·丧服四制》，第 1694 页。

时演进，这是一个基本的历史事实。尽管“孔子崇尚‘周文’，其核心是‘周礼’”[①]，但实际上恢复周礼是不可能的，也不符合孔子的社会正义思想。[②]因此，孔子特别强调“礼有损益”，指出：“殷因于夏礼，所损益，可知也；周因于殷礼，所损益，可知也；其或继周者，虽百世可知也。”[③]

根据“礼”即制度规范的历时演变，儒家文化显然可以分为以下几种不同的历史形态。

（一）宗族王权时代的儒家文化形态

这是以西周文化为典范的儒家文化形态。尽管当时作为一个学派的“儒家”尚未成立，但是，孔子自谓“郁郁乎文哉，吾从周”[④]，强调自己“述而不作”[⑤]。对于当时走向“秦制”的“历史趋势”，孔子是抵制的，而主张恢复封建的“周制”，他说：“天下有道，则礼乐征伐自天子出；天下无道，则礼乐征伐自诸侯出。自诸侯出，盖十世希不失矣；自大夫出，五世希不失矣；陪臣执国命，三世希不失矣。”[⑥]

关于西周“宗法”的文化形态，王国维说：“周人制度之大异于商者，一曰立子立嫡之制，由是而生宗法及丧服之制，并由是而有封建子弟之制、君天子臣诸侯之制；二曰庙数之制；三曰同姓不婚之制。此数者，皆周之所以纲纪天下。其旨则在纳上下于道德，而合天子、诸侯、卿、大夫、士、庶民以成一道德之团体。周公制作之本意，实在于此。”[⑦]《礼记》指出：“上治祖祢，尊尊也；下治子孙，亲亲也；

---

① 黄玉顺：《哲学断想：“生活儒学”信札》，成都：四川人民出版社，2019 年，第 387 页。

② 黄玉顺：《“周礼”的现代价值究竟何在——〈周礼〉社会正义观念诠释》，《学术界》2011 年第 6 期；《孔子的正义论》，《中国社会科学院研究生院学报》2010 年第 2 期。

③ 《十三经注疏·论语注疏·为政》，第 2463 页。

④ 《十三经注疏·论语注疏·八佾》，第 2467 页。

⑤ 《十三经注疏·论语注疏·述而》，第 2481 页。

⑥ 《十三经注疏·论语注疏·季氏》，第 2521 页。

⑦ 王国维：《殷周制度论》，见《观堂集林·史林二》，北京：中华书局，1959 年，第 453—454 页。

旁治昆弟，合族以食，序以昭缪（穆），别之以礼义，人道竭矣。”[①] 陈立指出：“天子建国，则诸侯于国为大宗，对天子言，则小宗”；“诸侯立家，则卿于家为大宗，对诸侯则小宗”；“卿置侧室，大夫二宗，士之隶子弟等，皆可推而著见也”。[②]

其实，周公制作周礼，并不是对殷礼的全盘否定，实即孔子所说的“周因于殷礼”而有所“损益”。据《尚书》载：“周公曰：‘王肇称殷礼……’”孔颖达疏：“云‘殷礼’者，此殷礼即周公所制礼也，虽有损益，以其从殷而来，故称‘殷礼’。”[③] 二程指出：“王者制作时，用先代之宜世者。”[④] 梁漱溟曾指出：“周孔教化‘极高明而道中庸’，于宗法社会的生活无所骤变（所改不骤），而润泽以礼文，提高其精神。中国遂渐以转进于伦理本位，而家族家庭生活乃延续于后。”[⑤] 这是肯定殷周生活方式的一脉相承，肯定展现于儒家文化上的“周孔之道”。

不过，尽管梁漱溟正确地指出了殷周都是“宗法社会”，但他未能区分殷周的“宗族家庭生活”与后来的“家族家庭生活”。其实，“宗族家庭”（clan family）和“家族家庭”（patriarchal family）并非同一个概念。[⑥] 事实上，春秋战国“轴心时代”前后，从商周到秦汉的“周秦之变”，乃是一次划时代的转变：生活方式从宗族生活转变为家族生活；政治也从“封建制”转变为“郡县制”，即从宗族王权制度转变为家族皇权制度。[⑦] 与此相应，儒家文化从宗族文化形态转变为家族文化形态。

---

① 《十三经注疏·礼记正义·大传》，第 1506 页。

② 〔清〕陈立撰，吴则虞点校：《白虎通疏证·封公侯·论为人后》，北京：中华书局，1994 年，第 152 页。

③ 《十三经注疏·尚书正义·洛诰》，第 214—215 页。

④ 〔宋〕程颢、程颐著，王孝鱼点校：《二程集·河南程氏遗书·二先生语六》，第 94 页。

⑤ 梁漱溟：《中国文化要义》，上海：上海人民出版社，2005 年，第 46 页。

⑥ 黄玉顺：《不辨古今，何以为家？——家庭形态变迁的儒学解释》，《福建师范大学学报》（哲学社会科学版）2021 年第 3 期。

⑦ 黄玉顺：《论儒学的现代性》，《社会科学研究》2016 年第 6 期。

（二）家族皇权时代的儒家文化形态

这是秦汉以降的儒家文化形态。进入春秋时期，“周文疲弊”[①]，已是“礼坏乐崩”[②]。司马迁说：“周室既衰，诸侯恣行。仲尼悼礼废乐崩，追修经术，以达王道，匡乱世反之于正，见其文辞，为天下制仪法，垂六艺之统纪于后世。”[③]但是，毕竟时代已变，朱熹指出：“孔子曰‘行夏之时，乘殷之辂’，已是厌周文之类了。某怕圣人出来，也只随今风俗立一个限制，须从宽简。”[④]尽管如此，但孔子所向往的儒家文化也绝非后来的家族皇权文化。

帝制时代的生活方式，其基本特征是家族生活，而非殷周时代的宗族生活，即毛亨所说的“周室道衰，弃其九族焉”[⑤]。宗族宗法的象征乃是宗庙，然而正如司马光所指出：“先王之制，自天子至官师皆有庙……及秦，非笑圣人，荡灭典礼，务尊君卑臣，于是天子之外，无敢营宗庙者”；“魏晋以降，渐复庙制……唐世贵臣皆有庙，及五代荡析……庙制遂绝”。[⑥]刘大櫆也指出：“封建废而大宗之法不行，则小宗亦无所据依而起。于是宗子遂易为族长。”[⑦]家族取代宗族，“与此匹配的就是家族性质的门阀制度，始兴于东汉，盛行于魏晋南北朝”[⑧]（尽管唐代以来受到压制）。事实上，皇室也已经不再是西周那种统摄“家—国—天下”的宗族，而只是若干家族之一而已。

这种家族生活方式，体现在“礼”即制度规范的建构上，其核心

---

① 程志华：《周文疲弊与诸子起源——论牟宗三的诸子起源说》，《社会科学战线》2022年第4期。

② 汉武帝语，见〔汉〕班固：《汉书·武帝纪》，北京：中华书局，1962年，第171页。

③ 〔汉〕司马迁：《史记·太史公自序》，北京：中华书局，1959年，第3310页。

④ 〔宋〕黎靖德编，王星贤点校：《朱子语类·礼六》，北京：中华书局，1986年，第2275页。

⑤ 《十三经注疏·毛诗正义·葛藟》，第332页。

⑥ 〔宋〕司马光：《文潞公家庙碑记》，见《司马光集》第3册，成都：四川大学出版社，2010年，第1602页。

⑦ 〔清〕刘大櫆：《方氏支祠碑记》，见《刘大櫆集》，上海：上海古籍出版社，1990年，第313页。

⑧ 黄玉顺：《不辨古今，何以为家？——家庭形态变迁的儒学解释》，《福建师范大学学报》（哲学社会科学版）2021年第3期。

的政治伦理即“三纲”——君为臣纲、父为子纲、夫为妻纲。事实上，“三纲”并不是孔孟儒学固有的东西，而是汉代从法家那里移植到儒学里面的东西。[①]法家韩非提出：“臣事君，子事父，妻事夫，三者顺则天下治，三者逆则天下乱。”[②]董仲舒说：“天为君而覆露之，地为臣而持载之；阳为夫而生之，阴为妇而助之；春为父而生之，夏为子而养之……王道之三纲，可求于天。”[③]到公元79年（东汉章帝建初四年）的白虎观会议，形成《白虎通义》这样一个“帝国意识形态的权威文本”[④]，提出“三纲六纪”，并解释道：“三纲者，何谓也？谓君臣、父子、夫妇也。”[⑤]《礼纬·含文嘉》正式提出：“三纲谓君为臣纲，父为子纲，夫为妻纲矣。”[⑥]显然，“三纲”乃是皇权帝制时代“阳儒阴法”“儒表法里”的伦理政治纲领。[⑦]

不过，帝制时代的儒家文化，其实自始至终存在着一种内在紧张：一方面，一些儒者迎合“汉承秦制”的皇权帝制时势，意图“得君行道”；但另一方面，一些儒者始终不忘西周“封建”[⑧]，实质上就暗含着解构皇权帝制之意。诚如朱熹所说：“今儒者多叹息封建不行。”[⑨]他虽然不赞同恢复封建，却又断言：“尧、舜、三王、周公、孔子所传之道，未尝一日得行于天地之间也。”[⑩]

---

① 朱法贞：《“三纲”源于法家》，《社会科学研究》1987年第1期。

② 〔清〕王先慎撰，钟哲点校：《韩非子集解·忠孝》，北京：中华书局，1998年，第466页。

③ 〔汉〕董仲舒撰，袁长江等校注：《董仲舒集·春秋繁露·基义》，北京：学苑出版社，2003年，第277—278页。

④ 黄玉顺：《大汉帝国的正义观念及其现代启示——〈白虎通义〉之“义”的诠释》，《齐鲁学刊》2008年第6期。

⑤ 〔清〕陈立撰，吴则虞点校：《白虎通疏证·三纲六纪》，第373页。

⑥ 孔颖达引，见《十三经注疏·礼记正义·乐记》，第1540页。

⑦ 黄玉顺：《儒学实践的理性反思》，《学习与实践》2020年第9期。

⑧ 〔宋〕张载：《张载集·经学理窟·周礼》，北京：中华书局，1978年，第251页；〔宋〕陈淳著，熊国祯、高流水点校：《北溪字义·义利》，北京：中华书局，1983年，第53页；〔明〕黄宗羲撰，孙卫华校释：《明夷待访录校释·原法》，长沙：岳麓书社，2011年，第17、19页。

⑨ 〔宋〕黎靖德编，王星贤点校：《朱子语类·性理一》，第81页。

⑩ 〔宋〕朱熹撰，刘永翔、朱幼文校点：《晦庵先生朱文公文集·答陈同甫》，见朱杰人等主编：《朱子全书》（修订本）第21册，上海：上海古籍出版社、合肥：安徽教育出版社，2010年，第1583页。

（三）儒家文化的现代转化

这是当代儒家所应当追求的现代性的儒家文化形态。20世纪初新文化运动所针对的，乃是上述家族时代、皇权帝制时代的儒家文化形态，而非周孔之道、孔孟之道本身。[①] 作为儒家人物的贺麟就曾指出："五四时代的新文化运动，可以说是促进儒家思想新发展的一个大转机。……新文化运动的最大贡献在于破坏和扫除儒家的僵化部分的躯壳的形式末节，及束缚个性的传统腐化部分。"[②] 李大钊曾指出："使孔子而生于今日，或更创一新学说以适应今之社会，亦未可知。"[③] 确实，伴随着中国社会的现代化，儒家文化也应现代化，寻求"现代性诉求的民族性表达"[④]，包括积极探索作为儒家文化现代形态核心的现代礼制、现代礼仪。

（校对：陈萌萌）

---

① 黄玉顺：《新文化运动百年祭：论儒学与人权——驳"反孔非儒"说》，《社会科学研究》2015年第4期。

② 贺麟：《儒家思想的新开展》，见《文化与人生》，上海：上海人民出版社，2011年，第12页。

③ 李大钊：《自然的伦理观与孔子》，见《李大钊全集》（最新注释本）第1册，北京：人民出版社，2006年，第246—247页。

④ 参见黄玉顺：《当前儒学复兴运动与现代新儒家——再评"文化保守主义"》，《学术界》2006年第5期；《现代新儒学研究中的思想视域问题》，见易小明主编：《中国传统哲学与现代化》，北京：中国文史出版社，2007年，第50—67页；《反应·对应·回应——现代儒家对"西学东渐"之态度》，《上海师范大学学报》（哲学社会科学版）2009年第5期。黄玉顺、张杨：《儒学复兴的两条路线及其超越——儒家当代主义的若干思考》，《西南民族大学学报》（人文社科版）2009年第1期。

周公“制礼作乐”与孔子接续周公

◇ 杨朝明
（山东大学儒学高等研究院）

【摘　　要】周公承文武之政，损益夏、商以来的礼制，制定周代礼乐，《周礼》即成于这个时期。礼制与礼仪不同，礼仪施行于社会，礼制则藏于府库。孔子适周，问礼于老子，盖因老子为周王室藏室史。《孔子家语》记孔子观周乃为“观先王之遗制，考礼乐之所极”，孔子感慨说“吾乃今知周公之圣，与周之所以王也”，正是因为看到了《周礼》。《孔子家语·执辔》《大戴礼记·朝事》等显示了《周礼》文本形成很早，尤其孔子称“以六官总治”乃“古之御天下”的情形，孔子言其“古”，则《周礼》成书于西周时期的可能性便极大了。确认《周礼》的成书年代，关涉到对孔子思想形成广阔背景的认知，从而认识到孔子“接着周公说”的特征。

【关 键 词】周公；孔子；制礼作乐；周礼

【作者简介】杨朝明（1962—），山东梁山人。历史学博士，山东大学儒学高等研究院教授，博士生导师。

孔子至今2500年，但他是中华文化5000多年的代表，用钱穆的话说，是他指示了中国历史进程，建立了中国文化理想。然而他那时绝不是中国文化的发轫期、形成期，而是中国思想的繁盛期、高涨期。孔子以前，中华文明已有数千年以上之积累，有较高的发展水准，这就不能不让人关注孔子儒家思想形成的广阔背景，思考以周公为代表的“前儒学时代”。如果追问对孔子学说影响最深、贡献最大的人，当然非周公莫属。孔子晚年说：“甚矣吾衰也！久矣吾不复梦见周公。”（《论语·述而》）他好久没有梦见周公，就以为衰老得厉害了，周公在他心中可谓魂牵梦绕，以至于后人尊孔子为“至圣”，以周公为“元圣”，周公对孔子的影响至切至深，可以说，孔子是接着周公说的，如果不了解周公，就很难真正全面地理解孔子。

一、孔子“梦周公”的历史解读

周公曾自述说：“我，文王之子，武王之弟，成王之叔父，我于天下亦不贱矣。”（《史记·鲁周公世家》）在殷末周初的历史大变动时期，周公协助文王、武王取得了天下，又辅佐成王巩固了天下。他的地位岂止是“不贱”，他简直就是西周初年地位最尊贵的人。

周公名姬旦，他被称为“周公”，是因为周朝以周原这块周人龙兴之地为其采邑。在周族发展史上，周原具有特殊且重要的意义，直到后世，他们的子孙依然眷恋这块土地。姬姓部族的这一支人居住在周原地区，从此，他们就被人称为“周人”。后来以这里为周公采邑，也可以看出周公在周朝的特殊地位。

周公与周武王为同母兄弟，都是太姒之子。太姒之子十人，他们之中最有资格继承文王之位的是伯邑考，但不幸被殷纣王烹杀，次子姬发便继承了王位。在同母兄弟中，周公排行第三。除了即位为王的武王姬发，周公的地位最为尊隆。据记载，在同母兄弟之中，武王发和周公旦最贤，他们是文王的左膀右臂，共同辅助文王。

周公以恭顺与谨慎闻名。他独处时都非常严谨，连夜里走路都注意自己的影子要正直。他年轻时渴求上进，谨慎交友，注意学习别人的优点。他想要兼学历代圣王，实践他们的勋业。他反复思考，甚至夜以继日，想通了便付诸实施。周公的努力，使他具有了出众的治国才能。周公一生辅国安邦，是武王的得力助手。

克殷之后第四年，武王去世，年幼的成王即位。周公以冢宰的身份摄政辅王，全面处理各方面的事务。他殚精竭虑，日理万机，亲自率军平叛，消除了武庚及管、蔡等“三监”的祸患；又率军大举东征，经过艰苦卓绝的战争，彻底稳定了东方。

为进一步巩固周王朝的统治，周公进行了分封，将宗室懿亲分封到各战略要地，以王室重臣、近亲把守要塞，作为王室屏藩。周公又营建洛邑（今河南洛阳东），修建王城（今洛阳市内），将殷遗民迁到洛邑，驻军加以监守。周公还着手建立了典章制度，使周王朝的政治统治彻底走上正轨。

周公摄政，经略天下，对稳固统治起了至关重要的作用。《尚书大传》说："周公摄政，一年救乱，二年克殷，三年践奄，四年建侯卫，五年营成周，六年制礼作乐，七年致政成王"，基本概括了周公的主要历史功绩。周公归政之年的岁末，成王感念周公的辛勤，于是在洛邑举行了封命"周公后"的仪式，将周公之子伯禽分封到泰山之南，建立了鲁国，周公也就成了鲁国始祖。

孔子常常"梦见周公"，正在于周公的崇高历史地位，尤其是周公经天纬地、制礼作乐的历史功绩。梦是睡眠中某一阶段意识状态下所产生的一种自发性的心理活动，属于正常心理现象。在典型的夜睡中，梦境在睡眠的各个阶段循环出现。也许是孔子"梦周公"的缘故，又或许殷末周初那个时期已经有不少关于文王、武王、周公梦境的记录，后世竟然出现了"周公解梦"之说，形成了影响很大的梦文化。

殷商末年，政治动荡，文王、武王都曾谈"梦"，《逸周书》就有不少这样的篇章。如《程寤》篇记载文王在程地时，太姒梦商庭生棘，文王以为是吉兆，于是召太子发拜吉梦；《文儆》篇中，文王疾，告梦，惧后祀无保，告太子警惕民之多变，命其敬之；《寤儆》篇则记载武王梦见灭商的计划泄露；《武儆》篇则记载武王告梦，遂命召周公旦立后嗣，属太子诵文及《宝典》。

这些记载很有价值，因为从这些事实中不难看出，文王、武王、周公正处在由夏、商"尊命""尊神"向西周"尊礼"文化的过渡时期，已不同程度开启了人文思潮和理性主义的大门。

历史上，所谓的"著名梦境"还有很多，比如文王梦熊、庄生梦蝶、黄粱一梦、梦笔生花、江郎才尽、南柯一梦等。而所谓《周公解梦》，不过是流传在民间的解梦之书，是后人借周公之名而著。孔子生于乱世，凝念注神，日思周公之德，夜即梦之，属于后人所谓"意精之梦"。

周公成为后世占梦文化的形象代言人，不能不说是梦、周公与孔子结缘的结果。

二、怎样理解周公“制礼作乐”

人们说周公“制礼作乐”，这可不是一句空话。说到“周礼”，你可能会想到它是一部著作，是作为古代“三礼”之一的《周礼》；也可能会想到它是一种规范，是西周初年周公制定的礼乐制度。应当承认，至今人们对于“周礼”的理解还有许多模糊不清之处。其实，《周礼》与“周礼”实际内在相通，密切关联。《周礼》属于周代文明的核心内容，“周礼”影响中国既深且广。

《周礼》成书很早，人们却争论很多。《周礼》是儒家所尊奉的经书，是中国最重要的典籍之一。《周礼》记述国家治理的框架，构成社会管理的体系。《周礼》所记为“周之官政”，即周代典章制度。

《周礼》本称《周官》，它把全国的官僚机构分成天官、地官、春官、夏官、秋官、冬官六个部分，各有职责。天官冢宰主管朝廷及宫中事务，地官司徒主管土地与民事，春官宗伯主管祭祀与礼仪，夏官司马主管兵战与军事，秋官司寇主管刑事与诉讼，冬官司空主管手工与建设。六官各分设官属，形成系统的官僚机构。

《周礼》是先秦典籍，传统以为该书成于周公。后来，人们不相信《周礼》成书这么早，遂出现了许多说法，从西周晚期说、战国儒士说、战国策士说，到成于西汉说、刘歆伪造说，前后时间竟长达千年。这也是中国典籍成书与作者研究的奇观了！

问题的实质还是“周公作《周礼》”是否可靠。疑古思潮盛行时期，不少人力图说明《周礼》不出于周公。但使用的方法存在问题，他们的“疑”往往带有较大的主观性，甚至捕风捉影。清代以前，人们认为“周之官政未次序”而周公作《周官》，许多典籍也说“周公制礼作乐”，这应该不是空穴来风。《论语》记孔子说：“周监于二代，郁郁乎文哉！吾从周。”十分耐人寻味！《周礼》不是凭空产生的，它汇集了夏商以来的文明成果，这里涉及对三代历史文明发展水平的估价，不可小觑，不可不慎，不可习焉不察。周公确立了周代的典章制度和礼乐文明，其中也包括制作《周礼》。

殷周鼎革之际，天下的稳固要在建章立制，周公在营建洛邑、分封诸侯之后，着眼于周朝的长治久安，于是会通前世各代，损益殷商礼制，制订了周朝的政治体制，确立了官职结构，这应该就是今天看到的《周礼》了。《周礼》有严密的体系、严谨的逻辑。《周礼》天地四时的职官设计，反映了编撰者的宇宙观，这是朴素的自然哲学。六官的设定，天官象征天所立之官，地官象征地承载万物，四时之官反映自然界春生、夏长、秋收、冬藏在政治中的运用，是农业思想文明的结晶，是早期农业文明的反映。六官职责明确，体系完备，是一个不可分割的整体。《周礼》记政治和礼仪制度，论述国家体制和官吏职掌。所以后人称其为“古文先秦旧书”，认为是周公“为成王所制官政之法”，是“周公致太平之迹”。

三、周公与鲁国的历史文化

孔子出生、成长在鲁国，鲁国文化是孔子思想的母体。了解作为周公封国的鲁国，才能把握孔子思想的来源，才能更好理解孔子思想的特质，更好地认识“前儒学时代”。

自西向东，在陕西岐山、河南洛阳、山东曲阜，都有历史上遗留下来的周公庙。这三处周公庙，都是为了奉祀周公。

相比之下，曲阜周公庙在中国文化史上可以说具有更重要的意义：首先，周公被后世尊为“元圣”，追封为“文宪王”。周公庙为“文宪王庙”，其主殿为“元圣殿”，周公庙棂星门内两侧石坊分别是“经天纬地”“制礼作乐”，以及其他门坊名称，都是赞颂周公的丰功伟绩；其次，周公是鲁国的始祖，鲁国是周公封国。曲阜的周公庙因此又被称为“鲁太庙”，以鲁国历代国君从祀。

鲁国为周代众多诸侯国中的一个，其地位非同寻常，是诸侯“望国”、姬姓“宗邦”。之所以如此，是因为鲁国是周公的封国，分封之地在“少昊之虚”曲阜。真正意义上鲁国的第一代国君是伯禽，周公对伯禽要求十分严格。关于周公教子，《孔子家语·曲礼子夏问》《荀子·尧问》《论衡·谴告》都有记载。

周公教育伯禽要注意礼贤下士，具备谦德。据《史记·鲁周公世家》，周公戒伯禽曰：“我，文王之子，武王之弟，成王之叔父，我于天下亦不贱矣。然我一沐三捉发，一饭三吐哺，起以待士，犹恐失天下之贤人。子之鲁，慎无以国骄人。”周公所言，无非是为了让伯禽能够任贤使能，治理好鲁国。伯禽年富力强，精力充沛，勤奋努力。到鲁国后，他利用自己的优势，对当地“商奄之民”的固有习俗进行了改革。伯禽一支所带来的周文化与殷遗民自身的商文化及当地土著固有的文化相互交汇、影响，共同形成鲁国的文化。

鲁为周公封国，因此，鲁国初封时，所受封赐格外丰厚，相对于他国来说获得了不少特权，比如为褒周公之德，特许鲁国享有天子礼乐，这就是史籍所说的“世世祀周公以天子之礼乐”。因此，像祭祀之中的禘、郊、大雩等“重祭”礼仪，本为周天子独用，而鲁国也得以拥有这些“殊典”。

春秋时期，王室衰微，礼坏乐崩，但许多小国依然纷纷朝鲁，还至鲁观礼。鲁国较完整地保存着周礼，周代的礼乐传统深深影响了鲁国社会的方方面面，有“周礼尽在鲁矣”这样的说法。时人视礼为国家的根本，周礼是周王朝统治的象征，这样，鲁国作为宗周东方代表的形象更加突出。

春秋时期，“政由方伯”，但在诸侯国会盟等的班次上，鲁国位居前列，在诸侯位次序列中有“班长”之称，列为首席。例如，春秋初年齐遭北戎侵犯向各国求助，战后答谢诸侯，在馈送粮饩给各国大夫时，齐国人请鲁国按班次代为分派；晋文公主持“践土之盟”时，在各会盟国参加的歃血仪式次序上，除了主盟的晋国，鲁也被排在各国的最前面。

鲁国为宗周模式的东方代表，担负着传播宗周礼乐文明的使命，如在周王朝治国政策的贯彻上，鲁国即堪为典范，周公的保民思想、明德慎罚、勤政任贤等都在鲁国当政者身上有明显体现。当然，说鲁国为“宗周模式”，绝不是说鲁国完全排除其他的文化因素，使其全盘周化，而是在政治统治上鲁国为周王朝的东方代理人，在鲁国上层贵族中完整地保存着周代礼制。

四、孔子“梦周公”与《周礼》

曲阜周公庙元圣殿有门联曰：“官礼功成宗国馨香传永世，图书象演尼山统绪本先型”，揭示了孔子与周公的关系，显示了周公对孔子的影响。在孔子的国度，“先君周公制周礼”几乎是人们的口头禅，使尊奉周礼的人们心向周公；在孔子的时代，周代典籍尚在，孔子能看到更多的周代遗制，使他有条件“法则周公”。

在《论语》中，有两次记述孔子“入太庙，每事问”。“太庙”即鲁周公庙。对于不懂的礼制、礼仪、文物，孔子实事求是、虚心求教。孔子还到洛邑学习访问，参观了重要政治文化设施，流露出对周朝制度的无限向往。他对周公倾心仰慕，经常引用周公名言，对周公的赞美常常溢于言表。他熟悉周公事迹和“周公之制”，认为“周公之典”就是后世行事的法度。

我们推测，孔子“适周问礼”，至洛邑向老子请教“礼”的问题时，很可能就是学习了《周礼》。作为职官制度的记载，《周礼》是一部极其特殊的典籍，它不像《仪礼》那样记录的仪节需要很多人关注，也不像《礼记》那样的思想典籍需要人们研读思考，《周礼》是国家制度设计，不需要一般人研习阅读，它只为天子及王公大臣所明所知即可，因此流传一定不广。不过，它可能通过孔子的论述与传播流传下来，也有可能影响到汉代。

孔子博学，他所在的鲁国本来就文化积淀丰厚，尽管如此，他还专程至周都洛邑考察学习。《孔子家语》记载了孔子此行的收获：“观乎明堂，睹四门墉有尧舜之容、桀纣之象，而各有善恶之状、兴废之诫焉。又有周公相成王，抱之负斧扆，南面以朝诸侯之图焉。”孔子思考最多的是“周之所以盛”的问题。

特别值得注意的是，孔子观周，是为了研究周公德业，研究“周之所以王”的根本原因，因此他之所观乃“先王之遗制”。《孔子家语》又说：孔子“问礼于老聃，访乐于苌弘，历郊社之所，考明堂之则，察庙朝之度。于是喟然曰：‘吾乃今知周公之圣，与周之所以王也。’”孔子向当时作为“周守藏室之史”的老聃请教。司马贞《史记索隐》曰：“藏室史，周藏书室之史也。”据《孔子家语》，孔子观周，目的在于“观先王之遗制，考礼乐之所极”。

这些记述给我们三点启示：其一，“周公之圣，与周之所以王”可以在“先王之遗制”中得以体现。其二，“先王之遗制”的关键处在于“礼乐之所极”。“极”就是标准，标准在于制度，制度应该就是指《周官》（即《周礼》）。其三，一般人注重礼仪（《仪礼》），不会关注作为设官分职、董正治官的礼制（《周礼》），《周官》这样的文献为王室所藏。而老子为周藏室史，他因职位特殊得以掌握《周礼》。由此我们就理解孔子何以“适周问礼”后感慨至深、变化之大了。

据《孔子家语·执辔》记载，孔子将治国与驾车作比，说：“古之御天下者，以六官总治焉。”经细心比较，我们发现孔子此处的论述与《周礼》完全呼应。值得注意的是，孔子言其“古”，应该是《周礼》成书时代问题的极重要信息。孔子说的“六官”，正是《周礼》中的冢宰、司徒、宗伯、司马、司寇、司空。将《周礼》六官及太宰一职的职掌与孔子的论述进行对照，孔子所说的六官的管理体系，正是《周礼》所记载的六官系统。

孔子主张“道之以德，齐之以礼”，在他看来，用缰绳引导是驾车的最好方式。用刑法作为规范，就好比驾车时用鞭子，驾车时不能不用缰绳引导而只用鞭子抽打。怎样“齐之以礼”？孔子的回答是“以德以法”。孔子认为，“善御民”与“善御马”的道理一样，古代圣王“以内史为左右手，以德法为衔勒，以百官为辔，以刑罚为策，以万民为马”，故能“御天下数百年而不失”。

关于“以六官总治”,《孔子家语·执辔》记孔子说:“冢宰之官以成道,司徒之官以成德,宗伯之官以成仁,司马之官以成圣,司寇之官以成义,司空之官以成礼。”孔子所说的治国思想与方略,正隐含在《周礼》一个个职官分设的背后。这些思想内涵丰富,包蕴精微,纤细缜密,具体生动,令人惊叹不已!

五、孔子“取法”周公创立儒学

周礼中的那些理,是中华文明的基础。孔子尊周公,重周礼。周礼具有决嫌疑、济变、弥争的功能。《左传》说:“礼,经国家、定社稷、序民人、利后嗣者也。”孔子说:“夫礼者,理也”,“君子无礼不动”;孔子又说:“坏国、丧家、亡人,必先去其礼。”

孔子推崇周公,典籍记载比比皆是。《论语》中就直接记载了周公的言论,这些应该是孔子经常引用的周公的名言。如《微子》篇记载周公谓鲁公曰:“君子不施其亲,不使大臣怨乎不以。故旧无大故,则不弃也。无求备于一人。”

孔子十分重视为政治国之人的德行与榜样作用,他推尊圣王“化成天下”的力量。如《孔子家语·致思》篇记孔子说:能称王的人就好像万物生长的季节一样,他认为,文王有季历做父亲,有太任做母亲,有太姒做夫人,有武王、周公做儿子,有太颠、闳夭做大臣,所以他的根基很好。对周公的赞美溢于言表!

孔子非常熟悉周公事迹,动辄引述“周公之制”“周公之典”。例如《孔子家语·冠颂》记孔子谈论天子、诸侯的冠礼时,就援引“周公之制”;据《孔子家语·正论解》,季康子想以井为单位征收赋税,派人征求孔子的意见。孔子对这种做法很不满意,对冉求说:“子孙若以行之而取法,则有周公之典在。”在孔子那里,“周公之典”是周公后世子孙行事的法度,这种法度不能违背。

还有一个比较典型的例子,这就是孔子对待“女子”的态度。《论语·阳货》记孔子说:“唯女子与小人为难养也”,这似乎是孔子“轻视妇女”的铁证。在这里，“女子”与“小人”并言，容易产生误解。西周春秋时，“小人”一般指地位低下的人，周初有“小人难保”的观念，与孔子所说的“小人难养”一致，都是周初以来敬德保民的传统观念。

从思想来源上讲，周文王、周武王、周公对孔子影响很大。西周初年，周武王、周公都有“小人难保”的说法。据《尚书·康诰》记，周公分封卫国时说：“呜呼！小子封，恫瘝乃身，敬哉！天畏棐忱，民情大可见，小人难保。往尽乃心，无康好逸豫，乃其乂民。”当时，周公刚刚平定管叔、蔡叔与殷人勾结的叛乱，在这种背景下，周公嘱告康叔，认为“小民不易安”，应当在治理时保持敬畏之心。欲安其民，就应当重视他们，就要尽心尽诚，而不能苟安逸乐。因为“小人难保”，所以应当重视“小人”。

所谓“小人难保”，其实就是“小人难养”。《说文解字》说“保，养也”。周代文献中，“小人”的基本意义是相对于为政者、大人、君子等的统称，指从事农业等体力劳作、地位较低的平民，也就是普通百姓。显然，孔子强调“小人难养”，实际是他秉承周人思想，针对各级统治者而言。在《论语》等书中，“小人”当然有与“道德高尚的君子”相对的意义，但其中有很多正是指的“平民”或“普通百姓”。如孔子说：“小人哉，樊须也”，就不是对弟子的道德谴责。周初文、武、周公主张“敬德保民”影响了整个周代，也影响了孔子。孔子思想与文、武、周公一脉相承。

作为政治家、思想家，周公不仅奠定了周王朝八百年基业，把我国的古代文明推向新的巅峰，而且是中国儒学的先驱，被尊为“元圣”。周公“敬德保民”的思想是儒家学说的基础。周公去世后，鲁人自不忘祖述“先王之训”，追忆“周公之礼”。鲁国因是周公长子伯禽的封国而成为周代的“文物之邦”，儒学则由于鲁为“文物之邦”而兴而盛。孔子之学导源于周公，汉代以后常常“周、孔”并称，“周孔之学”几乎成为儒学的代名词。

孔子学习古代文化，钟情于周公开创的“礼乐文明”，把“为东周”作为人生追求，为了“得君行道”，他颠沛流离，周游列国。所谓日有所思，夜有所梦，何况孔子对周公倾心诚服，夙夜思考恢复周代礼乐文明之伟业，因此才会经常梦见周公。孔子晚年，人生理想几近破灭，遂退于洙泗之滨，教授生徒，整理“六经”。此时，他的心志不同于以往，但也表明自己确然衰老，是以浩叹：“甚矣吾衰也！久矣吾不复梦见周公。”朱熹说：“孔子盛时，志欲行周公之道，故梦寐之间，如或见之。至其老而不能行也，则无复是心，而亦无复是梦矣，故因此而自叹其衰之甚也。”孔子发此慨叹，一则确是实情的描述，但更是孔子对“道”之不行的隐喻性表白。

可以说，孔子是处在春秋末年礼坏乐崩的大背景下“接着周公说”的，孔子“宪章文武”、常常“梦见周公”，这都充分说明了孔子思想与周初思想的有机接续。作为文王之子、武王之弟、成王之叔父，周公是殷末周初思想家的杰出代表。周公的制礼作乐，是在损益夏、商二代的基础上的，这就是《论语·八佾》所说的“监于二代”，所以有“郁郁乎文哉”的特征。孔子创立儒学，正是建立在这样的基础之上，故《淮南子·要略》谈到“儒者之学”的产生时说：“孔子修成康之道，述周公之训，以教七十子，使服其衣冠，修其篇籍，故儒者之学生焉。”如果不了解周公制礼作乐的内涵，或者人为地把周公作《周礼》的时代拉后，就很难真正了解孔子的思想。

（校对：由吉辉）

孔子以舜为范型建构性命论的思路与影响*

◇ 夏世华
（中南财经政法大学哲学院）

【摘　要】近年学界关于“性”概念起源与形成的研究揭示了孔子对于“性”概念及相关论域的形成所起的关键作用，将上博简《子羔》《孔子诗论》《性情论》与《中庸》、简帛《五行》和《孟子》中的相关论述关联起来，可以勾勒出对“舜其可谓受命之民”的论证在孔子完成性命论突破过程中的思维范型作用。《子羔》对舜之受命的阐释，强调人子和民也能受天之命，是对三代始祖禹、契和后稷的感生神话所蕴含的天子观念和天命思维的创造性转化，与《孔子诗论》对文王之受命的阐释一起，开启了其性命论的基本问题意识和相关论域。《性情论》（郭店简《性自命出》）同时提出了“性自命出，命自天降”和“四海之内，其性一也”的命题，将孔子对舜、文王之受命的思考和其“知天命”的实践予以理论化的表述。《中庸》、帛书《五行》说部及《孟子》都鲜明地继承和深化了孔子以舜为范型展开性命之思的致思路径。

【关 键 词】《子羔》；《孔子诗论》；《性自命出》；天命；人性

【作者简介】夏世华（1977—），湖北武汉人。哲学博士，中南财经政法大学哲学院副教授。

人性论是传统儒学的理论根基，而性命论是其最初的理论形态。近年来，关于“性”概念起源与形成的研究颇为引人注目，这不仅是因为它从发生学的脉络拓展了人性论研究的新论域，更是因为通过对“性”这一重要中国哲学概念的溯源深化了对儒学奠基时期“性”概念的问题

*　本文为国家社科基金冷门绝学研究专项项目“禅让类出土文献综合研究”（项目号：20VJXG003）阶段性成果。

意识、观念结构、历史流变等重要问题的理解。丁四新师已经据《国语》、《左传》和郭店楚墓竹简等材料，敏锐地指出孔子在“性”概念正式起源过程中的关键作用，即“将‘性’或‘人性’与‘天命’直接贯通起来”，“完成了天—命—性—情—道—教和心性论的思想体系，完成了对中国思想特别是儒家思想脉络的新建构”。① 从观念结构上指出孔子在天命论和宇宙生成论的双重思想背景下，把天命贯通于人物而构建出“性”概念的基本论域，是言之成理、持之有故的。

现在有必要在此基础上继续追问和探讨的问题是，孔子是如何实现从天命到人性的贯通的？其所用的思想资源是什么？其思想展开的过程可能是怎样的？在上博简《子羔》中，孔子为弟子子羔解释“天子”观念时，援引了禹、契与后稷的感生神话，这表明三王感生神话所隐喻的观念实质是王者（始祖与传承其血脉的王族）受命于天，它们是说明王之所以为王的神话史诗，其原初用途主要是用以昭示王权天授的政治正当性的。《子羔》篇最后以孔子“舜其可谓受命之民”这一论断结束，表明孔子述禹、契和后稷的感生神话以解说天子观念，最终其实是要说明作为人子和民的舜也承受了天命。这可以理解为，博学深思的孔子抽绎出流传久远的三王感生神话中天—命—王的观念结构，并将其普遍化，转化为解释人之所以为人的天—命—人的观念结构，从而以舜为范型构建出性命论和“性”概念的新论域。

① 丁四新：《作为中国哲学关键词的“性”概念的生成及其早期论域的开展》，《中央民族大学学报》（哲学社会科学版）2021 年第 3 期。该文的研究基于对大量传世文献和出土文献的梳理，其中特别对郭店简的相关材料做了较为全面的搜罗与运用，比如，“郭店竹简是战国中期的抄本，其中《性自命出》《语丛二》有大量人性论内容，《成之闻之》有‘圣人之眚（性）’‘中人之眚（性）’、《唐虞之道》有‘眚（性）命之正’的说法”，“在当时，‘天生百物’或‘天命百物’的观念非常流行，处于主导地位。郭店简《语丛一》第 2 号简曰：‘有天有命，有物有名。’第 12 号简曰：‘有天有命，有地有形。’第 4—5 号简曰：‘有命有文有名，而后有伦。’第 8 号简曰：‘有声有知，而后好恶生。’第 18 号简曰：‘夫〈天〉生百物，人为贵。’第 29—30 简曰：‘知天所为，知人所为，然后知道，知道然后知命。’第 68 号简曰：‘察天道以化民气。’郭店简《语丛三》第 17 号简曰：‘天型成人，与物斯理。’第 58 号简曰：‘有眚（性）有生，呼生。’第 67 号简下曰：‘生为贵。’第 68 号简曰：‘有天有命有┃有性有生，呼……’第 71 号简下曰：‘又眚（性）有生。’”

一、近年关于“性”概念起源与形成的研究

宋儒以大本、气禀二分的架构言性，其所谓“性之本”直指人性之根本、本体，后世所谓性体是也。王充的《论衡·本性》、方以智的《性故》、陈淳的《北溪字义》及戴震的《孟子字义疏证》的“性”字条等，都是辨析孔孟以降古今性说之异同的，可谓较早的中国人性论史。对性体的本原之思是深层的道德修养工夫，辨析孔孟以降的人性论史是对“性”这个儒家核心概念流变史的考察，这两种追溯性之本原的路径虽构成了古往今来言性的主流，但严格来说，都还未注目于“性”概念的起源与形成这一重要问题。近年以相关出土文献为契机，学者们逐渐将研究聚焦于此[①]，从而开启了早期儒家人性论研究的一个重要论域。

方朝晖将先秦秦汉时期人性概念的含义概括为七种：1.“生”、2.生理属性、3.物理属性、4.社会属性、5.原初特性、6.生长特性、7.后天或特定属性。在此基础上，他又试图梳理这七种含义“内在的逻辑关联”，以1为来源义，2至6为基本义，7为引申义，这种概念层次的区分凸显出第一种含义在人性概念中的基础意义。[②]这种解释架构受到的质疑是，“‘生’是‘性’的‘来源义’吗？如果是其来源义，那么它又是一种什么意义的‘来源义’呢？进一步，‘生’如果是‘性’的来源义，那么它是不是后者的‘基本义’呢？如果说‘性’的‘基本义’是‘生有属性’，那么方氏所说的‘社会属性’是不是其‘生有属

① 方朝晖：《先秦秦汉“性”字的多义性及其解释框架》，《中国人民大学学报》2016年第5期；张法：《作为中国哲学关键词的“性”：起源、演进、内容、特色》，《社会科学辑刊》2019年第5期；丁四新：《生、眚、性之辨与先秦人性论研究之方法论的检讨——以阮元、傅斯年、徐复观相关论述及郭店竹简为中心》，见氏著：《先秦哲学探索》，北京：商务印书馆，2015年。

② 方朝晖：《先秦秦汉“性”字的多义性及其解释框架》，《中国人民大学学报》2016年第5期。

性'?"[①]方氏所谓的"来源义"主要是就其所归纳的"性"概念所含诸义都以第一义"生"为意义来源而言的，因而是区分"性"概念内部意义结构和层次的结果，并非从发生学的脉络去追问"性"概念的来源。

在张法看来，作为中国哲学的三个基本概念之一，"虽然性在理性化中产生，但产生前的由来有根可寻"。通过对生、命、德等早期文字和观念发展的讨论，张法追溯了"性的远古起源"，认为性的观念最初主要内蕴在"生""命""德"三字中。与方朝晖专注于"性"概念的内部意义结构和层次不同，张法关注的是理性化的"性"概念产生以前的外部、早先的意义来源，它们存在于甲骨文、金文及早期文献中。[②]不过，张法也不是从发生学的脉络追问"性"概念起源的，他探讨的是"性"概念意义的历史渊源，与方朝晖试图揭示"性"概念内部根源意涵相辅相成，分别从外部和内部展开对"性"概念的意义分析。

基于对二十世纪以来"性"概念研究历史的回顾，丁四新师指出：

> 学界对于"性"概念及其相关问题的研究仍显不足，这主要体现在如下四个方面：其一，对于"性"概念出现的问题意识是什么，学者大多认识不清；其二，对于"性"概念赖以产生的思想背景，学者几乎缺乏相应的认识；其三，对于孔子在"性"概念和人性论的形成问题上起了何种作用，学者的评估是笼统的、模糊的，是严重不足的；（其）四，目前学界的论著普遍缺少对早期"性"概念之相关论域的梳理及其相关问题的讨论。

聚焦于"'性'概念出现的问题意识"，是真正进入发生学意义上的"性"概念起源研究的标志，更加深入的研究就要求"梳理和讨论'性'概念的生成问题""梳理和论述其早期论域的开展"。就"'性'

① 丁四新：《作为中国哲学关键词的"性"概念的生成及其早期论域的开展》，《中央民族大学学报》（哲学社会科学版）2021年第3期。

② 张法：《作为中国哲学关键词的"性"：起源、演进、内容、特色》，《社会科学辑刊》2019年第5期。

概念的起源”而言，如下三点至关重要：

1.“性”字是从“生”字孳乳而来的，其词源可以追溯到“生”字。

2.“性”概念虽然萌芽于西周，但其正式起源应当定在春秋晚期，且孔子对于此一概念及其相关论域的形成起了关键作用。

3.“性”字及其概念的构造和生成，既依赖于天命论，又依赖于宇宙生成论，换言之，天命论和宇宙生成论是“性”概念产生的思想背景。

1 指出了“性”概念的语源义；2 强调了孔子在“性”概念起源过程中的关键作用，即“将‘性’或‘人性’与‘天命’直接贯通起来，《性自命出》篇‘性自命出，命自天降’即此思想构造的直接反映”；3 则指出了天命论和宇宙生成论作为孔子构造“性”概念关键论域重要思想资源的意义。正是由于“性”概念很可能起源于对天命论的一种继承与转化，在性命论、心性论、性情论、人性善恶论和人性修养论等“性”概念的相关论域中，“性命论可能产生得最早”。[①] 通过这项研究，孔子在“性”概念起源与形成过程中至关重要的贡献与地位大概已是毋庸置疑的了。鉴于“性”概念在整个儒学中的根本地位，今天完全可以从哲学的突破这个角度，认为孔子基于三代特别是西周以降的文化传统而实现的哲学突破，主要体现为“性”概念的突破。

至此，孔子是如何继承、转化三代的天命论传统从而开启儒家“性”概念以为儒学奠基的，这一以往鲜少被正式提出和探讨的大问题，终于开始浮出水面，成为不得不继续追问的关键问题。在这样的问题视野和论域中，重新审视上博简《子羔》篇，或许可以看出孔子利用三代始祖禹、契和后稷的感生神话来说明“舜其可谓受命之民”的深刻思想意涵。

① 丁四新：《作为中国哲学关键词的“性”概念的生成及其早期论域的开展》，《中央民族大学学报》（哲学社会科学版）2021 年第 3 期。

二、禹、契、后稷的感生神话和天子观念所隐含的天命思维

上博简《子羔》是一篇重要的早期儒学佚文[①]，孔子和门人子羔通过反复问答，以三代始祖禹、契、后稷的感生神话为背景，深入讨论了舜为何能受命为帝的问题。根据调整后的简文[②]，孔子和子羔首先展开了如下对话：

> 子羔问于孔子曰："三王者之作也，皆人子也，而其父贱而不足称也欤？抑亦诚天子也欤？"孔子曰："善，尔问之也。久矣，其莫（得而闻矣。禹之母，有莘氏）[9]（之）女也，观于伊而得之，怀三[11上段]年而划于背而生，生而能言，是禹也。契之母，有娀氏之女[10]也，游于瑶台之上，有燕衔卵而错诸其前，取而吞之，怀[11下段]三年而划于膺，生乃呼曰：[香港中大馆藏楚简]'铯！'是契也。后稷之母，有邰氏之女也，游于玄咎之内，冬见芺，搴而荐之，乃见人武，履以忻，祷曰：帝之武，尚使[12]（吾有身。怀三年，划□而生），是后稷（之母）也。三王者之作也如是。"

这段简文除了少量残缺，大意基本清晰。子羔问三王者之作究竟是"其父贱而不足称"的"人子"，还是诚为"天子"？孔子首先肯定了子羔提了一个好问题，接着便备述禹、契、后稷这三代始祖的感生神话。契和后稷的感生神话分别见于《诗·商颂·玄鸟》和《诗·大雅·生民》，孔子所述比《诗经》所载要简略，但大体情节不差，当是

① 楚简《子羔》的竹简形制、抄写笔迹与《孔子诗论》《鲁邦大旱》完全一致，其思想与《论语》《唐虞之道》及《孟子》等密切关联，而其思想表述的语言风格也极其精要，裘锡圭已经将《子羔》断为"早期儒家"作品，笔者基本赞同这一结论。参阅裘锡圭：《谈谈上博简〈子羔〉篇的简序》，见朱渊清、廖名春主编：《上博馆藏战国楚竹书研究续编》，上海：上海书店出版社，2004年，第9页。

② 楚简《子羔》释文于2002年发表后，各学者对整理者的简序有较大调整，本文采用裘锡圭的简序：简9+简11上段+简10+简11下段+香港中大馆藏楚简+简12+简13+简1+简6+简2+简3+简4+简5+简8+简7+简14。下文所引该篇简文，是笔者据此简序，采纳各学者相关研究而成，引文从宽式。参阅夏世华：《上海博物馆藏楚竹书〈子羔〉集释》，见丁四新、夏世华主编：《楚地简帛思想研究》（四），武汉：崇文书局，2010年，第173—174页。

对《玄鸟》和《生民》之诗的转述。在《春秋繁露·三代改制质文》中，董仲舒也曾提到，“至禹生，发于背”，“契母吞玄鸟卵生契，契先发于胸”，“后稷母姜原履天之迹而生后稷”。董子同时述及禹、契和后稷的感生神话，但比孔子的转述更加简略，显然也有所承。

就内容而言，孔子述三王感生神话以对子羔之问，似乎是要说，根据那些流传已久的神话，禹、契和后稷确实可以被看作天之子，准确说乃由天所命而生之子。简文中孔子所述的三位王者的感生神话虽然彼此有差异，但是都蕴含了一个共同的天子受命模式。在一定意义上，每个王者的感生神话都凝聚了那一代的天命观。

直接就三王感生神话中的意象进行天命观分析可以发现：其一，在玄鸟遗卵而生契的神话中，玄鸟是殷人先祖的隐喻[①]，也是无形无象、隐秘莫测的天帝向人王授命的使者，它可以往返于天帝和人王之间。这一神话反映了殷人“帝—先祖—王”的天命观结构。[②]其二，在后稷的感生神话中，帝感应有邰氏之女的献祭而直接显现出自己神圣的足迹，有邰氏之女履迹而生后稷。“帝之武”直接显现在有邰氏之女面前，隐喻了帝不仅具有人格化形象，而且可以直接现身在人世之中，这反映了周人“帝—（先祖）—王”的天命观结构，天帝和天子直接关联，无须先祖充当中介。[③]其三，禹是他的母亲观于伊而得，没有明确出现可以为人所感知的意象。结合殷、周的天命观结构来看，在禹的感生神话中，帝可能是没有任何迹象可寻、不为人所理解的神秘存在，帝和王之间的沟通也比较神秘，它可能反映了夏代“帝—王”的天命观

① 《书·高宗肜日》：“高宗肜日，越有雊雉。祖己曰：‘惟先格王，正厥事。’”祖己因雉而说“先格王”即显现出这一隐喻的意义。

② 以上结构基本可与学者对殷代天命观的研究相应，可分别参阅胡厚宣：《殷代之天神崇拜》，见氏著：《甲骨学商史论丛初集》（外一种），石家庄：河北教育出版社，2002年，第238—239页；陈梦家：《殷虚卜辞综述》，北京：中华书局，1988年，第581页；［日］伊藤道治著，江蓝生译：《中国古代王朝的形成——以出土资料为主的殷周史研究》，北京：中华书局，2002年，第30页。

③ 周人对殷人的天命观有所改变，主要是弱化先祖在天命观结构中的功能，直接建立天和天子之间的关系，这一点也反映在禘礼的演变过程中。据学者研究，禘礼在殷商时是一种宽泛的献祭方法，到西周逐渐向先祖祭祀转变，最后在东周礼书中，从祖先祭祀中发展出祭天之禘的内涵，而且“不王不禘”（《礼记·大传》）。参阅刘源：《商周祭祖礼研究》，北京：商务印书馆，2004年，第71、76、68页。

结构。[①] 由此可见，禹、契、后稷的感生神话所反映的三代天命观在整体上呈现出一种结构性特征，都把至上神和王作为受命的两极，先祖在至上神和王之间的角色逐步变得重要，并以精致的形式反映在天命观中间，到天子观念发展成熟的周代，天已经成为人王直接的先祖。

基于以上对三王感生神话的简要分析，可以总结出天子受命神话中包含的天命思维，这主要包括以下几点：其一，至上权威是神性的天或帝，早期可能完全神秘莫测，随着时代变换逐步具有人格形象和与人相感通的能力；其二，所受之命是由天帝直接或间接地从上降下携带天或帝之神性的质体，如玄鸟所遗之卵或帝武；其三，受命方式是神性质体在母体中孕化；其四，受命征象是神性质体在人间显现的奇迹事件。神性质体通过母体的孕化而转生于人间就是受命之王，再经过王者的血脉相传而为其子孙所分享，从而形成共享神性质体的王族。这种模式内在的精神是王族对天帝之神性的分享，所要达到的目标是证明天王合一。

三王感生神话的作用主要在于论证政治的正当性。从契和后稷的感生神话见于《诗·商颂·玄鸟》《诗·大雅·生民》便可以推知，三王的感生神话在各自所处的王朝应该都是被反复传诵的王朝史诗的序章，通过对始祖感生神话的反复传诵，来激发臣民关于王乃天之子孙、王权乃天之所命的想象，以确立政治统治的正当性。可以说，三王感生神话被创造和流传的历史反映了夏、商、周三代都用始祖受天之命而感生这种叙事来论证王族血统神圣、君权天授的政治历史事实。

三、"舜其可谓受命之民"：对《子羔》篇主旨的再思考

在《子羔》篇的对话中，孔子虽述及三王感生神话，但其意并不在

① 保利艺术博物馆新近收藏了一件属于西周中期后段的𤔲公盨，其铭文首句就说"天命禹敷土，堕山，浚川"，《书·洪范》说"天乃锡禹洪范九畴"，《山海经·海内经》说"帝乃命禹卒布土以定九州"，《国语·周语下》论禹曰"皇天嘉之，祚以天下"。在这些文献中，天帝都是直接降命于禹，没有任何中间环节，反映出帝、王直接关联的天命观。上引铭文参阅裘锡圭：《𤔲公盨铭文考释》，见氏著：《中国出土古文献十讲》，上海：复旦大学出版社，2004年，第46页。

于赞扬这些神话中的天子观念。在接下来的对话中，孔子主要是将作为天子的三王者与作为人子的舜置于一个强烈的比较语境中，从而逐步引申出“舜其可谓受命之民”这个结论。其言云：

> 子羔曰：“然则三王者孰为？”（孔子曰：“帝舜。”）
>
> （子羔曰：“其亦天子也欤，抑亦人子也欤？”）【13】（孔子）曰：“有虞氏之乐正瞽瞍之子也。”
>
> 子羔曰：“何故以得为帝？”孔子曰：“昔者而弗世也，善与善相寻也，故能治天下，平万邦，使无有小大、肥瘠辨，皆【1】得其社稷百姓而奉守之。尧见舜之德贤，故让之。”
>
> 子羔曰：“尧之得舜也，舜之德则诚善【6】欤？抑尧之德则甚明欤？”孔子曰：“均也。舜穑于童土之田，则【2】（天下之民归之如流。”子羔曰：“舜之德何若，而可以得）之童土之黎民也。”孔子曰：【3】“吾闻夫舜，其幼也敏，以孝侍亲，言（之弗惑，宽裕温良，敦敏）【4】（知时，允执厥中，畏天爱民，叡明通知，举贤以治，而）又以文而远。尧之取舜也，从诸卉茅之中，与之言礼，说薄（而顺；与之言乐，说和而长；与）【5】（之言政，说简而行；与之言道，说）□而和。故夫舜之德其诚贤矣，由诸畎亩之中而使，君天下而称。”
>
> 子羔曰：“如舜在今之世则何若？”孔子曰：【8】“亦纪先王之游（迪？）道，不逢明王，则亦不大使。”
>
> 孔子曰：“舜其可谓受命之民矣。舜，人子也，【7】（而）三天子事之。”【14】子羔【5背】

笔者以前曾从先秦儒家禅让观念的角度来解读《子羔》篇的思想，强调孔子以舜为范型建构的人子受命为帝的模式，反对以三王感生神话为范型建构的天子受命为王的模式①，这种理解和解释的思路主要是

① 夏世华：《楚简〈子羔〉的禅让观念——先秦儒家对人子受命模式的建构及其对天子受命模式的反对》，见黄黎星、崔波、丁四新主编：《黉门菊灿——萧汉明教授七秩华诞纪念文集》，长春：吉林文史出版社，2009年。

从政治哲学的角度出发[①]。鉴于尧舜禅让这一主题本身的重要性，及其在先秦儒家内部乃至道家、法家等学派所激起的持久反应，以前的研究也可以说是就着《子羔》篇的题中之意而展开的。然而，近年来经过反复思考，笔者逐步意识到，仅仅对《子羔》篇作政治哲学的解读可能还未能领会到孔子以“舜其可谓受命之民矣。舜，人子也，（而）三天子事之”作结的深意。

重新梳理一下上述对话的逻辑，主要包含六个层次：其一，通过子羔“三王者孰为”的问题，引出禹、契和后稷作为重臣所辅佐的帝舜。其二，孔子说“有虞氏之乐正瞽瞍之子”，肯定了舜的人子身份，这应是针对子羔对舜是天子还是人子这样的问题而作答的。其三，作为“有虞氏之乐正瞽瞍之子”的舜为何能身居王位，以至于作为天子的禹、契和后稷也都曾是其大臣？孔子以“昔者而弗世”和“尧见舜之德贤，故让之”给出了解释，从而凸显了“舜之德贤”这一特质。其四，子羔进一步追问尧舜禅让之所以能实现，究竟是因为“尧之德”甚明还是“舜之德”诚善，孔子先以“均也”对两者同时予以肯定，进而详细阐述了舜之德的种种表现。其五，通过子羔“如舜在今之世则何若”的问题，凸显了若舜不遇尧，“不逢明王，则亦不大使”。其六，孔子以“舜其可谓受命之民矣。舜，人子也，（而）三天子事之”总结了这段对话。

不难发现，在子羔与孔子的对话中，虽然孔子以“均也”肯定了“尧之德”和“舜之德”都很重要，但是整个对话实质上都是围绕舜来展开的，因而，尧舜禅让传说出现在《子羔》篇中，和三王感生神话一样，都是服从于阐明、塑造舜这个关键人物这一主题的。我们可以追问，在《子羔》篇中，孔子究竟是如何理解舜这个人物的？为何要聚焦于舜这个人物？顺着这样的问题意识，再来审视孔子的相关论述，就会发现“舜其可谓受命之民”这句话才是全篇的画龙点睛之笔。作为

① 李学勤说：“全篇的中心，是以舜为例，说明黎民有德也可以受命为帝，而且超越三王之上。”裘锡圭说：“一个人是否有资格‘君天下’，应决定于他的德是否‘诚贤’（真的贤），而不应决定于他的出身是否高贵。”这两种对《子羔》主旨的理解也主要是政治哲学的。参阅李学勤：《楚简〈子羔〉研究》、裘锡圭：《谈谈上博简〈子羔〉篇的简序》，见朱渊清、廖名春主编：《上博馆藏战国楚竹书研究续编》，第16、9页。

“有虞氏之乐正瞽瞍之子”的舜，绝非如禹、契、后稷那样是感天之命而生的天子，其作为民和人子的身份十分确定。然而正是这样的舜，却因其“德贤”而受到尧的肯定，从而由民一跃成为三“王”之上的“帝”。从三代受命而王这样传统的天命观念出发，“舜何故以得为帝”是不得不问的问题。从“舜其可谓受命之民”来看，孔子并未否定王者宜受天命这种传统的观念，而是将受天命的对象从王族泛化到了像舜这样的“民”身上。也就是说，并非只有夏、商、周三代的王族才是如纣王宣称“我生不有命在天乎”（《书·西伯戡黎》）那样受天命而生的，有虞氏之乐正瞽瞍所生的人子舜也是受天命而生的。既然作为人子和民的舜是受命而生的，那推而广之，也可以说所有人都是受天命而生的。《孔子诗论》对文王之受命的阐述，以及《中庸》在赞美舜时以“大德者必受命”结束，可以作为旁证，说明《子羔》篇对“舜其可谓受命之民”的论断很可能是孔子思想中一个非常重要的母题。

与对舜之受命的强调相关的，是孔子对文王受命的理解与阐释。《子羔》与《孔子诗论》不仅同见于上博简中，而且竹简形制、抄写笔迹完全一致，其在文献上的亲近关系由此可见一斑。值得注意的是，这两篇文献都论及了人之“受命”这一主题，其思想旨趣也殊途同归。在《子羔》篇中，孔子谈到了“舜其可谓受命之民”；在《孔子诗论》中，孔子在后稷之受命与文王、武王之受命的关系中谈到了文王的受命。其一，孔子以“贵且显”评论了“昊天有成命，二后受之”这句诗。“有成命”，郑玄《笺》云：“言周自后稷之生而已有王命也。”“‘二后受之’，言至殷末周初，文王、武王始受此天命也。”[①] 其二，在诠释《葛覃》之诗时孔子言及后稷与文王、武王的关系。其言云：

> 孔子曰：吾以《葛覃》得氐初之诗。民性固然：见其美必欲反其本。夫葛之见歌也，则以絺綌之故也。后稷之见贵也，则以文武

① 丁四新等：《上博楚竹书哲学文献研究》，石家庄：河北教育出版社，2022年，第356页。

之德也。[①]

孔子“以《葛覃》得氏初之诗”，所谓“得氏初”，即“见其美必欲反其本”，“后稷之见贵也，则以文武之德也”正是一个好的例证。按照孔子的逻辑，后稷虽是文王和武王的始祖，但他之所以“见贵”，是因为文王和武王的美德。其三，孔子高度肯定了文王受命的意义。其言云：

> “（帝谓文王，予）怀尔明德”，盖诚谓之也。“有命自天，命此文王”，诚命之也。信矣！孔子曰：此命也夫！文王虽欲已，得乎？此命也时也，文王受命矣。[②]

综合这三方面的内容来看，孔子对文王受命的理解，主要是以“文武之德”为根本的。虽然文王为后稷的子孙，也继承了后稷作为天子的血脉，但是孔子并不特别强调文王身上所流淌的神圣血脉，反而凸显德在其受命过程中的决定性意义。孔子甚至明确指出，“后稷之见贵也，则以文武之德也”。从“后稷之见贵”来看，孔子用以评论“昊天有成命，二后受之”这句诗的“贵且显”主要是就后稷而言的。孔子对《昊天有成命》这两句诗的理解，可能与其本来的诗意并不完全相同。周人在传诵这两句诗的时候，很可能是想表达后稷已是受天之命的天子，文王和武王又能承续光大此天命，故终于受命而王。可以说，周人想优先强调的是文王和武王身上的神圣血脉，在此前提下来凸显文武之德的重要性。这么做是因为在殷周之际受天命而王的思想语境中，王族的神圣血脉是宣称政治正当性的第一原则，周王必须与殷王一样同为天命之子，然后才能够据“皇天无亲，惟德是辅”（《左传》僖公五年引《周书》）证成以德而代殷称王的正当性。然而，孔子却将文武之德放在第一位，将他们身上所承载的神圣血脉淡化了。正因如此，在孔子看来，后稷之见贵于后世，主要并不是因为其由天命而生

① 丁四新等：《上博楚竹书哲学文献研究》，第 340 页。
② 丁四新等：《上博楚竹书哲学文献研究》，第 357 页。

的天子身份，而是因为其是有德的文王和武王之始祖。就历史的层面而言，后稷的感生神话很可能如刘邦的感生神话一样，是在周人逐步崛起的过程中形成的，孔子虽未说破此义，但也并不像周人那样把后稷感生神话当真来传诵。要而言之，孔子对文王受命的解释，很可能并不是按周人自己的逻辑展开的，而是基于他自己对人所承受的天命的理解而形成的。在孔子那里，文王与舜的不同仅仅在于，根据传说，舜乃人子的子孙，文王乃天子的子孙，但在受命为帝为王上，二者的这种血缘上的差异并不重要，反而是他们都展现出的纯德构成了受命的根本原因。因此，如果将孔子肯定“舜其可谓受命之民”和“文王受命”综合起来便可推知，孔子大概已经形成了无论天子还是人子都是受天命而生的人这样的思想。舜、文王和每一个凡民都可谓“受命之民”，只要能知觉并展现其所受之命，每一个人都可以像舜和文王那样成为以德显于世间的人。

《中庸》不仅明确提及“仲尼祖述尧舜”，而且收录、记载了两段孔子赞美舜的重要文字，其言云：

> 子曰：“舜其大知也与？舜好问而好察迩言，隐恶而扬善，执其两端，用其中于民，其斯以为舜乎！”
>
> 子曰：“舜其大孝也与？德为圣人，尊为天子，富有四海之内，宗庙飨之，子孙保之。故大德必得其位，必得其禄，必得其名，必得其寿。故天之生物，必因其材而笃焉，故栽者培之，倾者覆之。《诗》曰：‘嘉乐君子，宪宪令德。宜民宜人，受禄于天。保佑命之，自天申之。’故大德者必受命。”

在第一段话中，孔子赞美舜乃“大知”，因其好问、好察以知善知恶，并能隐恶扬善，执两用中。这段评论看似未提及舜之美德，但郑玄《注》就“其斯以为舜”云：“其德如此，乃号为舜，舜之言充也。”孔颖达《正义》云：“《谥法》云：‘受禅成功曰舜。’又云：‘仁义盛明曰舜。’皆是道德充满之意，故言舜为‘充’也。”根据这样的解释，舜之德始于知善知恶，终于用中于民，可谓内外一贯。《中庸》这段话可视为孔子对舜修为之方的揭示。

在第二段话中，孔子赞美舜乃“大孝”，“德为圣人”，故能得“尊为天子”之位、“富有四海之内”之禄、“宗庙飨之”之名、“子孙保之”之寿。“故天之生物”以下的内容，是在解释舜何以能“德为圣人”，其要义有二：其一是“其材”，郑玄《注》云：“材，谓其质性也。”[①] 这是舜成德的先天依据；其二是因循其材性而“笃焉”，下文所谓“栽者培之，倾者覆之”，便是以植树为例，讲舜能因循其材性，不断修之为之，使其成材。这讲的是舜成德的后天努力。这种对“其材”和“笃焉”的双重肯定，已经包含了“性相近也，习相远也”（《论语·阳货》）中“性”与“习”的对举结构。作为总结，孔子引述了《诗·大雅·假乐》之首章，然后说“大德者必受命”。按照传统的看法，“《假乐》，嘉成王也”[②]。将孔子引述的《假乐》之诗的首章与其前面论舜的内容相比较，可以看到两者在内容上的一致性。所引的前四句诗是赞美成王之德由内而外的显耀，后两句诗则试图说明成王之德何以能如此显耀，“保佑命之”指成王受天之命而生，“自天申之”指成王能由天之所命而申之明之。[③] 这与“天之生物，必因其材而笃焉”一样，是对先天之材性和后天之修为的双重强调。就《假乐》之诗的本旨而言，主要还是为了强调成王作为后稷子孙、天子之后所受的天命，以及因其天命而成就其道德的意涵。就引述这几句诗以说明舜之德而言，孔子不仅深刻领会了诗意，而且通过断章取义的方式巧妙地将其嫁接到自己的思考中。一方面，孔子所取的义在于有德者必有天命之“材”与后天之“笃”；另一方面，像阐扬文王的受命一样，孔子也淡化了成王作为天子之后的身份特征，从而将文王、成王和舜都视为“受命之民”。换句话说，在孔子的思想世界中，人与万物受天之命是“天之生物”的必然结果，故就人而言，天之命并不独属于三代王者，而是天子与人子而

① 〔清〕阮元校刻：《十三经注疏》（清嘉庆刊本），北京：中华书局，2009 年，第 3533 页。

② 〔清〕阮元校刻：《十三经注疏》（清嘉庆刊本），第 1165 页。

③ “保右命之，自天申之”，郑玄《笺》云：“成王之官人也，群臣保右而举之，乃后命用之，又用天意申敕之，如舜之敕伯禹、伯夷之属。”相比而言，孔子在引述该诗时所暗含的理解，要比郑玄的解释更接近诗之本旨。参阅〔清〕阮元校刻：《十三经注疏》（清嘉庆刊本），第 1165 页。

共有之。郭店简《成之闻之》第26—28号简云："圣人之眚（性）与中人之眚（性），其生而未有非（分）之，节于而（能）也，则犹是也。虽其于善道也，亦非有择数以多也；及其博长而厚大也，则圣人不可由与埤之。此以民皆有眚（性），而圣人不可慕也。"一种最新的观点认为，"《成之闻之》篇是孔子本人著作"[①]，其中不仅区分了"圣人之性"与"中人之性"，而且肯定它们"生而未有分之"，最后又指出"民皆有性"。就上述对孔子阐述舜和文王之受命的分析来看，他是完全有可能提出《成之闻之》中那些关于"性"的思想的。由此再来看"大德者必受命"的结语，从其语境来看，这里的"大德者"既包括"德为圣人"的舜，也包括"宪宪令德"的成王。孔子在对舜与成王之美德何以可能的追问中，不仅追溯到了天所赋予的"材"，而且强调了他们后天因其材而"笃"之的努力，但这段话的重心落在了"受命"上，这就表明这段孔子对舜之德的反思，其重心在于强调舜的美德之所以可能的天命要素。不得不说，这段话以"大德者必受命"结束，楚简《子羔》篇也以"舜其可谓受命之民"作结，两者在所涉人物、问题意识、致思路径和最终结论等诸多方面都是同频共振的，它们可以互相佐证，说明孔子确曾参照禹、契、后稷感生神话中的天命观结构和天子观念，以舜为人格范型，创造性地提出了包含所有人的性命论思想。

四、孔子由舜之受命而创发性命之思的意义与影响

基于孔子"舜其可谓受命之民"的论断，再来看相关的出土和传世文献，可能会发现，孔子围绕民之受命的问题曾做了许多深邃的思考，除了上述内容，孔子自己对"知命"的强调和"五十而知天命"的实践，也可以理解成作为受命之民的孔子通过反求以自证在己之天命的努力，而由此开显出来的思想就是早期性命论，其基本命题见于楚简《性自命出》。帛书《五行》篇和《孟子》的相关思想，就是思孟一系沿着孔子所

① 丁四新：《郭店儒家竹书文献问题新论——以〈尊德义〉〈六德〉〈成之闻之〉〈性自命出〉为中心》，《中原文化研究》2023年第3期。

开启的以舜为范型来阐发性命之思的大道勇往直前所结成的硕果。

第一，孔子对“知命”“知天命”的实践。如果孔子确实曾在对舜和文王之德的沉思中意识到了天命之材性对于人之为人的重要意义，那么主张知、言、行一致的孔子势必在生命实践中把知觉自己所禀受的天命之材性作为重要的人生目标。通观《论语》一书，可以找到许多于此有启发性的材料。其一，孔子明确主张“不知命，无以为君子”（《论语·尧曰》）。其二，孔子自述生命不断自我超越之历程时说“五十而知天命”（《论语·为政》）。先儒已经指出，“知命，即《易传》乐天知命，夫子知天命之命”[①]。其三，《论语·宪问》载：“子曰：‘莫我知也夫！’子贡曰：‘何为其莫知子也？’子曰：‘不怨天，不尤人。下学而上达。知我者，其天乎！’”孔子感叹无人知己，又不怨天尤人，最后又慨叹“知我者，其天乎”，天之所以是“知我者”，是因为孔子事事反求诸己，就己之身心而下学，从而上达于天。在孔子那里，“天”与“我”通达无碍，正是其“知天命”的表现。其四，子畏于匡，曰：“文王既没，文不在兹乎？天之将丧斯文也，后死者不得与于斯文也；天之未丧斯文也，匡人其如予何？”（《论语·子罕》）文王之文即文王之命，孔子之命、文王之文、天命之命一以贯之。诸如此类的记载，都足以说明孔子曾把“知天命”作为自己生命中最重要的目标加以追求，他以“朝闻道，夕死可矣”（《论语·里仁》）的勇气和“无终食之间违仁”（《论语·里仁》）的坚毅，终于在五十岁时真实地知觉到自己所受的天命，从而证悟了“受命之民”存在的意义和价值。

第二，楚简《性自命出》对孔子性命论的理论表述。通过对舜和文王之受命的阐扬，孔子可能已经建构了关于性、命、习等观念的知识体系，这种知识建构与其“知天命”的实践互相印证，构成了孔子探知

---

① 《论语稽求篇》又云：“陈晦伯作《稽疑》，引《韩诗》及董仲舒对策为解，此真汉儒有师承之言。《韩诗外传》云：‘天之所生，皆有仁义礼智顺善之心。不知天之所以命生，则无仁义礼智顺善之心，谓之小人。故曰不知命，无以为君子也。’董仲舒策曰：‘天令之谓命，人受命于天，固超然异于群生，贵于物也。故曰天地之性人为贵。明于天性，知自贵于物，然后知仁义礼智，安处善，乐循理，谓之君子。故孔子：“曰不知命，无以为君子。”此之谓也。’”转引自程树德撰，程俊英、蒋见元点校：《论语集释》，北京：中华书局，1990 年，第 1376—1377 页。

自己所禀受之天命与人性的双重路径，也成为从理论上阐述和发展早期儒家人性论的重要思想来源。目前，关于楚简《性自命出》最新的研究指出：

> 1. 郭店简《性自命出》和上博简《性情论》是同一佚书的两个不同抄本或传本。其中，《性情论》（或其母本）的抄写更早，而《性自命出》可能是子游后学所抄写的……目前，我们尚缺乏可靠证据证明《性自命出》是子游的著作。
>
> 2. 孔子比较可能是《性自命出》的作者。《性自命出》大概是孔子晚年的著作。
>
> 3. 即使《性自命出》是孔子弟子的著作……篇中的一些基础性概念和命题，如“凡人皆有性”“性自命出，命自天降”“道始于情，情出于性”“喜怒哀悲之气，性也”“好恶，性也”“善不善，性也”“凡学者求其心为难”等，也都应当出自孔子本人。
>
> 4. “性自命出，命自天降”两句，将人性与天命直接贯通起来，建立了一套超越而内在的新理论结构，奠定了儒家思想的新基石，这种思想贡献衡之于孔子、孔子之弟子以及时贤，唯孔子足以当之。
>
> 5.《性自命出》第 9 号简曰：“四海之内其眚（性）一也，其用心各异，教使然也。”《成之闻之》第 26—28 号简曰：“圣人之眚（性）与中人之眚（性），其生而未有非（分）之，节于而（能）也，则犹是也。虽其于善道也，亦非有择数以多也；及其博长而厚大也，则圣人不可由与埤之。此以民皆有眚（性），而圣人不可慕也。”……比较上引两段简文，《性自命出》与《成之闻之》的观点相同，文本相近，都持普遍主义的人性论观点，且认为人后天的差别是教化和习养所导致的。[①]

就思想逻辑的进程而言，孔子对舜与文王之受命的沉思，以及他“知天命”的生命实践，最终都汇归于“性自命出，命自天降”和“四

① 以上内容摘引自丁四新：《郭店儒家竹书文献问题新论——以〈尊德义〉〈六德〉〈成之闻之〉〈性自命出〉为中心》，《中原文化研究》2023 年第 3 期。

海之内，其性一也”这两个基本理论命题中；就文献状况而言，反映这种思想逻辑的三篇重要文献《子羔》《孔子诗论》《性情论》同时见于上博简，恐怕并非偶然。因此，笔者是完全赞同“《性自命出》的重要概念、基本命题及最宏观、一般的思想框架，都应当出自孔子本人，而不是出自其弟子”[①]这一重要论断的。

第三，思孟一系对孔子性命论的发扬。就《中庸》、简帛《五行》篇和《孟子》的相关论述来看，在孔子之后，最能发扬孔子性命论相关思想和话语的仍属于思孟一系。其一，《中庸》以“天命之谓性”开篇，学者已经指出，“从先秦学术史来看，《中庸》‘天命之谓性’一句应当判定为是对《性自命出》‘性自命出，命自天降’两句的简化和压缩”[②]。其二，如前文所述，《中庸》两次引用了孔子赞美舜的话，其中一次还直接涉及了舜之受命的问题。此外，《中庸》还说“仲尼祖述尧舜”，虽未明言孔子究竟是在哪些方面祖述尧舜的，但孔子以舜为范型来追问人性之本的事是否属于其题中之意，至少目前看还是不无可能的。其三，《中庸》中关于诚的那段重要论述，以“尽己之性”“尽人之性”“尽物之性”作为君子以德配天的关要，这种竭尽其性的思想，其实与孔子“因其材而笃焉”的思想可谓一脉相承。其四，马王堆帛书《五行》篇有经有说，其经文又见于郭店简。这篇佚文的内容，学界据《荀子·非十二子》对思孟五行说的批评，一致认为经的部分当是子思所作，说的部分虽有为子思门人、孟子或孟子后学所作等不同看法，但都不出思孟一系。[③]帛书《五行》说的部分在解释“目而知之，谓之进之”时云：

“天监（在）下，有命既集”者也，天之监下也，集命焉耳。

① 丁四新：《郭店儒家竹书文献问题新论——以〈尊德义〉〈六德〉〈成之闻之〉〈性自命出〉为中心》，《中原文化研究》2023年第3期。

② 丁四新：《郭店儒家竹书文献问题新论——以〈尊德义〉〈六德〉〈成之闻之〉〈性自命出〉为中心》，《中原文化研究》2023年第3期。

③ 参阅陈来在《〈五行〉经说分别为子思、孟子所作论——兼论郭店楚简〈五行〉篇出土的历史意义》《竹简〈五行〉篇与子思思想研究》二文中的概述，见杜维明主编：《思想·文献·历史——思孟学派新探》，北京：北京大学出版社，2008年，第4、13页。

> 循草木之性则有生焉，而无（好恶焉。循）禽兽之性则有好恶焉，而无礼义焉。循人之性则巍然知（其好）仁义也。不循其所以受命也，循之则得之矣。是目之已。故目万物之性而（□□）独有仁义也，进耳。“文王在上，於昭于天”，此之谓也。文王原耳目之性而知其（好）声色也，原鼻口之性而知其好臭味也，原手足之性而知其好逸豫也，原（心）之性则巍然知其好仁义也。故执之而弗失，亲之而弗离。故卓然见于天，著于天下，无他焉，目也。故目人体而知其莫贵于仁义也，进耳。[1]

这段话可以视为《中庸》“天命之谓性，率性之谓道”的注脚。其五，帛书《五行》传的部分为了解释“譬而知之，谓之进之”而引入了舜这个人物，其言云：“舜有仁，我亦有仁，而不如舜之仁，不积也。舜有义，而我（亦有义），而不如舜之义，不积也。譬比之而知吾所以不如舜，进耳。”[2]这段话既有助于理解“能近取譬，可谓仁之方也已”（《论语·雍也》），也可以视为“舜人也，我亦人也。舜为法于天下，可传于后世，我由未免为乡人也，是则可忧也。忧之如何？如舜而已矣”（《孟子·离娄下》）直接的思想来源。其六，“孟子道性善，言必称尧舜”（《孟子·滕文公上》）。孟子批评“天下之言性者”，独标“性善”之义，对舜的推重与阐发，遍布今本《孟子》一书，于今来看，这些都是“乃所愿，则学孔子”（《孟子·公孙丑上》）的孟子善述子思、孔子之学的反映。将《子羔》、《中庸》、《五行》经说和《孟子》关联起来，一条从孔子经子思到孟子，以舜为人格范型来发展早期儒家性命思想，最终达成性善论的思想脉络逐渐变得清晰起来，由此更可见出孔子论“舜其可谓受命之民”所具有的深刻思想意蕴和深远思想影响。

五、结语

综上所述，以近年关于早期儒家“性”概念起源与形成的相关研究

① 裘锡圭主编：《长沙马王堆汉墓简帛集成》肆，北京：中华书局，2014年，第92页。
② 裘锡圭主编：《长沙马王堆汉墓简帛集成》肆，第92页。

为基础，进一步探讨孔子的性命论思想是如何创发和展开的，不仅是有必要的，而且是可能的。

第一，虽然上博简《子羔》篇述及禹、契与后稷的感生神话和尧舜禅让的传说，但是其主旨在于以它们为津梁，论证“舜其可谓受命之民”。从内蕴传统天命思维的三王感生神话中，孔子提取了王受命于天而生这一天子观念的结构，用以说明作为民和人子的舜的受命，这便突破了只有君王和天子才是受天命而生的传统话语，而将用于论证王权正当性的传统天命观创造性地转化为解释一般人之命与生的来源的观念结构，而舜是其观念突破的人格典范。

第二，上博简《孔子诗论》对文王之受命及其与后稷之受命的关系的阐述，实质上淡化了文王作为后稷子孙的天子血脉在受命上的首要意义，转而凸显其纯德及其成德与后天努力之间的关系，这反映出孔子将文王的受命和舜的受命都纳入同一观念结构中来理解。

第三，《中庸》盛赞舜之大知与大孝，特别是在追问舜“德为圣人”的原因时，提出了“天之生物，必因其材而笃焉”的命题，同时强调人天生的材性与后天的努力对于成德的必要性，最后又点明“大德者必受命”，强调舜之德与天命之间的内在关联。“天之生物，必因其材而笃焉”可谓孔子解释舜和文王之受命的观念结构，以舜为例说明“大德者必受命”，与《子羔》篇阐明“舜其可谓受命之民”，可谓殊途同归、异曲同工。

第四，孔子通过对舜和文王之德的反思，不仅在理论上认识到天子与人子、王与民都是受天命而生的，而且在自己的生命实践中努力去追寻在己之天命，“五十而知天命”正是这种生命追求的写照，“不知命，无以为君子”则是根据其生命实践而提出的重要思想。

第五，上博简《性情论》（即郭店简《性自命出》）提出了“性自命出，命自天降”“四海之内，其性一也”的论断，它们既是孔子“舜其可谓受命之民”的两个衍生命题，也是将孔子以舜为范型展开的理论致思路径和“下学而上达”的生命实践予以理论化，成为性命论思想的基础命题。

第六，以《中庸》、简帛《五行》篇和《孟子》为代表的思孟一系的文献，不仅都非常重视舜在成德过程中的人格范型作用，而且都是在孔子性命论的问题意识和思维方向之中不断突进的，明显延续了孔子以舜为范型来探求人性、天命的思想特色，并逐步使其性命论思想发展为更加系统、深邃的人性论学说。

要而言之，孔子通过对三代天命观的反思和创构，突破了只有王、天子才是受天命而生的这一传统论调，开始以舜为范型发展所有人都受天命而生这样的思想，这就使得每个人都可以通过自知在己之天命来确证人生的意义与价值。孔子基于这样的认知，又不懈地追寻“知天命”，从而以知行合一的精神，最终确证了一个知命君子存在于人世的终极价值，也因此成为人世间一个活生生的人格典范。这种以舜为譬的态度也为思孟一系所秉持，在“如舜而已”的精神感召下，一代代大儒得以像孔子一样超凡入圣。

（校对：程静柔）

清华简《芮良夫毖》与西周晚期保民思想体系的建构*

◇ 刘光胜
（山东大学儒家文明省部共建协同创新中心）

【摘　　要】清华简《芮良夫毖》序言与《逸周书·芮良夫解》、《史记·周本纪》、周厉王时期铭文相互印证，是判定该篇成书年代的坚实证据。学者从思想、文体、用韵等层面所列之证据，都不足以推翻序言之说。文字的书写习惯是很难伪造的，简本《芮良夫毖》“芮”字的写法不同于战国时期，而合于西周金文的写法。春秋以后诗、乐分途，而清华简《芮良夫毖》具有诗、乐合一的特征。种种迹象表明，清华简《芮良夫毖》应出自贤臣芮良夫，后经春秋时期史官整理成书。西周晚期保民理论呈现出由“自纳于善”向“纳王于善”范式转变。芮良夫认为周厉王等人失德败政的原因在于背离先王之道，“无有纪纲”，所以他宣扬的思想主张，很多近似于西周初年保民理念的重新“回归”。

【关 键 词】清华简《芮良夫毖》；芮良夫；保民

【作者简介】刘光胜（1973—），山东青州人。历史学博士，山东大学儒家文明省部共建协同创新中心暨儒学高等研究院教授，博士生导师，“古文字与中华文明传承发展工程”协同攻关创新平台团队成员。

周厉王暴虐无道，推行“专利”“止谤”政策，致使社会矛盾迅速激化。贤臣芮良夫不畏权势，直陈天子执政之弊，强烈呼吁厉王及其

*　本文为国家社科基金冷门绝学研究专项学术团队项目“先秦两汉出土易类文献汇纂通考与话语体系建构研究”（项目号：23VJXT002）阶段性成果。

卿士改弦更张，谱写了瑰丽灿烂的思想史篇章。敬德保民是西周主流的官方意识形态，以前学界考察当时保民思想的理论建构，主要集中在西周初年，以元圣周公为中心展开[①]，而缺乏对西周中后期的关注。2012 年《清华大学藏战国竹简》（叁）出版，其中《芮良夫毖》篇较为全面地展现芮良夫谏君爱民的政治主张，为推进西周晚期保民思想的研究提供了极为宝贵的资料与契机。

简本《芮良夫毖》的成书问题，是目前学界争辩的焦点所在。清华简《芮良夫毖》究竟是何时、何人所作？为何在厉王暴政之下保民理论竟能流行？西周晚期芮良夫的保民主张，为何与周初思想多有相似？笔者试以清华简《芮良夫毖》为切入点，同时结合《国语·周语上》《诗经·桑柔》《逸周书·芮良夫解》等文献，考察芮良夫的思想主张，进而对西周晚期保民思想特征予以梳理。笔者行文不当之处，敬请方家不吝批评、指正。

一、清华简《芮良夫毖》的作者与成书时代

欲彰显简本《芮良夫毖》的史料价值，首先必须为其断代，确定其作者与成书时间。关于清华简《芮良夫毖》的作者，李学勤、赵平安、陈鹏宇等学者认为是西周厉王时期的名臣芮良夫[②]，可惜未做详细论证。而杜勇先生另立新说，他以《诗经·桑柔》为参照，主张《芮良夫毖》的作者乃处于朝廷权力场边缘的某位低级官员。杜先生说：

> 《芮良夫毖》用“其”13 次，用“之”3 次，用“彼”2 次，用

① 相关研究成果较多，参见林国敬：《“敬德”“保民”关系新论——基于周初思想史的考察》，《温州大学学报》（社会科学版）2022 年第 4 期；吴灿新：《西周的“天德”观及其伦理影响》，《齐鲁学刊》2015 年第 5 期。

② 李学勤：《新整理清华简六种概述》，《文物》2012 年第 8 期；赵平安：《〈芮良夫謐〉初读》，《文物》2012 年第 8 期；陈鹏宇：《清华简〈芮良夫毖〉套语成分分析》，《深圳大学学报》（人文社会科学版）2014 年第 2 期；邓佩玲：《谈清华简〈芮良夫毖〉“毖”诗所见之诤谏——与〈诗〉及两周金文之互证》，见清华大学出土文献研究与保护中心编：《清华简研究》第 2 辑，上海：中西书局，2015 年，第 165 页；程薇：《清华简〈芮良夫毖〉与周厉王时期的外患》，见李学勤主编：《出土文献》第 3 辑，上海：中西书局，2012 年，第 54—60 页。

"厥"2次；《桑柔》用"彼"9次，用"其"5次，而不用"厥"与"之"。《芮良夫毖》和《桑柔》均为长诗，在人称代词使用方面表现出极大的差异，表明作者写作习惯不同。①

《桑柔》明确是芮良夫的作品，杜先生以《桑柔》不用"厥"与"之"，进而否定清华简《芮良夫毖》非芮良夫本人所作，自然有其合理之处。《逸周书·芮良夫解》同样也是芮良夫的著述，为便于论证，我们先将《逸周书·芮良夫解》相关语句摘引如下：

古人求多闻以监戎（戒）；不闻，是惟弗知。尔闻尔知，弗改厥度，亦唯艰哉……以予小臣良夫观，天下有土之君，厥德不远，罔有代德。时为王之患，其惟国人。②

从《逸周书·芮良夫解》看，该篇既用"厥"字，也用"之"字。我们以《逸周书·芮良夫解》为据，完全可以从作者用语的角度，证明清华简《芮良夫毖》是西周晚期芮良夫的作品。杜先生只凭借《诗经·桑柔》为据，却未留意《逸周书·芮良夫解》，在证据材料使用上是不全面的。

清华简《芮良夫毖》的体裁是"毖"，并非严格意义上的诗歌体裁。如该篇"敬之哉""如台"，便是《书》类文献的习语，而非《诗》类文献的常用语。简本《芮良夫毖》"似诗非诗"，具有散文化（《书》）的特征。③因此将它当作诗歌，完全以《诗经·桑柔》为参照标准，否定简本《芮良夫毖》作者是芮良夫，亦恐有可商榷之处。

关于清华简《芮良夫毖》的成书年代，学界存在激烈的争论。曹建国先生注意到《芮良夫毖》文体与西周晚期的诗歌体式存在差异，他从内容、文体、用词、押韵等角度入手，主张《芮良夫毖》是战国中晚期

① 杜勇：《多重文献所见厉世政治与厉王再评价》，《历史研究》2017年第1期。

② 部分文句据《群书治要》补足，参见黄怀信等：《逸周书汇校集注》（修订本），上海：上海古籍出版社，2007年，第1003—1006页。

③ 赵平安先生主张《芮良夫毖》与《尚书》文体相似，属于《书》类文献，参见赵平安：《〈芮良夫訟〉初读》，《文物》2012年第8期。

的托名之作。[①]对此，王坤鹏予以反驳。他强调“圣人”“君子”“元君”皆有其特殊内涵，非战国时之泛称。竹书“和德定刑”的提法，与西周早期“明德慎刑”观念一脉相承。《芮良夫毖》成书较早，当作于西周晚期厉王出奔之后，共和行政之前。[②]笔者认为清华简《芮良夫毖》成书于西周晚期至春秋时期，并非战国时期诸子的假托。其证据如下：

其一，序言交代简本《芮良夫毖》创作的缘由，是判定其成书年代有力的证据。古书一旦流传久远，人们便不知其成书时代。为此，史官便在正文前面添加序言。清华简《芮良夫毖》序言说：

> 周邦骤有祸，寇戎方晋，厥辟、御事各营其身，恒争于富，莫治庶难，莫恤邦之不宁。芮良夫乃作毖再终。[③]

序言的主要内容，是淮夷、猃狁交相侵犯，以荣夷公为代表的官员忙于聚敛财富，不积极抵御。芮良夫痛心于此，针砭时弊，作《芮良夫毖》以告诫。周厉王时期淮夷、猃狁频繁侵袭，当时记载军事战争的铭文如翏生盨、鄂侯驭方鼎、多友鼎等所载，就有12篇之多。清华简《芮良夫毖》序言所记戎狄多次入侵——“周邦骤有祸，寇戎方晋”，与厉王时期的铭文记载暗合。

清华简《芮良夫毖》序言可与《逸周书·芮良夫解》明确对应。《逸周书·芮良夫解》：“今尔执政小子，惟以贪谀为事，不勤德以备难。”[④]“贪谀为事”，即清华简《芮良夫毖》序言中的“恒争于富”；“不勤德以备难”，即清华简《芮良夫毖》序言中的“莫治庶难”。清华简《芮良夫毖》序言内容，与《逸周书·芮良夫解》、《史记·周本纪》[⑤]、厉王时期铭文相互印证，符合传世文献对芮良夫直言谏诤性格的记载。

---

① 曹建国：《清华简〈芮良夫誃〉试论》，《复旦学报》（社会科学版）2016年第1期。

② 王坤鹏：《清华简〈芮良夫毖〉学术价值新论》，《孔子研究》2017年第4期。

③ 清华大学出土文献研究与保护中心编：《清华大学藏战国竹简》（叁），上海：中西书局，2012年，第145页。

④ 黄怀信等：《逸周书汇校集注》（修订本），第1005页。

⑤ 《史记·周本纪》记载周厉王欲任用荣夷公为卿士，芮良夫劝谏说：“荣公好专利而不知大难。”荣夷公“好专利”，就是序言所说的“恒争于富”，贪婪敛财；荣夷公“不知大难”，也即序言所说的“莫治庶难”，不积极抵御戎狄侵袭。

没有序言，我们根本就不知道简本《芮良夫毖》为何人、何时所作。目前虽有学者或从用韵、思想内容，或从史实记载方面为《芮良夫毖》提供断代依据，其实都不如序言的证据更为坚实。

其二，从《诗经》文本与乐曲的发展史看，西周时期诗、乐、舞三者合一，而至春秋时期，《诗经》文本与乐曲已经分途，彼此独立。古代诗歌可入乐，演奏一章，称为“一终”。简本《芮良夫毖》说“芮良夫乃作毖再终”，“终”明确是音乐单位，可知该篇具备诗、乐一体的特征。清华简《芮良夫毖》上篇冠以“启曰”，下篇冠以“二启曰”，同样保留着乐歌的痕迹。简文这些音乐术语的出现，暗示其成书不会晚至战国时期。

其三，依据思想内容，认定《芮良夫毖》晚出不可信。曹建国认为中国古代原本是世袭制，“尚贤”观念兴起于春秋后期。《芮良夫毖》说“由（迪）求圣人”，自然不可能太早。[①] 从清华简《傅说之命》看，武丁尚贤若渴，派百工到郊野寻求贤臣傅说。西周时期“世官”制下同样强调“尚贤”，“尚贤”之举并不待春秋之时或墨子鼓吹而始有。[②] 清华简《芮良夫毖》说“此德刑不齐，夫民用忧伤”，是指道德、刑罚皆有偏失，而不是片面地强调刑罚。[③] 因此曹先生以尚贤、重刑观念作为标准，将简本《芮良夫毖》成书年代定于战国时期，恐难以信从。

其四，西周时期的金文，如内公簋盖（《集成》6.3037）、内伯多父簋（《集成》7.4109）、内大子白簠盖（《集成》9.4538）、内伯壶（《集成》15.9585）等铭文，“芮”字皆写作“内”。而战国时期表示地名的文字往往加注邑旁，如清华简《良臣》简 3 “芮伯”之“芮”作“邧”。[④] 清华简《芮良夫毖》“芮”字的写法，不同于战国时期，而同

① 曹建国：《清华简〈芮良夫䛖〉试论》，《复旦学报》（社会科学版）2016 年第 1 期。

② 宁镇疆：《由清华简〈芮良夫毖〉之“五相”论西周亦“尚贤”及“尚贤”古义》，《学术月刊》2018 年第 6 期。

③ 清华简《芮良夫毖》讽谏在位者“不秉纯德”，要他们“各当尔德”，从这些语句可以看出芮良夫德、刑并重，而非像曹建国先生所说只重刑、不重德。

④ 清华大学出土文献研究与保护中心编：《清华大学藏战国竹简》（叁），第 157 页。

于西周时代。[①]思想观念容易假托，而文字的书写习惯是很难造假的。简本《芮良夫毖》这种“字形存古”的现象，暗示其成书年代较早。

其五，从虚词使用情况看，清华简《芮良夫毖》成书当在西周至春秋时期。用思想史的线索断代，很容易遭到其他学者的反驳，难成定谳。一个时代有一个时代的用语习惯，因此笔者尝试从简本《芮良夫毖》虚词使用的情况，为其断代。虚词“厥”“其”的用词规律，是西周早期以前“厥”字用作代词，“其”字用作副词。西周中期之后，“厥”“其”开始混用。战国时期，用作代词时“其”字已取代“厥”字，占据主流地位。[②]清华简《芮良夫毖》“厥”字出现3次，“亓（其）”字出现15次。简本“厥”“其”混用，成书当在西周中期至春秋时期，而不会晚至战国时代。

介词“于”“於”的使用规律，是“于”字在殷商卜辞中已经出现，春秋时期“于”“於”混用，“于”字占优势，战国时期“於”字取代“于”。[③]清华简《芮良夫毖》“于”字出现6次，而“於”字出现0次。简本《芮良夫毖》没有“于”“於”混用，可知它应成书较早，在春秋以前。

为增强论证的可靠性，我们进一步扩大清华简《芮良夫毖》虚词的检索范围。见下表：

表1《芮良夫毖》中含殷周、春秋时代虚词情况

殷周时代虚词	其	于	不	乃	之	弗	兹	亦	咸	及	俾	克		
《芮良夫毖》	√	√	√	√	√			√		√				
春秋时代虚词	肯	未	犹	而	且	尽	常	虽	再	彼	此	所	焉	者
《芮良夫毖》	√		√	√					√	√	√	√		√

说明：《芮良夫毖》中含有此虚词时用“√”标示。

① 参见蒋鲁敬：《清华简〈说命上〉发微》，见楚文化研究会编：《楚文化研究论集》第11集，上海：上海古籍出版社，2015年，第426—435页。

② 参见唐钰明：《其、厥考辨》，《中国语文》1990年第4期。

③ 董志翘、洪晓婷：《〈清华大学藏战国竹简（壹、贰）〉中的介词“于”和“於”——兼谈清华简的真伪问题》，《语言研究》2015年第3期。

通过上表可知，清华简《芮良夫毖》含殷周时代的虚词有“其”“于”“不”“乃”“之”“亦”“及”，合计7个。含春秋时代的虚词有“肯”“犹”“而”“再”“彼”“此”“所”“者”，合计8个。虚词断代，要以时代晚的为依据，而不能取其早。简本《芮良夫毖》出现了春秋时期的虚词，则其最终成书时间很可能在春秋时期。

综上，清华简《芮良夫毖》序言得到《逸周书·芮良夫解》、《史记·周本纪》、周厉王时期彝器铭文的印证，因此它应是判定该篇成书时代最重要的证据。学者从用韵、思想内容等角度提供新证，其实都不如序言更为可信。简本《芮良夫毖》用语古奥艰涩，其“芮”字的写法不合于战国时期，而同于西周时代。春秋时期诗、乐分途，而从“终”“二启”等音乐术语看，简本《芮良夫毖》仍保存着诗、乐一体的痕迹。该篇存有“肯”“犹”“而”“再”“彼”“此”“所”“者”8个春秋时期的虚词。鉴于以上几点，笔者猜测清华简《芮良夫毖》源于西周贤臣芮良夫，后经春秋史官加工、整理成书，其成书可能是一个较为漫长的过程。

二、简本《芮良夫毖》所见保民之主张

“毖”，是一种献言儆戒的文体。西周施行以“采风”了解民情、民意的制度[①]，但周厉王实行“止谤”政策，贤人无谏言之道。在言路堵塞的情况下，芮良夫、召公等贤臣为“纳王于善”，不得已而以“毖”讽谏在位者，指摘厉王及其卿士的过失。“心之忧矣，靡所告怀”[②]，作者忧心忡忡，但又无处谏告，清华简《芮良夫毖》正是这种社会背景下的产物。[③]

① 《国语·周语上》：“天子听政，使公卿至于列士献诗，瞽献曲，史献书，师箴，瞍赋，蒙诵，百工谏，庶人传语，近臣尽规，亲戚补察，瞽史教诲，耆艾修之，而后王斟酌焉，是以事行而不悖。”

② 清华大学出土文献研究与保护中心编：《清华大学藏战国竹简》（叁），第145页。

③ 《潜夫论·遏利》篇云：“昔周厉王好专利，芮良夫谏而不入，退赋《桑柔》之诗以讽。”简本《芮良夫毖》的撰作，和《桑柔》有相似之处。

周厉王治国乏术，荣夷公等人借机牟利，“官政隳废，百姓离散”，激起了有识之士的强烈不满。从简本《芮良夫毖》看，贤臣芮良夫的保民意识，主要体现在以下几个方面。

（一）对西周晚期民众生活困苦的深刻揭示

西周晚期，民众生活艰辛，主要表现在以下几个方面：淮夷、猃狁侵袭王朝腹心地带，杀戮民众，掠夺财富。连年征战，百姓徭役、兵役负担沉重。《诗经·大雅·桑柔》说：“靡所止疑，云徂何往？”[①]战争频繁，兵役、徭役无休无止，民众流离失所，当何去何从？为解决国家财政危机，厉王实行“专利”政策，官员乘机搜刮百姓。《逸周书·芮良夫解》曰：“专利作威，佐乱进祸，民将弗堪。”[②]山林川泽原本由王室、贵族、庶民共享，现在由王室垄断，严重损害了民众的经济利益。

司法不公正，也会造成民众生活窘迫。简本《芮良夫毖》云：“此德刑不齐，夫民用忧伤。”[③]“齐”，中正。“德刑不齐”，意为德刑紊乱。[④]德刑不中正，民众利益得不到保障，因此百姓感到忧伤。西周晚期司法公正受到阻碍，庶民哭诉无门。简本《芮良夫毖》曰：“人讼扞违，民乃嗥嚣，靡所屏依。”[⑤]民众正常的诉讼得不到公正处理，所以他们四处哀号嚣嚣，无所归依。

总之，西周晚期淮夷、猃狁侵袭，肆意掠夺财富，杀戮百姓，此为外患。从内忧看，当时民众的困苦主要体现在兵役、徭役负担沉重，官员借“专利”政策敛财，民众正常的诉讼得不到公正处理，以及议政权被剥夺。层层剥削之下，民众被压榨得财殚力尽、举步维艰。芮良夫感同身受，“民多艰难，我心不快”[⑥]，正是当时他心情的真实写照。

---

① 〔汉〕郑玄笺，〔唐〕孔颖达疏：《毛诗正义》卷一八，见〔清〕阮元校刻：《十三经注疏》，北京：中华书局，1980年，第558页。

② 黄怀信等：《逸周书汇校集注》（修订本），第1002页。

③ 清华大学出土文献研究与保护中心编：《清华大学藏战国竹简》（叁），第145页。

④ 王坤鹏：《清华简〈芮良夫毖〉学术价值新论》，《孔子研究》2017年第4期。

⑤ 参见清华大学出土文献研究与保护中心编：《清华大学藏战国竹简》（叁），第146页。

⑥ 参见清华大学出土文献研究与保护中心编：《清华大学藏战国竹简》（叁），第146页。

（二）讽谏统治者恪尽职守，不要贪利享乐

周厉王贪利，对外连年征战，初衷可能是弥补国库的空虚。但厉王身边的官吏、属下趁机损公肥私，盘剥民众。清华简《芮良夫毖》曰：“周邦骤有祸，寇戎方晋，厥辟、御事各营其身，恒争于富，莫治庶难，莫恤邦之不宁。”①《广雅·释诂三》：“骤，数也。”骤，屡次，多次。厥辟，指邦君。御事，指治事之臣、各级属官。②面对戎狄屡次进犯，以荣夷公为首的各级官员贪于山林薮泽之利，忙于谋求自身的富贵，不司职事，不积极加强边备。

当时官员聚敛成风，清华简《芮良夫毖》曰：“莫称厥位，而不知允盈。”③邦君、御事德不配位，却贪得无厌，不知满足。贵族官员的贪婪，无形之中放大了专利政策的危害。简本《芮良夫毖》又说：“恪哉毋荒，畏天之降灾，恤邦之不臧。毋自纵于逸以遨，不图难。”④芮良夫告诫厥辟、御事，要勤勉而不怠于政事，畏惧上天降灾。不要纵情淫乐，不恤国难。

厥辟、御事的职责是为民谋利，而不是与民争利。简本《芮良夫毖》云：“毋婪贪、㹎惃、满盈、康戏而不智（藘）告。”⑤“婪贪”，当训为“贪”。“㹎惃”，当读为“悖惃（或昏）”，指悖乱、昏聩。⑥芮良夫儆戒当政者不要贪婪、悖乱、自满，切忌耽于逸乐而不知觉悟。简本《芮良夫毖》又云：“藘败改䌛。”⑦“藘”，同“寤”。“䌛”，同“繇”，《尔雅·释诂》：“繇，道也。”⑧芮良夫反复规劝厉王及其卿士要明白自己失败的原因，然后“洗尔心、改尔行”，及时改变自己当前荒谬、悖乱

---

① 参见清华大学出土文献研究与保护中心编：《清华大学藏战国竹简》（叁），第145页。

② 参见高中华、姚小鸥：《论清华简〈芮良夫毖〉的文本性质》，《中州学刊》2016年第1期。

③ 参见清华大学出土文献研究与保护中心编：《清华大学藏战国竹简》（叁），第146页。

④ 参见清华大学出土文献研究与保护中心编：《清华大学藏战国竹简》（叁），第145页。

⑤ 参见清华大学出土文献研究与保护中心编：《清华大学藏战国竹简》（叁），第145页。

⑥ 单育辰：《清华三〈诗〉〈书〉类文献合考》，见清华大学出土文献研究与保护中心编：《清华简研究》第2辑，第227—230页。

⑦ 参见清华大学出土文献研究与保护中心编：《清华大学藏战国竹简》（叁），第145页。

⑧ 参见清华大学出土文献研究与保护中心编：《清华大学藏战国竹简》（叁），第148页。

的做法。

（三）“听民之繇（谣）”，明悉民意、民声

厉王推行高压“止谤”政策，禁止民众发声，芮良夫则反复陈述听取民众谏言的必要性。民间谚谣是民意、民情的真实反映。简本《芮良夫毖》说：“恭天之威载（灾）[①]。听民之繇，间鬲（隔）若否，以自訾讟。”“繇”，当读为“谣”。“民之繇”，意指民间谣谚。民间以歌谣讽谏政事，表达心声。“间”，通“简”，当训释为“简择”；“鬲”，通“历”，当训释为“察相”。[②]此句大意是上要恭敬天之威力、降灾，下则倾听民间歌谣，体察民意，辨别善恶，察纳善言，以自我反省，责求自己的过失之处。[③]

芮良夫保民理论的提出，源于王朝摇摇欲坠前的政治恐慌。简文说：“君子而受柬万民之窨，所而弗敬，譬之若重载以行崝险，莫之扶导，其由不邋[illegible]？”“柬”，当读为“谏”。“之”，应读为“是”。“[illegible]”，会意字，倒山为“覆”。“邋[illegible]”，当释读为“颠覆”。[④]“颠覆”一语见于《逸周书·芮良夫解》，为芮良夫本人所言，所以李松儒将之释读为“颠倾”[⑤]，恐非。此句“所而弗敬”，文字或有错讹，但大意可知。国君受到民众劝谏（却不听），反而咎责民众，如同重载之车行进在峻险的道路上，如果缺少辅助之人，怎能不会颠覆呢？

《逸周书·芮良夫解》说：“后除民害，不惟民害。害民，乃非后，惟其仇。”[⑥]天子是为民除害的，如果天子害民，那就不是天子，而是

---

① 竹简整理者将“载”字下读，但简本《芮良夫毖》下文说“畏天之降载（灾），恤邦之不臧”，“载”字当上读，训为上天降灾之“灾”。

② 王坤鹏：《清华简〈芮良夫毖〉篇笺释》，武汉大学简帛研究中心网站，2013年2月26日。

③ 苏建洲：《〈清华三·芮良夫毖〉研读札记》，见《中国文字》新四十期，台北：艺文印书馆，2014年。

④ 参见白于蓝：《〈清华大学藏战国竹简（三）〉拾遗》，见《中国文字研究》第20辑，上海：上海书店出版社，2014年，第22页；郭永秉：《释清华简中倒山形的“覆”字》，见清华大学出土文献研究与保护中心编：《清华简研究》第2辑，第145页。

⑤ 李松儒：《谈清华简中“倒山”形字》，见华学诚主编：《文献语言学》第16辑，北京：中华书局，2023年，第193页。

⑥ 黄怀信等：《逸周书汇校集注》（修订本），第1003页。

民众的仇敌。周厉王使卫巫监谤，国人“道路以目”。清华简《芮良夫毖》：“互相不强，罔肯献言。”[①]贤臣不能建言，谏路阻塞，朝政走向败坏。此后“国人暴动”发生，周厉王由天子变成民之寇仇，民怨沸腾，众叛亲离，惨遭流放，客死于彘。不与民争利，“听民之繇”，维护国人的发言权、议政权[②]，成为此后精英阶层民本思想关注的重点所在。

（四）建言效法先王之道，避免重蹈夏、商之覆辙

政局艰难之际，芮良夫陈述先王建国时的功业，建言厉王等人效法先王之道。简本《芮良夫毖》曰：

> 昔在先王，既有众庸，□□庶难，用建其邦，平和庶民，莫敢幪憧，□□□□□□□□□□用协保，罔有怨讼，恒争献其力，畏燮方仇。

“庸”，指功绩。“燮”，通“袭”。“方”，指四方。“仇”，指仇敌。[③]简文有残缺，但大意可知。先王汇集众功，开国建邦，协和民众。民众生活安定，皆有所保养，没有抱怨、诉讼之声。他们皆争着为国君献其力，威服敌邦。芮良夫在此彰显先王的英明神武，其目的在于劝告邦君、诸正，“鉴于先旧”，效法先王的治政之道。

芮良夫以先王作为保民的典范，简本《芮良夫毖》曰：“（先王）怀慈幼弱、羸寡矜独，万民俱憖，邦用昌炽。”[④]“憖”，喜悦。周之先王慈爱、救助幼小无助、孤寡羸弱、年老无依的人，所以万民皆悦，邦国昌盛。

芮良夫认为厉王、荣夷公等执政失败的原因，在于不遵从先王之道，失去了原有的纲纪法度。简本《芮良夫毖》说：“变改常术，而无

① 清华大学出土文献研究与保护中心编：《清华大学藏战国竹简》（叁），第146页。

② 《国语·周语上》邵公曰：“防民之口，甚于防川。川壅而溃，伤人必多，民亦如之。”

③ 释文及注释参见清华大学出土文献研究与保护中心编：《清华大学藏战国竹简》（叁），第145、151—152页。

④ 清华大学出土文献研究与保护中心编：《清华大学藏战国竹简》（叁），第145页。

有纪纲。”[①]“常术”，指先王之道。“纪纲”，指治国的法度。原本天子是“布利于下”的，现在“专利”，便是“变改常术”。芮良夫劝谏厉王及其卿士，不要肆意“革典”，要效法先王，政命德刑各有其度[②]，以避免王朝倾覆的危险。

前车之鉴，后事之师。清华简《芮良夫毖》曰：“民之俴（贱）矣，而隹（惟）啻（帝）为王。彼人不敬，不鉴于夏商。”[③]“俴”，读为“残”；“啻”，读为“适”。[④]“彼人”，指代周厉王。[⑤]百姓如果受到残害，天子怎能独自称王？芮良夫呼吁厉王要汲取夏、商亡国的经验教训，不能重蹈覆辙。因此，西周晚期芮良夫进谏的内容，很多近似是对周初保民理论的重新“回归”。

总之，厉王时期，厥辟、御事的暴政主要体现为聚敛财富、不备戎祸、德刑失度、钳制民众发声。利民、安民，则受到民众爱戴，乃民众之父母；害民、伤民则为民贼，终难免覆亡的下场。[⑥]芮良夫所宣扬的“保民”思想，正是以史为鉴，借鉴夏、商王朝灭亡经验的体现。“曾是莫听，大命以倾”，如果厉王及其卿士不倾听民声，肆意损害民众利益，终将导致民怨聚积，重蹈夏、商亡国的覆辙。

三、西周晚期保民思想的理论特征

西周时期已经形成了较为完善的谏议、听政制度，不同阶层皆有不同的进谏渠道和方式。《国语·周语上》记载：“天子听政，使公卿至

① 清华大学出土文献研究与保护中心编：《清华大学藏战国竹简》（叁），第 145 页。

② 清华简《芮良夫毖》：“政命德刑各有常次。”

③ 参见清华大学出土文献研究与保护中心编：《清华大学藏战国竹简》（叁），第 145 页。

④ 参见曹方向：《清华简三〈芮良夫毖〉初读》，简帛论坛：http: //www.bsm.org.cn/bbs/read.php?tid=3040，2013 年 1 月 5 日；王瑜桢：《〈清华大学藏战国竹简（叁）·芮良夫毖〉释读》，见清华大学出土文献研究与保护中心编：《出土文献》第 6 辑，上海：中西书局，2015 年，第 187 页。

⑤ 《诗经·小雅·菀柳》：“彼人之心，于何其臻。”郑笺：“彼人，斥幽王也。”周厉王暴虐与桀、纣同，芮良夫不敢直言，故讳言曰“彼人”。

⑥ 《逸周书·芮良夫解》：“予小臣良夫，稽道谋告。子惟民父母。致厥道，无远不服；无道，左右臣妾乃违。民归于德。‘德则民戴，否则民仇’，兹言允效于前不远。”参见黄怀信等：《逸周书汇校集注》（修订本），第 998—1000 页。

于列士献诗，瞽献曲，史献书，师箴，瞍赋，蒙诵，百工谏，庶人传语。”[①] 公卿、列士献诗，乐官进献民间乐曲，史官呈献史书，师氏进献箴言，盲人诵读吟咏，百工规谏，庶民传递自己的话语。但问题在于周厉王废弃了这些途径，不让公卿大夫等人进言劝谏。

《史记·周本纪》云：

> 王行暴虐侈傲，国人谤王。召公谏曰：“民不堪命矣。”王怒，得卫巫，使监谤者，以告则杀之。其谤鲜矣，诸侯不朝。三十四年，王益严，国人莫敢言，道路以目。厉王喜，告召公曰：“吾能弭谤矣，乃不敢言。”召公曰：“是鄣之也。防民之口，甚于防水。水壅而溃，伤人必多，民亦如之。……”王不听。于是国莫敢出言，三年，乃相与畔，袭厉王。厉王出奔于彘。[②]

周厉王命令卫巫监视，有非议朝政者，斩杀之。国人皆不敢言，路途相遇只能以目光交流。召公进谏说堵塞民众之口，比堵塞水流更为危险。厉王根本不听召公之言，三年后他被流放于彘。西周晚期，倡导民本思想的不仅有芮良夫，还有召公等人。周厉王“专利”“止谤”，任用佞人，导致民神共愤，王位迅速更迭。这种政治现象引发了精英阶层对君民关系的重新思考，西周晚期保民思潮重新兴起。

西周晚期保民思想的建构，呈现出以下理论特征：

其一，保民理论建构主体的下移。西周中期以前，倡导重民理论的主导权掌握在天子（含周公）手里。至西周晚期，保民思想的倡导者呈现出下移的趋势，已经变为公卿大夫，以芮良夫、虢文公、仲山甫等人为代表。西周晚期民众生活困苦，促使公卿阶层保民意识觉醒。他们自觉以夏、商为鉴，关心民众疾苦，已经成为倡导保民思想的中坚力量。

其二，从“自纳于善”向“纳王于善”的理论范式转变。商汤、武

① 徐元诰撰，王树民、沈长云点校：《国语集解》（修订本），北京：中华书局，2002 年，第 11 页。

② 〔汉〕司马迁：《史记·周本纪》，北京：中华书局，1959 年，第 142 页。

王、周公等三代圣王自觉以惠民、爱民为己任，属于“自纳于善”。简本《芮良夫毖》记载：“心之忧矣，靡所告怀。”[①]周厉王及荣夷公等人贪财好利，民众生活困苦。芮良夫撰作清华简《芮良夫毖》，针砭时弊，告诫厥辟、御事，希望他们能改弦更张。此属于“纳王于善”。由“自纳于善”至“纳王于善”，民本理论建构模式开始发生重要转变。

其三，“天威”“降灾”在西周晚期保民理论中占据重要位置。清华简《芮良夫毖》曰：“敬之哉君子！天猷畏矣。”[②]在芮良夫那里，上天威严赫赫。如果天子不保民，怎么办呢？简本《芮良夫毖》又云：“恭天之威载（灾）。听民之繇。”[③]天子及其近臣要倾听民意，保障民生，否则上天就会降灾。

西周初年，周公建构的是一套道德天命观：天子有德，则天命降临；天子无德，则天命转移。而西周晚期因天子无德，芮良夫不得不转而借助天威（降灾）。天子、执政卿士如不保民，则上天就会降灾，此为神学天命观。道德天命观彰显的是天子的理性自觉，而神学天命观突出的是上天降灾。和周初道德天命观相比，西周晚期的保民理论凸显的是一种外在强迫性。

其四，民众已成为制衡王权的重要因素。《逸周书·芮良夫解》记载：“下民胥怨，财（力）单竭，手足靡措，弗堪戴上，不其乱而？”[④]厉王及其卿士贪婪无度，百姓财力枯竭。他们心生怨恨，不再爱戴国君，必然会发生叛乱。芮良夫认识到民众力量的强大，《逸周书·芮良夫解》说：“民至亿兆，后一而已，寡不敌众，后其危哉！”[⑤]庶民成千上亿，而国君只有一人，寡不能敌众，国君自然就危险了。“国人暴动”，厉王被赶走，民众对王权的制约作用初步显现。

综上所述，从《孟子·万章上》引《泰誓》、清华简《周公之琴舞》至大克鼎、毛公鼎，从周武王至宣王，西周时期的保民意识较为浓

① 清华大学出土文献研究与保护中心编：《清华大学藏战国竹简》（叁），第 145 页。
② 清华大学出土文献研究与保护中心编：《清华大学藏战国竹简》（叁），第 145 页。
③ 清华大学出土文献研究与保护中心编：《清华大学藏战国竹简》（叁），第 145 页。
④ 黄怀信等：《逸周书汇校集注》（修订本），第 1005 页。
⑤ 黄怀信等：《逸周书汇校集注》（修订本），第 1004 页。

厚。西周政权初兴时，武王、周公鉴于民众的巨大力量，保民意识强烈，富有理论创新。西周中期政权稳定后，周天子不再强调天命转移，而是再三强调臣下“帅型祖考之德”，督促他们勤于王事，保民更多地体现在司法公正方面，保障民众的物质利益。西周晚期以夏、商为鉴，避免重蹈覆辙的呼声鹊起[①]，但厉王、幽王等耽溺享乐，执政卿士贪婪虐民，无视良臣的忠心劝谏，最终亡国。西周大厦倾覆的事实，再次印证了“保民则兴，虐民则亡”的历史真理。

西周保民思想呈现出由“自纳于善”向“纳王于善”转变的理论趋势。西周中期以前，倡导重民的主体多是“圣王”，如文王、武王、周公等，是“自纳于善”。[②]面对厉王暴虐、谏路不通的情况，召穆公、凡伯、芮良夫等贤臣不得已以诗谏王。所以到西周晚期，呼吁重民的主体已经转变为卿大夫阶层，“纳王于善”逐渐占据了重民思想的主流。以芮良夫、召公为代表的精英阶层针砭时弊，劝谏邦君、御事敬畏天威、效法先王、举贤任能、德刑中正、协和庶民，儆毖统治者且莫淫乐贪利。芮良夫呼吁以夏、商为鉴，很多箴诫内容近似于周初保民理念的重新“回归”。在谏路阻塞的情况下，以清华简《芮良夫毖》为代表的诗歌谚谣，已经成为当时下情上达、代言民意的新的议政参政方式。

（校对：李芝瑶）

① 类似的表述，见于《逸周书》。《芮良夫解》记载：“商纣不道夏桀之虐，肆无有家。”

② 我们将周公归入圣王，是借鉴儒家的意见。同时西周中期以前，也不排除少量大臣有重民的理念，如召公、康叔等人。

范文子德福平衡的内政外交思想*

◇ 周海春　栗　琦
（湖北大学哲学学院）

【摘　要】范文子继承了其父范武子关于国内外关系的思想，他强调国内纷争与国际纷争之间会相互转化，同时，国内的稳定和睦是应对外患的前提。国内外关系的思想中蕴含着德福平衡的思想。“德”与“福”这一对概念包含着广泛的内容，就国与国的关系而言，国内政治属于“德”，而对外关系属于“福”。“德”与“福”之间是承载关系，“德”是“福”的基础。当福禄超过了“德”的承载能力则为“幸”，而“幸以为政，必有内忧”。德福平衡的思想有助于以一种更长远的眼光来处理国与国之间的关系问题，以及处理内政与外交之间的关系问题。

【关 键 词】范文子；德；福；内政；外交

【作者简介】周海春（1970—），内蒙古扎兰屯人。湖北大学哲学学院教授，博士生导师，湖北省道德与文明研究中心研究员，研究方向为先秦哲学。栗琦（1992—），湖北武汉人。湖北大学哲学学院博士生，研究方向为宋明理学。

《国语》中有丰富的德福思想，其中范文子的思想具有代表性。范文子以诸侯国之间的内外辩证关系为基础，阐发了德福平衡对于处理诸侯国内政问题及诸侯国之间的关系问题的意义。范文子所阐发的德福平衡的内政外交思想虽然有分封制的制度背景，但对于思考国际关系问题是有抽象的理论意义的。从国际关系理论的角度来说，范文子的德福平衡思想既是一种以德性为基础的伦理理论，也是一种功利选择的国际战略理论，它对于当今世界各国处理国际关系问题及内政与

* 本文为国家社科基金重大项目“全人类共同价值研究”（项目号：21&ZD015）中期成果。

外交之间的关系问题仍具有一定的启示作用。

一、范武子和范文子论内政外交的辩证关系

范文子，范武子之子。范文子的内政外交思想来自范武子。晋景公七年之后，范武子任中军将并执国政，因灭赤狄有功受封邑。“十七年春，晋侯使郤克征会于齐。齐顷公帷妇人使观之。郤子登，妇人笑于房。献子怒，出而誓曰：‘所不此报，无能涉河。’献子先归，使栾京庐待命于齐，曰：‘不得齐事，无复命矣。’郤子至，请伐齐，晋侯弗许。请以其私属，又弗许。”[①] 晋景公八年（鲁宣公十七年），晋景公派郤克到齐国去请齐顷公参加盟会。齐顷公用帷帐做屏风，让母亲在屏风后观看。郤克是跛子，在郤克登台阶上朝的时候，妇人在廊房中笑出了声。郤克发誓要报复齐国，但不管是请求晋景公攻打齐国，还是用宗族之兵伐齐，景公都不同意。在这个故事中，齐顷公和他的母亲是导致郤克愤怒的原因，但晋景公不让郤克报复齐国，这就存在郤克把愤怒转移到晋景公身上的可能性。如何处理对外的关系是和处理内部关系紧密联系在一起的。国际纷争有可能引起国内纷争，同样，国内纷争也有可能引起国际纷争。对于这一点，范武子有着深刻的认识。

关于郤克聘于齐的事情，《晋语》记载简略，重点记述了范文子之父范武子的言论：“郤献子聘于齐，齐顷公使妇人观而笑之。郤献子怒，归，请伐齐。范武子退自朝，曰：‘燮乎，吾闻之，干人之怒，必获毒焉。夫郤子之怒甚矣，不逞于齐，必发诸晋国。不得政，何以逞怒？余将致政焉，以成其怒，无以内易外也。尔勉从二三子，以承君命，唯敬。’乃老。”[②] 郤克在齐国受到讥笑后，回到晋国请求伐齐。范武子退朝后对其子范文子发表了对这一事件的看法。范武子在这里表

① 郭丹、程小青、李彬源译注：《左传·宣公十七年》，北京：中华书局，2012 年，第 854 页。

② 〔吴〕韦昭注，明洁辑评，金良年导读，梁谷整理：《国语·晋语五·范武子退朝告老》，上海：上海古籍出版社，2008 年，第 186 页。

达了三个方面的思想：其一，“以内易外”的思想。范武子担心郤克“以内易外”，担心郤克把对齐国的愤怒转移到晋国之内，将国际矛盾转化为国内矛盾，“不逞于齐，必发诸晋国”。其二，怒毒的思想。范武子对政治中的人性因素有深刻的洞见，人一旦愤怒，就像中了毒，一定会发泄出来，而为了发泄愤怒，就会争夺权力，这样一来，执掌国政的范武子家族自然会成为郤克泄愤的对象。其三，承君命而敬的思想。面对这一局面，范武子告诫范文子要听君命，做事要恭敬。

《左传》中的记载与《国语》不同，表达的思想略有差别。“范武子将老，召文子曰：‘燮乎！吾闻之，喜怒以类者鲜，易者实多。《诗》曰：“君子如怒，乱庶遄沮。君子如祉，乱庶遄已。”君子之喜怒，以已乱也。弗已者，必益之。郤子其或者欲已乱于齐乎？不然，余惧其益之也。余将老，使郤子逞其志，庶有豸乎。尔从二三子唯敬。’乃请老，郤献子为政。”[①] 范武子在这里回答了喜怒和治乱的关系，合乎人类向善天性的喜怒是用以阻止祸乱的。喜怒要么止乱，要么引起祸乱。当人愤怒的时候，人被愤怒所左右，就失去了人的类本性，人就像中毒了一样，这样一来愤怒就会增益祸乱。郤克要么阻止齐国的祸乱，要么就会引起更大的祸乱。面对这一局面，范武子的解决办法是主动把权力让给郤克，以消弭他心中的怒火。

范文子继承了范武子关于国内外之间辩证关系的思想，并对其有一定发展。“鄢之役，晋人欲争郑，范文子不欲，曰：‘吾闻之，为人臣者能内睦而后图外，不睦内而图外，必有内争，盍姑谋睦乎！考讯其阜以出，则怨靖。’”[②] 晋国想要和楚国争郑国，范文子不赞同，认为一个国家首先需要解决内政的问题，如果内部不相互亲爱，不团结，那么就会发生内争，这样更无法消除外部的纷争。韦昭解释说：“言内且谋相亲爱，乃考问百姓，知其虚实，然后出军用师，则怨恶自安息。”[③]

---

① 郭丹、程小青、李彬源译注：《左传·宣公十七年》，第858页。

② 〔吴〕韦昭注，明洁辑评，金良年导读，梁谷整理：《国语·晋语六·范文子论内睦而后图外》，第194页。

③ 〔吴〕韦昭注，明洁辑评，金良年导读，梁谷整理：《国语·晋语六·范文子论内睦而后图外》，第194页。

范武子强调对外部世界的怨恨会转移到内部，范文子强调内部的和睦是消除外部怨恨的前提，如果内怨不除，外怨也很难消除。通过考察民情就能知道国家内政的情况，百姓的生活是否富足安定是一个国家内部是否和睦的标准，也是一个国家是否可以用武力解决国际纷争的依凭。

在晋国讨伐郑国的时候，楚国出兵来救郑。很多大夫都想和楚国开战，范文子的看法则不同，他认为仍然应当以内政为主。在《国语·晋语六·范文子论外患与内忧》中，范文子说："夫战，刑也，刑之过也。"[①] 范文子认为刑罚的范围包括对小民的惩罚，也包括对大臣的惩罚，而战争就是一种刑罚，是用来惩罚过错的。"吾闻之，君人者刑其民，成，而后振武于外，是以内和而外威。今吾司寇之刀锯日弊，而斧钺不行。内犹有不刑，而况外乎？"范文子认为，国家要用刑法来肃正臣民，这件事情做到了，然后才能对外彰显武力，这样就使国内和平团结而他国畏惧。如今用来惩罚小民的刀锯天天使用得快要坏了，而惩罚大臣的斧钺却不使用。对国内尚且不能施以典刑，更何况对外呢？在内政部分，范文子认为大臣造成的过错是大错，而小民则有很多细微的怨恨。"过由大，而怨由细，故以惠诛怨，以忍去过。"因此，内政的重点是惩罚大臣的过错，进而消除小民的怨恨，同时让小民得到一些实际的好处。"细无怨而大不过，而后可以武，刑外之不服者。"只有在百姓没有积怨、大臣没有过失这一基础上才可以对外使用武力。"今吾刑外乎大人，而忍于小民，将谁行武？"如果不对犯了过错的大臣加以惩罚，却下狠心对待百姓，那么将不仅缺乏对外动武的动力和动机，还将缺乏动武的能动的主体，即支持战争且愿意投身于战争的百姓。"武不行而胜，幸也。幸以为政，必有内忧。"缺乏了这些对外动武的要素却打了胜仗，也只是一种侥幸，而依靠侥幸来治理国家，一定会有内忧。在范文子的思想当中，"武"和"战"是不同的，"武"有自身内在的要素，这就是刑罚大的过错，同时要有主体"谁"，这样

① 〔吴〕韦昭注，明洁辑评，金良年导读，梁谷整理：《国语·晋语六·范文子论外患与内忧》，第195页。本段引文皆出于此。

“武”才“刑”。“且唯圣人能无外患，又无内忧，讵非圣人，必偏而后可。偏而在外，犹可救也，疾自中起，是难。”只有圣人才能做到既无外患又无内忧，如果不是圣人，必然要偏于一头才行，如果偏失的一头在国外，还可以补救，如果发生在国内，就难以应付了。一个国家仅仅只有外患，还有机会挽救，但是如果国内政治病入膏肓，那就很难挽救了。

范武子和范文子关于国与国之间内外辩证关系的思想具有重要意义。其一，突出了政治活动中的人性问题。喜怒要符合礼法，符合人的类本性，即人向善的天性。范武子的思想中蕴含着人性中和的思想。人性是中和的，尤其是在政治活动中要保持人性的中和，不动喜怒。政治活动中的人只有在治乱的时候才动喜怒。如果以喜怒为行动的动力，尤其是以愤怒为行动的动力，人就中了怒毒，不管这种愤怒是针对外在对象，还是针对内部对象，都将导致社会动荡不安。

其二，面对外患，首先要解决国家内部的问题。外患虽然会转化成内患，但国家内部和睦、社会稳定、民众安居乐业是消除外患的前提。

其三，要正确把握内患的根源，寻找引起民众怨恨的根源，从而消除内患。针对内患，一方面要仁爱，对民众实行恩惠，另一方面则是要使用刑罚。刑罚用来消除产生内患的根源，而对于细微的怨恨，需要用仁爱与恩惠来消除。

其四，不论是司法还是战争都属于刑罚的范畴，刑罚有其内在的规律。“幸以为政，必有内忧。”[①] 政治活动要符合政治的内在规律，如果不符合内在规律，依靠侥幸来治理国家，则既不能化解内忧，也无法杜绝外患。

二、国与国之间的德福平衡关系

如果说上文所阐释的范武子和范文子关于国与国之间内外辩证关

① 〔吴〕韦昭注，明洁辑评，金良年导读，梁谷整理：《国语·晋语六·范文子论外患与内忧》，第 195 页。

系的思想还是具体的，那么德福平衡则是对这种关系所进行的理论上的概括和价值观方面的指引。范文子德福平衡思想的一个重要特色就是把德福平衡从用于个人的范畴变成了说明诸侯国之间的关系。从个人的角度来说，范文子重视王者之德，王者成德包含两个方面的表现：一个是对外，王者有德，外国及其人民归附，二者表现为德福平衡的关系；另外一个是对内，王者之德表现为不骄泰，有公心，能够恰当地运用德刑两种方法实现君臣和君民之间的和谐，这是对内的德福平衡。范文子进而也用德福平衡的思想来思考晋国和其他诸侯国之间的关系。

范文子关于国与国之间关系的思想背后蕴含着德福平衡的思想。范文子使用了“幸”这一范畴，这一范畴恰好是与“福”相关的。赵襄子曾经解释过“幸”：“吾闻之，德不纯而福禄并至，谓之幸。”[①]“德不纯”对应“福禄并至”，就是“幸”，“幸”是德福不平衡的状态，福禄的数值超过了德能够承载的数值就是“幸”。“夫幸非福”，“福”不等同于“福禄”，“福”是指德福平衡的状态，是福禄有足够的德来支撑的状态，这一状态的外在表现是和乐。“非德不当雍，雍不为幸，吾是以惧”，也就是说，没有德行担当不起和睦快乐，和睦快乐不是靠侥幸获得的。关于“雍”，韦昭是这样解释的：“雍，和也。言唯有德者任以福禄为和乐也。”福禄是快乐、幸福的必要条件，但不是全部条件，快乐、幸福的条件还包括“德”。德支持福禄，二者一致，则为“雍”。反过来说，也可以从福禄是否带来了和乐来判定是否有德。在德不足的情况下，即便有福禄，也不足以带来和乐，这样的福禄属于“幸”。依据赵襄子的观念反观范文子的内政、外交，以及国与国关系的思想，“为政”不能以“幸”意味着要以德福平衡为原则。而处于政治哲学范畴的德福平衡中的“德”不是抽象的，就国与国的关系而言，国内政治属于德，而对外关系属于福。内睦属于德，惩罚大过，以恩惠化解小怨也属于德，行武也属于德。在这一基础上，获得的国际影响力则属于福。

① 〔吴〕韦昭注，明洁辑评，金良年导读，梁谷整理：《国语·晋语九·赵襄子使新稚穆子伐狄》，第235页。本段引文皆出于此。

公元前575年，也就是周简王十一年，郑国背叛晋国而亲近楚国。四月，晋中将栾书（武子）率中、上、下、新四军兴师伐郑。六月，晋师与楚、郑两国的军队在鄢陵相遇，晋国诸大夫想要攻打楚国、郑国的军队。晋厉公，名州蒲，晋景公之子，公元前580年至前573年在位，“厉公将伐郑，范文子不欲，曰：‘若以吾意，诸侯皆叛，则晋可为也。唯有诸侯，故扰扰焉。凡诸侯，难之本也。得郑忧滋长，焉用郑！’”[①]按照德福平衡的思想，诸侯的归附属于国家的福禄，但是这个福禄如果没有德作为内在的支撑，那么就属于“幸”的范畴，而“幸以为政，必有内忧”[②]。德福平衡的原理要求执政者对福禄的多少保持一定的辩证思考。福禄多有可能只是“幸”，从国与国之间关系的角度来说，其他国家的归附或者国际影响力的提高有时会掩盖本国的内政问题，从而使得执政者忽略了修德，带来更为严重的祸患。而福禄少也不一定是坏事。从主动修德的角度来说，福禄减少，可以认为是为了积德，从而减少祸患的发生。不过，从德福平衡的自然运作过程来说，福禄较少意味着德的匮乏。德福平衡的思想还要求执政者看到福禄较少对修德的警示作用。

范文子重视内修国德，“诸臣之内相与，必将辑睦”[③]，这其中包括大臣之间的和睦。不仅如此，他认为内修国德的关键在于君主的美德，“今我战又胜荆与郑，吾君将伐智而多力，怠教而重敛，大其私昵而益妇人田，不夺诸大夫田，则焉取以益此？诸臣之委室而徒退者，将与几人？”[④]过多的福禄会令君主智昏，自以为很有智慧，自以为很有能力，盲目认为自己的国家实力很强，于是忽视教化而肆无忌惮地敛财，增加宠臣的俸禄，这样将会引发君臣之间的矛盾，引发君民冲

---

① 〔吴〕韦昭注，明洁辑评，金良年导读，梁谷整理：《国语·晋语六·范文子不欲伐郑》，第193页。

② 〔吴〕韦昭注，明洁辑评，金良年导读，梁谷整理：《国语·晋语六·范文子论外患与内忧》，第195页。

③ 〔吴〕韦昭注，明洁辑评，金良年导读，梁谷整理：《国语·晋语六·范文子论胜楚必有内忧》，第195页。

④ 〔吴〕韦昭注，明洁辑评，金良年导读，梁谷整理：《国语·晋语六·范文子论胜楚必有内忧》，第195页。

突，导致国内社会动荡。因此，内修国德要求执政者有智慧，能够正确地评估自己和国家的实力，同时重视教化，减轻赋税。

鄢陵之战，楚军逼近晋军，晋军将士都十分担忧，准备商讨如何应战。范匄（范宣子，范文子之子）以公族大夫的身份赶紧走上前说：“楚军现在把营地上的炉灶摧毁，把水井填平，不撤退又能怎样呢？”范文子拿起戈来追打范宣子，并说：“国家的存亡是出于天意，你一个小孩子懂得什么？而且并未征求你的意见，你就胡乱发言，这是奸行。”在晋军打败楚军以后，晋军要吃楚军囤积的军粮，这时范文子站在大队兵马前面说：“君幼弱，诸臣不佞，吾何福以及此！”[①]国君年幼，各位大臣又都没什么才干，凭什么福分能得到这样的战果呢？按照范文子的理解，国德的内容还包括大臣的才能。

鄢陵之战胜利后，范文子对自己族里主持祭祀的宗人和祝史说：“君骄泰而有烈，夫以德胜者犹惧失之，而况骄泰乎？君多私，今以胜归，私必昭。昭私，难必作，吾恐及焉。凡吾宗、祝，为我祈死，先难为免。”[②]鄢陵之战胜利后的第二年，即晋厉公七年的夏天，范文子死。冬天，晋国发生了祸难，厉公杀害了三郤，最后厉公也被杀害。由此可见，君主傲慢、奢侈、宠幸与自己关系亲近的人，都是与国德相悖的。

在范文子看来，没有德作为基础，国家就很容易发生祸乱。后来晋厉公被杀，《国语》认为这正是违背了德福平衡原则的结果。“厉公之所以死者，唯无德而功烈多，服者众也。”[③]晋厉公之所以被杀，就是因为他没有德行却战功多，归顺于晋国的诸侯也众多。真正的幸福、快乐是建立在德福平衡基础上的，这不仅仅是对个人而言的，对于国家而言也是如此。“战若不胜，则晋国之福也；战若胜，乱地之秩者也，

① 〔吴〕韦昭注，明洁辑评，金良年导读，梁谷整理：《国语·晋语六·范文子论德为福之基》，第197页。

② 〔吴〕韦昭注，明洁辑评，金良年导读，梁谷整理：《国语·晋语六·范文子论私难必作》，第197—198页。

③ 〔吴〕韦昭注，明洁辑评，金良年导读，梁谷整理：《国语·晋语六·范文子论胜楚必有内忧》，第196页。

其产将害大，盍姑无战乎！”[①]“战不胜”属于福禄减少的范畴，但这不意味着失去福，反倒有可能是福。为什么会有这种逻辑呢？原因就在于德和战胜、战败之间的关系。战败如果能够警醒国君修德，内修国政，那么战败则反而是福。

范文子关于德福平衡的思想集中体现在如下论述当中：“夫德，福之基也，无德而福隆，犹无基而厚墉也，其坏也无日矣。”[②]德是福的基础，建立在德之基础上的福才能带来安宁和快乐，反之则会带来祸乱，甚至是危亡。按照常规的强国逻辑，国家的影响力当然越大越好，有国家依附说明一个国家的国际地位高，范文子也不完全反对这一点。但是范文子又主张，其他国家来依附，本国地位提高需要建立在德福平衡的原则之上。“夫王者成其德，而远人以其方贿归之，故无忧。”[③]方，即所在之方，本地。贿，即财物。称王天下的君主建立功德，远方的诸侯则自会把本地的财货进贡给他，因此不会有忧患。财物属于福，王者得到他国财物的依据是“成其德”。“今我寡德而求王者之功，故多忧。子见无土而欲富者，乐乎哉？”[④]德就如同土地，福就像财富，德与福之间构成了一定的平衡关系。在这个文本中，德的主体包括国家和王，而平衡的对象是其他依附来的诸侯国。有德的支撑才能带来快乐与安宁，没有德的支撑却想要拥有福禄，不仅不会得到幸福和安乐，还会招致祸患。

三、德福平衡的内政外交思想的意义

范文子的德福平衡思想蕴含着当时的时代特征，主要表现为这一

---

① 〔吴〕韦昭注，明洁辑评，金良年导读，梁谷整理：《国语·晋语六·范文子论胜楚必有内忧》，第195页。

② 〔吴〕韦昭注，明洁辑评，金良年导读，梁谷整理：《国语·晋语六·范文子论德为福之基》，第197页。

③ 〔吴〕韦昭注，明洁辑评，金良年导读，梁谷整理：《国语·晋语六·范文子不欲伐郑》，第193页。

④ 〔吴〕韦昭注，明洁辑评，金良年导读，梁谷整理：《国语·晋语六·范文子不欲伐郑》，第193页。

思想是和天命观联系在一起的。范文子告诫范宣子说："国之存亡，天命也，童子何知焉？"[①]但范文子并不是说天命不可知，他认为天命其实是可知的，知天命其实就是要知德。天命是虚的，德福却是实际的，是可以从经验的角度来把握的。"吾闻之，'天道无亲，唯德是授'"[②]，从这一角度来看，范文子的德福平衡思想是可以进行现代转换的。转换的方式则是把天命观看成一种形而上学的观念预设。对传统思想进行现代转换的一种方式就是先搁置这些观念的预设，然后将其中所包含的那些可以通过经验验证的内容抽取出来。

在范文子的德福平衡思想当中，就实证性的角度来说，福禄是较为具体的理论层次。福禄的表现有很多，就《国语》来讲，福所包含的内容也是很丰富的，其中包括人，包括其他国家的归附，包括战争的胜利，还包括财富的获得。此外，个人的健康、智慧、能力等方面，还有家庭关系和社会地位，以及社会财富和社会名声等都属于福的范畴。这些内容都是可以通过经验来确证的，并且福所包含的具体内容还可以根据不同时代的不同生活来加以拓展。

福禄的多寡属于数量的范畴，这也是可以由经验来加以确证的。福禄的数量变化被认为是具有警戒意义的，这带有一定的形而上思想的性质。"吾庸知天之不授晋且以劝楚乎，君与二三臣其戒之！"[③]晋国得到福禄，这是由经验可以确证的，但是从这种福禄中看出对楚国的劝诫意义，并把劝诫的主体归于上天，则是一种形而上学的思考。就现代哲学"去魅"的要求来说，可以剥离掉天是劝诫和授予福禄的主体这一观念，而把获得福禄的主体看成人本身。晋国得到福禄应当看成晋国这一主体努力的结果。剥离掉天这一主体以后，德福平衡思想就实现了"去魅"。晋国通过自己的努力得到福禄，对于楚国来说则意味

① 〔吴〕韦昭注，明洁辑评，金良年导读，梁谷整理：《国语·晋语六·范文子论德为福之基》，第197页。

② 〔吴〕韦昭注，明洁辑评，金良年导读，梁谷整理：《国语·晋语六·范文子论德为福之基》，第197页。

③ 〔吴〕韦昭注，明洁辑评，金良年导读，梁谷整理：《国语·晋语六·范文子论德为福之基》，第197页。

着失败，楚国这一主体应当从这一失败中吸取教训。这样德福平衡思想就转换成了一种世俗化的国与国之间关系的价值准则。

用范文子的德福平衡思想来思考现代的国际关系问题需要一定的创造性转化。如果从国与国之间的关系来看，王者对内的德福平衡关系就变成了国德的问题。这样就要求全体国民都重视修德。国家的命运与国民的命运密不可分。修德的关键是去骄泰，努力保持社会的团结和谐。相比于福禄来说，德略微抽象，但美德也是可以经由经验来把握的。如无私，如智慧，如对实力的理智评估，如君臣、大臣之间，以及君民之间关系的和睦等都是可以经由经验把握的美德。不管福禄如何变化，特定的国家主体都应当聚焦在自身的美德上面。

范文子的德福平衡思想是一种以德性为基础的伦理理论。其实质在于优先考虑国家内政，尤其是国家统治阶层的德性问题，并以此作为国际战略的基石。处理国与国之间的关系，则仍可以从德福平衡的角度来考虑。从幸福的角度来说，这是一种幸福主义的国际关系理论，从美德的角度来说，这是一种德性主义的国际战略理论。福禄属于功利的范畴，从福禄的角度来说，范文子的德福平衡思想中也包含着功利主义的内容。

范文子的德福平衡思想也是一种功利选择的国际战略理论。就中国古代的哲学话语体系来说，避祸而取福属于功利选择的问题。处理内政和外交的关系，处理国与国之间的关系都涉及功利选择的问题。德福平衡思想有助于以一种更长远的眼光来看待眼前的功利。“今我任晋国之政，不毁晋耻，又以违蛮夷重之，虽有后患，非吾所知也。”[①]晋国对阵楚国，栾武子不听范文子的劝谏，坚持出战。栾武子急于为晋国洗刷耻辱，不去考虑长远的后果，反而选择了眼前的功利。范文子以德福平衡思想为指导，则认为面对福祸时应当选择重福、轻祸。“择福莫若重，择祸莫若轻，福无所用轻，祸无所用重，晋国故有大耻，

① 〔吴〕韦昭注，明洁辑评，金良年导读，梁谷整理：《国语·晋语六·范文子论胜楚必有内忧》，第196页。

与其君臣不相听以为诸侯笑也，盍姑以违蛮夷为耻乎？”[①]在范文子看来，楚国带来的耻辱是小祸，甚至以往在与其他国家相处中遭受的耻辱也是小祸，而大祸端则在内部，内政不和让其他国家笑话，这才是真正的大祸。选择内修君德和国德，可能暂时会有福禄方面的损失，却意味着收获重福。

范文子的德福平衡思想并不是孤立的思想，在《国语》的其他篇章也能见到这一思想。范文子在论述德为福之基的时候虽然没有说德福总量一致，但可以做德福总量一致的阐释。德福之间存在承载关系，可以认为其中包含着总量一致的理论预设。德的量大当然可以承载较小的福，但当福到了一定数值的时候，德如果不增加自身的量就无法承载相应的福。德福总量一致是相对的，是一个有弹性的数值的概念。德福平衡的思想除了预设总量一致的观念，还预设了德福相互转化的观念。就国与国的关系而言，当各国专注于内修国德的时候，就意味着彼此以最大的可能减少对福禄的追求，那么就越有可能增加人类的德的总量，从而更有利于福禄的持续发展。

范文子的德福平衡思想作为一种古朴的价值观，对于人类思考如何保持世界和平、保持可持续发展具有一定的启迪意义。德福平衡思想可以为和平发展战略提供坚实的理论基础。范文子的德福平衡思想为我们提供了一个不一样的视角，用以思考人类如何才能达成幸福快乐，这一思想经过创造性的理论阐释依然可以作为当今世界各国处理国际关系问题的价值原则。

（校对：陈萌萌）

① 〔吴〕韦昭注，明洁辑评，金良年导读，梁谷整理：《国语·晋语六·范文子论胜楚必有内忧》，第196页。

“十翼”的结集与孔门易教的价值观

◇赵 涵
（安庆师范大学马克思主义学院）

【摘　　要】孔子晚年深研《易》，虽没有亲作“十翼”，实是孔门易教的开创者。在继述文王、周公作《易》之精神的基础上，孔子将其中的微言大义揭示出来，并有所发挥创造。而孔子赞《易》之功，则是基于天命观下倡导德义的力量，将具体事物的吉超越为德行之吉，认为有德即有福，建立起一种“刚健而文明”的人格理想，此为孔门易教“吉凶由人”“高尚其志”的价值观。

【关 键 词】“十翼”；帛书《易传》；孔门易教

【作者简介】赵涵，山东潍坊人。安庆师范大学马克思主义学院讲师，研究方向为易学和儒家哲学。

出土文献与早期经典诠释是近年来学界普遍关注的前沿性问题，其中儒家的主要经典——《诗》《书》《礼》《易》和《春秋》，是“哲学的突破”时期的核心典籍，对中华文明的精神特质和发展形态有重要影响。众所周知，儒家经典的起源和建构错综复杂，经多个时代、多人之手，与文明史、历史观紧密联系在一起。因而对经典起源与建构的考察，既是一个文献考证的问题，同时是一个经典诠释的问题。孔子在继承、损益传统文化的基础上，重新阐释和分析了这五部经典，尤其是《易》与《春秋》。其中《周易》有着悠久的历史，是编纂时间最长的经典，从伏羲、文王、周公到孔子，历经诸多圣人之手，史称“人更三圣，世历三古”，这就导致其书中既有卜筮的成分，又有义理的成分，成书过程最为复杂。

那么，原为卜筮之书的《周易》，如何在汉代成为“六经”之首，并有着大道之源的赞誉呢？这首先要从孔子对《周易》义理的阐发及

"十翼"的结集说起。诞生于文明早期的经典，以经验性知识为主，故多为后世弟子记录而成，《易传》的成书亦是如此。"十翼"由孔门弟子集体完成，是后学对孔子晚年研《易》心得的继承和弘扬，更是对孔门易教的深度理解和发展。因此，本文拟通过考察今本《易传》的成书入手，并借助马王堆帛书《易传》等相关文献，揭示孔门易教以仁义为先的价值观，进而对早期儒家易学的思想特质做出说明。

一、从司马迁的一段记载说起

关于"孔子作十翼"的说法，历史上大致存在两种观点，汉唐学者一般持肯定看法，认为孔子作为"三圣"之一，是"十翼"确定无疑的作者。但是，自宋代欧阳修始，开始了对"十翼"的怀疑，至清代，崔述则对孔子与《周易》的关系进行了系统的反驳。20世纪二三十年代兴起的古史辨运动，在重新解释传统经学的背景下，进一步否定了孔子与"六经"的关系。这样一来，《周易》被还原为占筮之书，卦爻辞被还原为史料，对卦爻辞的解释多以钩稽古代社会史料为目的，认为卦爻辞是古人生活的记录，此说始于章太炎，盛于顾颉刚。

在疑古背景下，孔子与"十翼"之间的创作关系被否定了。那么，孔子与"十翼"之间是否存在思想上的联系就成为一个新的问题。对这个问题的梳理最早要从司马迁的一段记载说起。《史记·孔子世家》云：

> 孔子晚而喜《易》，序《彖》《系》《象》《说卦》《文言》。

孔子与《易》的关系，以及今本《易传》的部分篇目，首先出现在太史公司马迁的记载中。关于上述引文，在学界存在不小的争议，主要有两点：一是"序"的含义，有学者认为是名词，还有学者认为是动词；二是今本《易传》的篇目和数量，存在不小的争议。

首先，如何理解"序"成为第一个关键问题，涉及孔子对《易》的贡献。汉唐经学家一般认为“序”为名词，指“十翼”中的《序卦》。如唐张守节《史记正义》曰：“序，《易·序卦》也。夫子作《十翼》，谓《上彖》《下彖》《上象》《下象》《上系》《下系》《文言》《序卦》《说卦》《杂卦》也。”[①] 此以“序”为《序卦》。近代以来，金景芳同样将“序”理解为《序卦》，进而认为“十翼”为孔子所作。笔者认为，如果将“序”理解为名词《序卦》，那么就成为先言《序》，后言《彖》《系》等篇，此与各篇的成书年代并不前后对应。如果“序”为名词，合理的排序则应为“《彖》《系》《象》《说卦》《文言》《序》”。因此，“序”为名词的可能性应该不大。

“序”作为动词言，有叙、述的含义。朱骏声《说文通训定声》提到序“假借为叙”。《史通·序例》引孔安国云：“序者，所以叙作者之意也。”《国语·晋语三》“纪言以叙之”，韦昭注：“叙，述也。”这里的“序”为叙述作者之意，孔子从卦爻辞中发现“古之遗言”，继述文王、周公作《易》之精神，将隐藏于其中的微言大义揭示出来，并且有所发挥创造，此为孔子“序”的实质。因此，从“述而不作”的角度理解司马迁“孔子晚而喜《易》”的这段记载可能更符合历史的原意。

众所周知，孔子继承了三代以来的文化传统，并提出“损益”的文化观，《论语·为政》云：“殷因于夏礼，所损益，可知也；周因于殷礼，所损益，可知也。”于典章制度而言，“或太过则当损，或不足则当益，益之损之，与时宜之，而所因者不坏，是古今之通义也”[②]。“述而不作”正是在损益的基础上进行的，虽然有增有减，但其中所因循的大义并未改变。朱熹集注：“述，传旧而已。”但这并非一项简易的整理工作，《礼记·乐记》云：“识礼乐之文者能述。”可见只有掌握三代文化传统的孔子才能进行“述”的工作。

其次，在司马迁这段记载中，学界对今本《易传》的篇目和数量存在争议。传统的断句是“序《彖》《系》《象》《说卦》《文言》”，涉及《彖》《系》《象》《说卦》《文言》五种篇目，除了《序卦》和《杂卦》，

① 〔汉〕司马迁：《史记》，北京：中华书局，1959 年，第 1937 页。
② 〔宋〕朱熹：《四书章句集注》，北京：中华书局，2012 年，第 59 页。

“十翼”的主要篇目已经具备。而金景芳的理解，则在此基础上还多出《序卦》一篇，只是缺少《杂卦》。学界一般承认，司马迁记载中的“《彖》《系》《象》《说卦》《文言》”是成书比较早的，而《序卦》《杂卦》则相对较晚。即使是在宋代欧阳修、赵汝谈、叶梦得等人的怀疑中，也只是提出《系辞》《文言》《说卦》以下非孔子所作。欧阳修认为《系辞》《文言》和《说卦》还是比较可信的，至于其他则“众说淆乱，亦非一人之言也”（《易童子问》卷三）。

此后也不断有学者提出怀疑，认为当时的《易传》没有这么多篇目，此说以金德建、李镜池和潘雨廷三位先生为代表。金德建在《司马迁所见书考》中的断句是：“孔子晚而喜《易》，序《彖》系《象》说卦《文言》”[①]，肯定了《彖》《象》及《文言》与孔子的关系，认为《系辞》和《说卦》出现比较晚，司马迁可能没有见到。

李镜池则继承了古史辨派的传统，对孔子作“十翼”持怀疑态度，认为：“《史记》不特没有‘说卦’二字，连‘序《彖》《系》《象》《说卦》《文言》’这一句也是宣帝时京房等插入的。在史迁时，固然有所谓《易传》的著作，但他所见尚少。《说卦》三篇，固然他未得看见，就是所谓《易大传》的《系辞》，他所见的也不是现在所存的全部。”[②]李氏认为“孔子‘序《彖》《系》《象》《说卦》《文言》’”这句话是昭宣时期插入的，司马迁本人极有可能没有见过这些文献，而《易传》在当时也没有完全成书。李氏又在1963年写成的《易传思想的历史发展》中说：“至于《史记·孔子世家》的‘说卦’二字，或者不是后人窜入，原文不是指《说卦传》，应读作：‘序《彖》，系《象》，说卦，文言。’意为序系《彖》《象》二传，用以解说卦爻，而文其言。”[③]他认为司马迁的记载里只有《彖》《象》，“说卦”“文言”是解说的意思，并不是传名。

① 金德建：《司马迁所见书考》，上海：上海人民出版社，1963年，第94页。

② 李镜池：《周易探源》，见氏著，李铭建整理：《李镜池周易著作全集》，北京：中华书局，2019年，第307页。

③ 李镜池：《周易探源》，见氏著，李铭建整理：《李镜池周易著作全集》，第372页。

潘雨廷的点校则是“序《彖》、系《象》、《说卦》、《文言》”[①]，涉及《彖》《象》《说卦》《文言》四种文献。与李氏不同，潘氏在金氏说法的基础上肯定了《说卦》，认为：“今归于‘十翼’中的《说卦》，基本在西汉初最后形成。司马迁《史记》已提及《说卦》之名，内容是否完全相同，虽难肯定，然大体当相似。”[②]同时，还有张心澂断句为“序《彖》、系《象》、说《卦》、文《言》”[③]，与潘氏大体同。以上，基于疑古的背景，此三人的结论涉及的《易传》篇目最少。

综上可知，司马迁的这一段记载实难标点，李学勤曾总结说：“这一段人所共知的话，很难标点。司马迁在修辞上用了巧妙的手法，可以像上面这样，只以‘序’字为动词，也可把‘序’‘系’‘说’‘文’四字都读为动词。实际上，他是将十翼之名，除《杂卦》外都在句中使用了。”[④]而诸家对司马迁这句话的不同断句和理解，反映的是对易学史上两个重要问题的不同意见：一是孔子是否作《易传》，二是《易传》诸篇的成书年代。这些问题将关系到我们对孔门易学的深度理解。

二、十篇之数的提出与“十翼”的形成

秦朝焚书之后，世传《易》以卜筮独存，于群经中独树一帜。这一现象的出现，极有可能是因为当时并未形成今本《易传》的十篇。黄寿祺即提出：“秦政焚书，《易》独以卜筮幸存，教群《经》为最无阙。然自西汉而后，《经》说之最复杂者，亦莫如《易》。”[⑤]西汉之后，《经》说的复杂之处便在于“十翼”。所以在司马迁的记载中，虽然肯定了孔子于《易》的贡献，但并未出现今本十篇之数。

那么，“十翼”之说到底是何时形成的呢？刘向著录《易经》十二篇，即上下经及《易传》十篇，始确定十篇之数。《汉书·艺文志》云：

---

① 潘雨廷：《易学史发微》，上海：复旦大学出版社，2001 年，第 287 页。
② 潘雨廷：《易学史发微》，第 223 页。
③ 张心澂编著：《伪书通考》，上海：上海书店出版社，1998 年，第 75 页。
④ 李学勤：《周易溯源》，成都：巴蜀书社，2006 年，第 172 页。
⑤ 黄寿祺：《论易学之门庭》，《福建师大学报》（哲学社会科学版）1980 年第 3 期。

“孔氏为之《彖》《象》《系辞》《文言》《序卦》之属十篇。故曰《易》道深矣，人更三世，世历三古。”此处出现十篇之数，但十篇之目含混不清，没有提及《说卦》和《杂卦》。此说引起李镜池的合理怀疑：“我疑宣传孔子作《易传》‘十篇’的刘歆、班固之流未必见到它。”[①]

而班固综合了司马迁和刘氏父子的说法，《汉书·艺文志》认为文王“重《易》六爻，作上下篇”，而“孔氏为之《彖》《象》《系辞》《文言》《序卦》之属十篇”。[②]孔子作为三圣之一，“晚而好《易》，读之韦编三绝，而为之传”[③]。“韦编三绝”的说法来自司马迁，颜师古曰：“编，所以联次简也。言爱玩之甚，故编简之韦为之三绝也。传谓彖、象、系辞、文言、说卦之属。”[④]在这里，班固将司马迁的“序”变成“为之传”，进一步肯定了孔子传《易》之贡献，《周易·乾传》陆德明释文：“传……以传述为义，谓夫子‘十翼’也。”

所谓“传”，有传述之意，古书多见。如《书·尧典》篇目下“孔氏传”陆德明释文：“传即注也，以传述为义。旧说汉以前称传。”《汉书·楚元王传》“申公始为《诗》传”，颜师古注：“凡言传者，谓为之解说，若今《诗毛氏传》也。”《礼记·曲礼上》篇题下孔颖达疏：“传，谓传述为义，或亲承圣旨，或师儒相传，故云传。”班固言“为之传”的意思应该是，《周易》作为卜筮之书，其义理本不为人所知晓，孔子晚年研《易》，将其中的精髓挖掘出来，以授后人。此处的“传”同司马迁的“序”一样，应为“述而不作”之意。

班固的这套说辞较之司马迁，差异有二：一是孔子的贡献从“序”变为“为之传”，并在《易传》的篇目中增加了《序卦》，依旧没有提及《杂卦》；二是明确了“十篇”之数。《汉书·艺文志》著录“《易经》十二篇，施、孟、梁丘三家”，颜师古曰：“上下经及十翼，故十二篇。”[⑤]《儒林传》云：“费直……长于卦筮，亡章句，徒以彖象系辞十

① 李镜池：《周易探源》，见氏著，李铭建整理：《李镜池周易著作全集》，第 330 页。
② 〔汉〕班固：《汉书》，北京：中华书局，1962 年，第 1704 页。
③ 〔汉〕班固：《汉书》，第 3589 页。
④ 〔汉〕班固：《汉书》，第 3591 页。
⑤ 〔汉〕班固：《汉书》，第 1704 页。

篇之言解说上下经。”[1]潘雨廷认为：“及费直时已有固定之十篇，或于东汉费氏易兴起后，始有为学者公认之十篇。”[2]费直以“十翼”解上下经，开以传解经之风气，可知“《易经》十二篇”的说法在东汉已流行。

而将“古经”与“传”合编的做法实始于郑玄，《三国志·高贵乡公髦纪》对此有记载：“郑玄合彖、象于经者，欲使学者寻省易了也。”王振复认为：“郑玄之所以要这样做，出于两个原因，一是因为既然认为《周易》本文与‘十翼’都是人们应当尊崇的‘经’，就可以编纂为一书；二是‘欲使学者寻省易了也’。”[3]但此时经、传仍是各自成篇，并没有以《彖》上下、《象》上下附于经后。至王弼，才将《彖》上下、《象》上下附于六十四卦之后，将《文言》分开附于《乾》《坤》两卦之后。

“孔子作十翼”的说法在孔颖达那里得到了巩固，《周易正义》卷首《论夫子十翼》曰：“故一家数十翼云：上《彖》一、下《彖》二、上《象》三、下《象》四、上《系》五、下《系》六、《文言》七、《说卦》八、《序卦》九、《杂卦》十。郑学之徒，并同此说，故今亦依之。”其中所列“十翼”正是今本《易传》十篇的全部内容，十翼“以为孔子所作，先儒更无异论”，此说遂成为传统经学的主流看法。十篇之数的形成标志着今本《易传》的最终结集。“孔子作十翼”作为经学家的旧说，经过司马迁、班固、郑玄，在孔颖达《周易正义》卷首中成为定说，代代相传。这一说法在经学史上传承已久，有其独特的经学背景。

详上所述，“十翼”的结集工作从战国开始，最晚至汉中后期完成。姜广辉认为：“今本《易传》各篇，可能除了《象传》外，基本形成于荀子之后、司马迁之前的大约150年之间，即大致从公元前240年算起到公元前90年。”[4]因为荀子之前很少有人引用《易传》各篇的内容，但是在汉代以后，引用情况变多了。刘大钧认为：“今本《系辞》及

① 〔汉〕班固：《汉书》，第3602页。

② 潘雨廷：《易学史发微》，第237页。

③ 王振复：《巫术：〈周易〉的文化智慧》，杭州：浙江古籍出版社，1990年，第29页。

④ 姜广辉主讲，肖永贵、唐陈鹏录音整理：《新经学讲演录》，北京：中国社会科学出版社，2020年，第137页。

《彖》《象》等今本《易传》其他主要篇章，似当基本修订完备于汉武帝立五经博士时或稍后。”[①]

这期间亦有大量“易传”“易说”存世。根据《汉书·儒林传》记载：“景帝（公元前157—前141年在位）时，宽为梁孝王将军距吴楚，号丁将军，作《易说》三万言，训故举大谊而已，今《小章句》是也。”可见当时《易说》流行。田何是先秦与西汉之间传《易》的关键人物，田何授《易》于洛阳周王孙、梁人丁宽、齐服生，“皆著《易传》数篇”。于1973年出土的马王堆帛书《易传》，便是流传于西汉初期长沙国的一种“易说”。帛书《易传》没有今本《易传》的《彖》《象》《序卦》《杂卦》，但有相对完整的《系辞》和部分《说卦》《文言》的内容，而帛书《易传》另有五篇文献（《二三子问》《衷》《要》《缪和》《昭力》）是今本所没有的，属于从未见过的《易传》类文献。可见，从战国到西汉流传多种“易说”文献，今本“十翼”正是从中拣择的结果。

可以说，经典的形成和统一绝不是一人一时一地完成的，需要后世不断地进行优化和论证，使其成为一个完整的系统。景海峰说：“经典实际上是纵向思考的结果，它暗含了时间的流变、思想的沉淀和历史的拣择。”[②]毫无疑问，所谓“经典”，都是在时间的长河中慢慢积淀、拣择出来的，甚至包含了几代人的思考成果，因而更具有持续性和检验性，历经千年而长盛不衰。

三、孔门易教的价值观

虽然孔子不是《易传》的直接作者，却与《易传》有着必然的思想联系。徐复观曾说：“孔子晚而喜《易》，十翼虽非孔子所亲作，但它是出于孔子的《易》教，是无可置疑的。”[③]高亨提出：“《周易十翼》，虽

① 刘大钧：《今、帛、竹书〈周易〉综考》，上海：上海古籍出版社，2005年，第112页。

② 景海峰：《经典与现代性》，《文史天地》2023年第3期。

③ 徐复观：《孔子及孔门——经学基础的奠定》，见氏著：《中国经学史的基础》，北京：九州出版社，2014年，第28页。

不能肯定都作于战国时代，然而基本是战国儒家的一派《周易》说。”[①] 戴琏璋认为：“《易传》虽非孔子所作，可是从各篇内容上观察，说是出于儒者之手并无可疑，而孔子诠释经义、引用经文的态度，对于《易传》的形成所产生的影响，也不容抹煞。”[②] 李学勤认为：“孔子晚年好《易》,《易传》或出其手，或为门弟子所记，成书约与《论语》同时。自子思以至荀子等人都曾引用，绝非晚出之书。当然，那时《易传》的面貌，不一定和今传本完全相同，这是古书通例，不足为异。”[③]

借助先辈的研究成果，尤其是20世纪70年代出土的马王堆帛书《易传》，给我们提供了珍贵的孔子学《易》论《易》的材料，我们今天可以放心地谈论孔子对《易》的贡献及孔门易教的伦理精神。孔子作为“三圣”之一，于《周易》实有卓越贡献。孔子赞《易》之前，《周易》已盛行于上层政治社会，从西周到春秋，上至君王，下至良史，多以占筮卜问吉凶。孔子赞《易》之后，通过观卦爻辞之德义，赋予《周易》更多道德层面的内容，形成了孔门易教，易学精神实由孔子所奠基。

孔门易教的奠基人虽然是孔子，其源头却在伏羲、文王处。班固在《汉书·艺文志》中提到《易》的成书经历了“人更三圣，世历三古”三个阶段，“三圣”即伏羲、文王和孔子。《系辞下》云：“古者包牺氏之王天下也，仰则观象于天，俯则观法于地，观鸟兽之文，与地之宜，近取诸身，远取诸物，于是始作八卦，以通神明之德，以类万物之情。”这一段内容非常重要，描述了伏羲作八卦的全过程，昭明了《易》象天地自然的基本原理。汉初陆贾的《新语·道基》篇亦云：“于是先圣乃仰观天文，俯察地理，图画乾坤，以定人道。”[④] “先圣”即伏羲，伏羲在俯仰观察中，画卦以定人伦，天人之理尽收其中。

文王作《易》则起于忧患，《系辞下》云：“《易》之兴也，其于中古乎！作《易》者，其有忧患乎！”在《诗经》《尚书》等先秦典籍的记

① 高亨：《周易杂论》，济南：齐鲁书社，1979年，第70页。
② 戴琏璋：《易传之形成及其思想》，台北：文津出版社，1989年，第10页。
③ 李学勤：《缀古集》，上海：上海古籍出版社，1998年，第15页。
④ 王利器：《新语校注》，北京：中华书局，1986年，第9页。

载中，文王一直是修身、齐家、治国的道德典范，这些美好的德性最终使得小邦周战胜了大殷商，达成了“周虽旧邦，其命维新”的成就。王夫之在《周易内传发例》中曾以《诗经·思齐》中的“不显亦临，无射亦保”之句盛赞文王之德，赞其修身不倦、和睦恭敬，以成兄弟和睦、人才济济之景象。

关于文王之德，周公曾曰：“文王卑服，即康功田功。徽柔懿恭，怀保小民，惠鲜鳏寡。自朝至于日中昃，不遑暇食，用咸和万民。”（《尚书·无逸》）此言文王平时穿着简朴的衣服，从事稼穑之事，从不怠慢。清华简《保训》篇还记载了文王对“中”的理解，文王临终前将“中”传授给武王姬发，并追述了舜“求中”“得中”，以及上甲微“假中”的故事。而“中”也是《周易》里的重要概念，如《文言》曰：“大哉乾乎！刚健中正，纯粹精也。”《象·小畜》云：“健而巽，刚中而志行。”刚健又逊顺，阳刚又居中，其志必能实现。反之，则心生疑惑，如乾卦九四爻居下卦之下，为不中，《文言》曰：“九四重刚而不中，上不在天，下不在田，中不在人，故‘或’之。‘或’之者，疑之也，故无咎。”从这些思想中，我们可以看到《周易》对文王之德的继承和发展。

但即使是有如此盛德的文王，也逃脱不了被纣王困于羑里的命运，这不得不使孔子进一步思考天命和道德在现世的关系。《论语·子罕》云“与命与仁”，孔子赞许命与仁，因为“仁”的思想中有一个“天命”的背景，此是从周人“以德配天”思想中发展出来的。又因为天命靡常，人必须完善自身的道德力量，以此获得天之祐助而确立自主的生活。因此，在《易经》卦爻辞中，既有“天”“帝”的内容，又有君子乾乾的行为指向。孔子“观其德义”即从这个大背景出发的。

孔子晚年喜《易》的贡献是从六十四卦卦爻辞中发现了德义的内容，蒙培元已指出：“从现有的《易经》文字来看，它已经表现出相当程度的抽象能力，运用了某些逻辑学与心理学的方法，孕育着某些科学思维的萌芽，而且表现出某种哲学意义上的智慧。”[①] 在孔子看来，卦爻辞并非只用来预卜吉凶，还有一些别的内容，即含有“周之盛德”。孔子之前的作《易》传统是幽赞神明、参天两地、观变阴阳和发挥刚柔，孔子作《易》则是“和顺于道德而理于义，穷理尽性以至于命”，将隐藏于卦爻辞中的所以然之理揭示了出来。这也正如方东美所说“儒家有两套思想，一套是自己的创作，另一套是承受以前的传统”[②]。

同时，《易》作为卜筮之书，其天命思想必也存在着某种不可测度、无法更改的神意，不容置疑地决定了人的吉凶祸福。对于这种无法解释的神秘力量，《周易》往往称为“自天祐之，吉无不利”（《大有》上九爻辞），“天命不祐，行矣哉”（《彖·无妄》）等。表面上看，事情能不能干，干了能不能成，是由“天”“天命”决定的。但仔细分析会发现，儒家认为“天”“天命”往往降落于居中正之位的君子身上。《系辞上》云：“天之所助者，顺也；人之所助者，信也。履信思乎顺，又以尚贤也。”在《易传》的解释系统里，天所佑助的是“履信思乎顺”之人。再如《彖·大有》云：“柔得尊位大中，而上下应之”，柔居尊位，又能保持中道，六五爻曰“厥孚交如，威如，吉”，诚信中正可博得威严、获得吉果。这样一来，即使是不可抗拒的神意，也减少了些许神秘主义的色彩。

占筮的目的是“稽疑”，给陷入焦虑中的人指明一个方向，其本身就蕴含着人文因素。《洪范》认为若处于大疑之中，首先是“谋及乃心”，最后才是“谋及卜筮”。那么，心为什么能够给出方向？因为《周易》认为，占得吉爻并不一定有吉果，占得凶爻也不一定有凶果，关键在于人怎么做，能做到什么程度。如若能做到时刻警醒，终日乾乾，便不会有危害。“心”给出的正是这样一条刚健有为的德性之路。人最终的吉凶祸福并不是直接由某一卦某一爻所预定，其中包含着诸多复杂的因素和力量，既不完全依赖神意，也无法完全自主，主客观的因素往往交织在一起，仅仅靠简单的线性因果思维无法解释清楚。

① 蒙培元：《心灵超越与境界》，北京：人民出版社，1998 年，第 108 页。
② 方东美：《原始儒家道家哲学》，台北：黎明文化事业公司，1983 年，第 46 页。

既然孔门易教提倡吉凶由人，不以卜筮结果定祸福，那么，主体的认识和行为就不是无关紧要的，实于人生有关键作用。如《观》卦六三爻“观我生，进退”，六四爻“观国之光，利用宾于王”，观察百姓的生存状况，考察一国之风俗民情，此从认识层面而言。又如《坤》卦初六爻“履霜，坚冰至”，当踏霜时，就该知道坚冰即将到来，这属于知微知彰的能力。由此自然之景象当知晓人事之变迁，《文言》进一步解释说：“积善之家，必有余庆；积不善之家，必有余殃。臣弑其君，子弑其父，非一朝一夕之故，其所由来者渐矣！”再如《乾》卦初九爻“潜龙勿用”，在事物刚刚发展、事业开始起步时，不可轻举妄动，须做到“遁世无闷，不见是而无闷”（《文言》）。如果在该潜藏的时候耐不住寂寞，贸然行动，往往有凶，这属于退藏的实践能力。而《乾》卦九五爻曰“飞龙在天”，此为进取的实践能力。

其中，“知几”的能力就显得尤为关键，“占卜追问的并非确定的命运，而是命运发展的大势，即‘知几’，进而在大势面前做出相应的调整”①。《系辞上》“唯几也，故能成天下之务”，唯洞察事物发展的趋势，才能有所成就。“知几”的目的正在于迁善改过，颜氏之子即以善改过著称，孔子赞赏颜回说：“有不善未尝不知，知之未尝复行也。《易》曰：‘不远复，无祇悔，元吉。’”（《系辞下》）及时改过，方得元吉。可见，主体的道德和行为不仅能决定吉凶祸福，还能提高生命的境界，以正人心、立人道。

那么，人就不再受困于天意，行为的结果完全由自身负责，进而有了以仁义为核心的“立人之道”。道德仁义的加入，使主体不再需要占筮的形式，不再执着于吉凶祸福，而是有了更高的价值层面的追求。以六十四卦中的《益》卦为例，其九五爻曰“有孚惠心，勿问元吉，有孚惠我德”，认为有德性即可，心存诚信即可，不必占问是否吉利，因为有诚信和有德行必能惠及自身并有所得，《周易》始终坚信这一点。蒙培元曾说：“‘不事王侯’未必有吉，但是能‘高尚其事’，即高尚

① 吴飞：《知几与稽疑——略论易学的命运观及其性命论意义》，《周易研究》2024年第1期。

其志，则能完成一种道德人格，这已不是一般吉凶祸福所能范围了。”[①]这大概就是孔子所秉持的文王、周公之彝训吧。

而人的主体性的凸显，必得有一种刚健中正的精神，此种精神一直支撑着中华民族的繁衍强大。《周易》特别重视“天行健，君子以自强不息”的人格力量，曾子曾说“可以托六尺之孤，可以寄百里之命，临大节而不可夺也”（《论语·泰伯》），孟子也有“养浩然之气”的追求。于人生旅程中，刚健之精神可助我们脱离危险的境遇，《彖·需》云：“险在前也，刚健而不陷，其义不困穷矣。”这是说前路有危险时，刚健有为而不陷落，待时而动便有无限生机。《彖传》常说“刚来而得中”“刚中而应”“刚中而志行”，正是“刚中正”而得无限光明。

这种刚健精神不是鲁莽的，而是合乎时宜的，是顺应天地自然的。《彖·大有》曰：“其德刚健而文明，应乎天而时行。”刚健之精神是文明的、应时的，也就是寓顺于健。日月运行，从不停止，这是刚健；春生夏长，从不间断，这是有为。所有的行动都要顺应自然，做到“顺以动”，《彖·豫》云：“天地以顺动，故日月不过，而四时不忒；圣人以顺动，则刑罚清而民服。”日升月落，这是自然规律，顺动而不错乱，圣人也当顺此自然规律治理民众。

但这并不是说人的主体因素成为影响吉凶祸福的唯一力量，“天”的因素在《周易》中也以“时”和“位”的形式体现着。《周易》六十四卦的卦爻辞都是在“时”和“位”所表示的时间和空间中展开，正如四时之循环往复一般，“时”和“位”也是不断流动的，处于什么样的位置和逢着什么样的际遇，相应地就要采取什么样的行为，或行或止，或进或退，全根据“时”和“位”来判定。

“时”多以卦言，处《泰》卦之时则“小往大来，吉，亨”，处《否》卦之时则“大往小来”。《损》卦之时表示“损下益上，其道上行”，《益》卦之时表示“自上下下，其道大光”。再如《既济》表示“终止则乱，其道穷也”，《未济》则相反，表示“柔得中也”。《说卦》更是以四正卦

① 蒙培元：《心灵超越与境界》，第123页。

配四时，《震》卦出自东方，代表春生的力量，《象》曰“出可以守宗庙社稷”；《离》卦出自南方，代表夏长的力量，《象》曰：“日月丽乎天，百谷草木丽乎土”，万物于此时积极生长；《兑》卦出自西方，代表秋收的力量，此时顺天应人，《象》曰“说以先民，民忘其劳”，万物于此时最喜悦不过了；《坎》出自北方，表示冬藏的时机，此时“水流而不盈，行险而不失其信”，乃万物之所归藏。

“位”多以爻表示，一卦六爻之中，初爻表示事物刚开始发展的位置，如《乾》初九“潜龙勿用”，《复》初九“不远复，无祇悔，元吉”，《离》初九“履错然，敬之，无咎”。在事物刚刚发展时，不冒尖，不远复，保持恭敬，可以无咎。而第四爻多是战战兢兢、如履薄冰的危险位置，如《乾》九四“或跃在渊，无咎”，《履》九四“履虎尾，愬愬，终吉”，《小畜》六四“有孚，血去惕出，无咎”。第四爻虽然危险，只要谨慎，有诚信，便能摆脱恐惧害怕，不会有灾害。第五爻则代表尊贵之位，如《坤》六五“黄裳，元吉”，《泰》六五“帝乙归妹，以祉元吉”，《随》九五“孚于嘉，吉”。第五爻可以说是六爻之中最吉利的了。如此一来，在面对命运带来的焦虑时，我们大可泰然处之，做到“上交不谄，下交不渎”（《系辞下》）。

综上，无论卜筮还是义理，易学所要面对的始终是人生的吉凶问题，孔子将具体事物的吉超越为德行之吉，认为有德即有福，建立起一种“刚健而文明”的人格理想，并为此寻找了天地之道作为依据。王夫之在《周易外传·无妄》中说：“是故圣人尽人道而合天德。合天德者，健以存生之理；尽人道者，动以顺生之几。”[①] 此是对孔门易教的深刻领悟。

（校对：张雯娟）

① 〔明〕王夫之：《船山全书》第1册，长沙：岳麓书社，2011年，第890页。

荀子之“化”的思想蕴意

◇ 姚海涛
（青岛城市学院马克思主义学院）

【摘　　要】“化”的最初含义是变化。荀子在此基础上创造性地诠释“化”，开拓出了前所未有的多重意涵，挖掘出了潜隐的深刻思想蕴意。通过文本细读与思想抽绎，荀子之“化”可析分为三大维度：一是人文教化之道：化性起伪；二是王者政化之道：礼义儒效；三是阴阳大化之道：天道成物。明了荀子之“化”的思想蕴意是理解其人文教化思想的理论前提，是领略其王者政化思想的理论关键，是契会其阴阳大化思想的理论锁钥。可以说，“化”贯通着荀子人性论、政治论、天道论。故当将“化”定位为荀子哲学的核心观念之一，以加深对荀子理论的把捉与建构能力的认知，以提升对荀子哲学的整全性理解。

【关 键 词】荀子；化；化性起伪；思想蕴意

【作者简介】姚海涛，山东高密人。青岛城市学院马克思主义学院教授，主要研究中国哲学。

一、化的字义梳理与荀子“化”字用例

世界是变化的，永远处在过去、现在与未来的无穷流变之中。简言之，变化是世界的本质。无论是西方哲学还是中国哲学，对此皆有明确的认知与表述。早期的西方哲学中尚有某些否认变化的流派，如古希腊克塞诺芬尼执着于恒常本体“神”，中世纪欧洲经院哲学家则论证上帝为全知、全能、全善的永恒本体。哲学中诸如不动推动者和不死魂灵的设定，将世界的本质锢蔽为不变者，是机械论的思想来源，在一定程度上窒息了哲学当有的活泼泼样貌。

反观早期中国哲学的主流则一直秉持变化的观点。当佛教哲学传

入之后，不动、不变的观点才开始大行其道，不断渗透中国哲学肌理中去。变化的观点是中国哲学的主旋律。变化自然成为中国哲学极重要的一个概念。变化是由变与化二字组成的合成词，在早期中国的话语之中，变与化的意义有显明差别。

《说文解字》云："变，更也。从攴䜌声。"① 又云："化，教行也。从匕人，匕亦声。"② 而匕亦与人有关，"变也，从到人"。段玉裁注曰："到者，今之倒字。人而倒，变匕之意也。"③ 化的右边是匕，呈一个倒人的形象。一个正常的人是直立的，而倒人则与正常的形象不一样了，意味着"变化"。变有更改之意，而化则衍生出了教化之意。关于变与化的区别，《说文解字》未作明晰分疏，但已建立了化与人之教化间的密切联系。易言之，从字源学意义来说，"变"未必与人有关，"化"则一般具有属人特性。

"化"之一字，后衍生出变化、教化、化性、自化、风化等一众词汇。自古及今，最为习用者，莫过于"变化"。"变化"一词，最早出自《易·乾·彖传》："乾道变化，各正性命。"孔颖达疏："'变'谓后来改前，以渐移改，谓之变也。'化'谓一有一无，忽然而改，谓之为化。"④ 孔颖达将变与化区分开来，认为变是事物的渐变与量变，而化则是事物的突变与质变。

无独有偶，杨倞注《荀子·不苟》"变化代兴，谓之天德"时称："驯致于善谓之化，改其旧质谓之变。言始于化，终于变也，犹天道阴阳运行则为化，春生冬落则为变也。"⑤ 可见，初唐孔颖达和中唐杨倞对变与化的认知基本一致。杨倞以"天道阴阳"与"春生冬落"解释"化"与"变"，不免带上了虞翻与荀爽解《易·系辞上》"知变化之道

① 〔汉〕许慎撰，〔清〕段玉裁注：《说文解字注》，上海：上海古籍出版社，1988年，第124页。

② 〔汉〕许慎撰，〔清〕段玉裁注：《说文解字注》，第384页。

③ 〔汉〕许慎撰，〔清〕段玉裁注：《说文解字注》，第384页。

④ 〔魏〕王弼、〔晋〕韩康伯注，〔唐〕孔颖达正义：《周易正义》，北京：中国致公出版社，2009年，第15页。

⑤ 〔清〕王先谦撰，沈啸寰、王星贤整理：《荀子集解》，北京：中华书局，2012年，第46页。

者”的色彩。《易·系辞上》“知变化之道者”，虞翻注“在阳称变，在阴称化，四时变化”，荀爽注“春夏为变，秋冬为化”。[①]可见，汉唐学者以阴阳、春夏秋冬四季来界定变与化。

化与人之间的文字学关联是造字之初的本真，也是先秦时荀子之“化”字的基础意涵。在中国早期语境中，思想家在运用变与化的指示功能时经常将它们的分与合含混在一起而不作细分。随着时代的演进，变与化被不断诠释而获得越来越丰富的意义。变化既可合而言之，亦可分而言之。《周易》与荀子所言者，均为乾道、天德，正属同一话语系统。随着时间的推移，变化一词的诠释空间越来越阔大，思想蕴意也越来越深邃。

据《荀子引得》一书统计，“教化”在《荀子》中出现8次[②]，“变化”出现5次（重复计入1次，实为4次）[③]，此外，“化”字还出现了62次[④]。如此看来，荀子之“化”总计出现74次。这与笔者统计完全相同。从“化”字组词构成来看，“教化”8次，“化之”6次，“变化”“化顺”各4次，“化性”“化顺”“礼义之化”“不化”各3次，“化道”“化礼义”“化善”“大化”“阴阳之化”各2次。由此可明显看到，教化是荀子用例重点，而其他用例虽不以教化名之，但亦含教化之意。从这个意义上说，荀子之“化”主要是教化，可称为教化哲学。而教化可从个体与群体的角度分别来看，析为化人性与化人群，即化德与化政。需要注意的是，荀子之“化”尚有另外一个侧面，即天道之化、阴阳大化。

陈光连指出：“荀子的‘化’有教化、变化、渐化、迁化、化育、化导等多重含义。从教化义来说，礼乐教化探讨化之客观性、普遍性的理则问题，它以朴为化之对象，礼为化的普遍之则，仁为化之归依。

---

① 〔清〕朱骏声编著：《说文通训定声》，北京：中华书局，1984年，第502页。

② 引得编纂处编纂：《荀子引得》，上海：上海古籍出版社，1986年，第763—764页。

③ 引得编纂处编纂：《荀子引得》，第487页。《荀子·赋》“屡化如神”，据冢田虎，根据杨倞注当作“变化如神”。如是，则“变化”出现5次。“变化如神”可能涉句下“屡化而不寿者与”而讹。冢田虎之说，参见董治安、郑杰文、魏代富整理：《荀子汇校汇注附考说》下，南京：凤凰出版社，2018年，第1332页。

④ 引得编纂处编纂：《荀子引得》，第893—894页。

这是对孔子‘克己复礼’的‘仁—礼’成德模式的继承和发展。荀子化之思想相较孔孟、老庄最具有劳思光先生所说的‘引导性哲学’之特征，荀子思想是先秦时期具有引导性哲学特征之典型理论代表。”[①] 以引导性哲学来解释荀子之“化”，虽有其合理性，但也遮蔽了荀子之“化”的丰富意蕴。陈登原《中国文化史》曾总结“化”有三义：创化、变化与进化。[②] 柏格森有创造进化论之说，如果用中国哲学中的语言来对应柏氏之说，则莫过于“化”。从哲学角度来看，荀子“化”的意蕴可从人文教化、王者政化、阴阳大化三个方面进行综合阐释。

二、人文教化之道：化性起伪

儒家之道最重要的面向是人文教化，可以称为人文教化之道。先秦之时，荀子将周初所孕育的人文主义发展到完全成熟的境地。[③] 有学人指出：“从对现有古代文献材料的考证来看，荀子是中国思想史上最早明确提出并广泛使用了‘教化’一词之人。”[④] 此言诚是。荀子不仅第一次提出了“教化”概念，而且在行文中大量使用，由此成就了荀子式的人文教化之道。这甚至是《说文解字》之所以将“化”解释为“教行”的重要先秦文本根据。

（一）状变而实无别而为异者，谓之化

重视思维逻辑与概念定义的荀子对“化”有极其严格的定义。《正名》篇“化”的定义是：“物有同状而异所者，有异状而同所者，可别也。状同而为异所者，虽可合，谓之二实。状变而实无别而为异者，谓之化。有化而无别，谓之一实。此事之所以稽实定数也，此制名之

① 陈光连：《论荀子思想中的“化”——以“教化”为中心之考量》，《金陵科技学院学报》（社会科学版）2017 年第 3 期。

② 陈登原：《中国文化史》（一），沈阳：辽宁教育出版社，1998 年，第 9—10 页。

③ 徐复观：《中国人性论史·先秦篇》，上海：上海三联书店，2001 年，第 201 页。

④ 刘桂荣：《西汉时期荀子思想接受研究》，合肥：合肥工业大学出版社，2013 年，第 56 页。

枢要也。"杨倞注:"状虽变而实不别为异所，则谓之化。化者，改旧形之名，若田鼠化为鴽之类，虽有化而无别异，故谓之一实，言其实一也。"[①]在此指出，杨倞所举"田鼠化为鴽"之例确有不妥之处。[②]杨注所讲并不符合生物学事实，但不必拘泥于此，也不容全盘否定，因其所要传达的"化"的意思比较清楚，能为人所理解。

荀子根据"一实"还是"二实"进行了详细区分，认为事物因其形状与实体是否相同可分而别之。事物有形状相同而寄寓的实体不同者，有形状不同而寄寓的实体相同者，由此可以明确分辨。如两匹马虽然外表极为类似，但还是两匹马。一匹小马驹成长为一匹健壮的成年马，外表虽然有了重大变化，其"实"仍是同一匹马。也就是说，"化"是改变原来形状，是不同状态在同一实体基础上的展开。这是荀子"稽实定数"的原则，其以之为制名枢要。荀子以实体是否唯一为标准，来衡定"实"是"一"还是"二"，拒斥了形而上学式的诡辩，展现了思理逻辑之缜密。

(二)性与伪:天之就也与师法之化

尤有意味的是，《荀子》"化"字用例，若以全书32篇来统计，则以《性恶》篇为最，高达11次，超过其他篇目。而这凸显了荀子确将"化"视为改塑人性的重要概念。《性恶》篇主旨并不在于揭示人性如何，乃在于"化"人性。荀子人文教化之目的是化人之性，即从个体之我而成为社会群体之我，从天然之我而成为人文之我。其中所蕴含的内涵正通过"化"这一概念的丰富性表达开显出来。化人之性的前提与基础是人之性。而这必然要求首先明了荀子之于人性的具体看法如何。关于荀子人性论之究竟，学界争论聚讼已有年矣。笔者无意再续争端，仅将荀子论"性"主要文本列出，其意不言自明:

1. 生之所以然者谓之性。性之和所生，精合感应，不事而自然

① 〔清〕王先谦撰，沈啸寰、王星贤整理:《荀子集解》，第407页。

② 董治安、郑杰文、魏代富整理:《荀子汇校汇注附考说》下，第1174页。

谓之性……性者，天之就也。（《正名》）

2. 凡性者，天之就也，不可学，不可事。（《性恶》）

3. 感而自然，不待事而后生之者也。夫感而不能然，必且待事而后然者，谓之生于伪。是性、伪之所生，其不同之征也。（《性恶》）

4. 凡人之性者，尧、舜之与桀、跖，其性一也；君子之与小人，其性一也。（《性恶》）

5. 性者，本始材朴也；伪者，文理隆盛也。无性则伪之无所加，无伪则性不能自美。性伪合，然后圣人之名一，天下之功于是就也。（《礼论》）

由 1、2 可知，性是天生的，属自然而然者。若通过人为的方式对其进行改塑，则不能称之为性了。由 3、5 可知，性与伪，一为自然，一为人为，属相对而言者，不可生硬地割裂二者，因其是间断性与连续性的统一体。由 4 可知，圣人之性与凡人之性、君子之性与小人之性并不存在差别，在这个意义上具有“平等”属性。依乎此，性为人出生之后未经塑造之前的天然状态。一旦受到师法之化等干预，则属于伪的状态或阶段。

果如是，则荀子之“性”确实是“本始材朴”，在这个意义上，性朴论的观点有其道理。荀子讲人性的目的，或者说落脚点并不在于揭示性“朴”的一面，而是为接下来的化性做准备。化性起伪才是荀子人性论的正面论述，因而是特别值得研究对待的观点。

化性起伪最重要的当然是“化”。人能够化性起伪，而所化之性与后起之伪便是“状变而实无别而为异者”，具有连续性的特点。荀子之“性”有特殊定义，是“生之所以然者”，是“不事而自然”，是“天之就也”。而化后之性便已不是性，而隶属于伪的范畴。对于化性起伪的主体来讲，人还是那个人，然其行为举止、思想等皆与以前不同了，但就其实体来讲，仍然是原来的那个人。性与伪既有天然与人为的分割，具有间断性的特点，又统合于一人之身，是一个“性伪合”的过程，是间断性与连续性的统一。

“化”字属人的特性使得荀子能将之构造为“化性而起伪”一语，成为论证人之变化乃至成圣成贤与礼义法度产生的重要环节。“化”是正确理解荀子人性论的重要概念。荀子说：“性也者，吾所不能为也，然而可化也；情（积）也者，非吾所有也，然而可为也。注错习俗，所以化性也；并一而不二，所以成积也。习俗移志，安久移质，并一而不二则通于神明、参于天地矣。”[①] 性可化而积成伪。化性起伪需要一个长期的过程。值得注意的是，荀子总是讲“化性”，而不讲“变性”，显示出对变与化二字运用的差别。性之于人，是不事而自然者，而化性之化正是由自然而人文，是一个自然人成长为社会人的必然历程。化性起伪也是对人可能堕落（顺人之性）的阻遏举措。伪者，人为也。这是自我转化与师法礼义教化共同作用的结果。

伪即化性而成者。在此，化具体是何义？化的概念与诸多特性在《管子·七法》中有较好的说明：“渐也，顺也，靡也，久也，服也，习也，谓之化。”[②] 此处“化”渐进性的量变特点得到了充分说明。而这也是荀子题中应有之意，是荀子“人积耨耕而为农夫，积斫削而为工匠，积反货而为商贾，积礼义而为君子。工匠之子莫不继事，而都国之民安习其服。居楚而楚，居越而越，居夏而夏，是非天性也，积靡使然也”[③] 句中“习”与“积靡”之意，是“谨注错，慎习俗，大积靡”[④] 句所表达之意。

从个体层面来看，“教化”必然要通过师法、礼义之化来完成。化性分为习俗之化与师法之化，二者同属于礼义教化，但有个体主体与社会主体的差别。习俗之化是整个社会环境所造成的礼义风俗之化。师法之化的内容便是礼义之道，也就是礼义之化，是化于道。化性而起伪，化礼义之文理以成人，是性伪相合的结果，是“天之就也”透过师法之化、习俗之化与自我转化共同作用的成果。基于此，“尧、舜不

---

① 〔清〕王先谦撰，沈啸寰、王星贤整理：《荀子集解》，第 143 页。
② 黎翔凤撰，梁运华整理：《管子校注》上，北京：中华书局，2004 年，第 106 页。
③ 〔清〕王先谦撰，沈啸寰、王星贤整理：《荀子集解》，第 143 页。
④ 〔清〕王先谦撰，沈啸寰、王星贤整理：《荀子集解》，第 143 页。

能教化”的世俗之说，将教化的主体责任完全落到师法一方，是荀子所不认可者。

（三）自化与迁化

个体的自我认知、反省与转化，亦即“自化”。老子曾提出“自化”的概念：“万物将自化”①，又云：“我无为，而民自化。”②其将“化”视为一广义上的，万物与人民可共同使用的概念。这当然与道家的自然主义立场有关。在老子视域之中，包括人在内的世界最佳状态是自然自化。荀子的自化与老子的自然之化不同，它更多地指向了自我变化与转化，是主体自身认知到“缺乏”之后，历经反省的自我之化，具有自我反省、自我变化的意味。简言之，荀子之自化恰恰不是自然之化，而是违逆自然的社会之化。

人的变化、社会的变迁才是荀子关注者。荀子之自化不从自然万物角度，而是纯从国家、社会层面立意以凸显群体之化。他说：“彼王者则不然。致贤而能以救不肖，致强而能以宽弱，战必能殆之而羞与之斗，委然成文以示之天下，而暴国安自化矣。”③王者治国，虽然自身贤能，但不放弃救治不肖者，虽然自身强大，但能够容纳弱小，虽然战必胜，攻必克，但不轻易发动战争，文采蔚然公示天下。如果做到这样，暴虐之国也能够被感化。王者能让暴虐之国自化。化是内与外的合一，是政化与德化的合一，是自律与他律的合一。这样，人文教化之道从个体推展到社会中去，正有存神过化之意。

荀子认为，有两种相反的倾向值得重视。顺情性与纵情性，皆会带来好利、争夺等破坏社会秩序的行为。忍情性因其勉强本性，会带来对人欲望压抑的偏向性，是荀子不赞同甚至批判者。荀子所赞同的是，矫饰情性，以礼化之、导之，所谓“是以为之起礼义，制法度，以

① 陈鼓应：《老子注译及评介》，北京：中华书局，1984年，第209页。

② 陈鼓应：《老子注译及评介》，第284页。

③ 〔清〕王先谦撰，沈啸寰、王星贤整理：《荀子集解》，第107—108页。

矫饰人之情性而正之，以扰化人之情性而导之也”[①]。自化是一经过自我确认而转化的过程，需在顺情性与纵情性之间做出合宜的调适，以实现品格修养的迁化，由此实现由士、君子至圣人的跃升。

孟子有云：“可欲之谓善，有诸己之谓信。充实之谓美，充实而有光辉之谓大，大而化之之谓圣，圣而不可知之之谓神。”[②]又云：“夫君子所过者化，所存者神，上下与天地同流。”[③]从个体心性角度出发，孟子对圣做了“大而化之之谓圣”的界定。圣人从容中道，神妙不测，身之所在，无有不化，化于无形。孟子对教化进行了分类：“君子之所以教者五：有如时雨化之者，有成德者，有达财者，有答问者，有私淑艾者。”[④]他认为君子之教化细分为五类，其中之一是如及时雨润泽万物般的教化。此等教化比较自然、及时而有效。

相类似地，荀子亦有言曰：“神莫大于化道，福莫长于无祸。”[⑤]此句是以劝学的视域指出，此道并非玄妙莫测，而是可以通过修身而免祸，学习而得道。“化道”指的是化于道，自身所行即道之展现，达到与道合一的神妙境界。勤学而自化于道，是谓“神莫大于化道”。荀子锚定自化，强调通过学习，达到与道契合的自如境界。

与化道相联系，荀子曰：“诚心守仁则形，形则神，神则能化矣；诚心行义则理，理则明，明则能变矣。”杨倞注“神则能化”云：“化，谓迁善也。”[⑥]又曰：“一天下，财万物，长养人民，兼利天下，通达之属，莫不从服，六说者立息，十二子者迁化，则圣人之得埶者，舜、禹是也。”[⑦]荀子在批判六种学说、十二子时提出了“迁化”的概念，也就是“长迁而不反其初，则化矣”之意。迁化是与自化相对的一个概念。二者有被动与主动之分、外在与内在之别。长养人民（养民）与兼利天下（利民）是百姓迁化的前提条件。与自化相比，迁化更强调外部压力

---

① 〔清〕王先谦撰，沈啸寰、王星贤整理：《荀子集解》，第 421 页。
② 〔宋〕朱熹：《四书章句集注》，北京：中华书局，2012 年，第 378 页。
③ 〔宋〕朱熹：《四书章句集注》，第 359 页。
④ 〔宋〕朱熹：《四书章句集注》，第 369 页。
⑤ 〔清〕王先谦撰，沈啸寰、王星贤整理：《荀子集解》，第 4 页。
⑥ 〔清〕王先谦撰，沈啸寰、王星贤整理：《荀子集解》，第 46 页。
⑦ 〔清〕王先谦撰，沈啸寰、王星贤整理：《荀子集解》，第 96 页。

之于改造的有效性。迁化可视为一被动事件，是舜禹之功，是迁而从化。“六说者立息，十二子者迁化”，其意是圣人教化使得六说、十二子思想上发生转化。

守仁行义，能守能行则能践形，表现于外，则改过迁善，化育万物。荀子重视条理、程序，所讲的行义与守仁皆有明晰的逻辑次序，如此一来，程序性的意义便显发出来。变化代兴之天德在荀子视野中是天道运行的自然义。化育万物与化育万民具有内在的统一性。天地、四时自然运行，似有信有德，人亦在其中。受天地运行之启发，被天德之化育。天地之诚与人间之诚实是一诚，所谓“夫诚者，君子之所守也，而政事之本也”[①]。修己与安人、修身与治国在荀子那里一体无二，将个体德性推广到群体治理即王者政化之道，凸显礼义儒效。

三、王者政化之道：礼义儒效

人文教化之道关联着王者政化之道。荀子重视人文教化与政治教化，彰显终极人道关怀。荀子所要达到的目标并非单个个体的成圣成贤，而是注重群体组成一合理性、合秩序的国家结构，所以其特别重视经由个体修身而达致王者政化之道。而目标之达成自然离不开礼义之化、儒者之效、群体之化等共同构成的系统工程。

（一）儒者之化：在朝美政与在下美俗

人是群居性动物，对于社会上的大多数人来说，“待政而化”是必然宿命。在荀子看来，社群组织是人类的最大优势，所谓“力不若牛，走不若马，而牛马为用，何也？曰：人能群，彼不能群也”[②]。由荀子所倡导的群学已经成为和近代社会学相互关联与诠释的概念。从这个意义上说，荀子是中国社会学之鼻祖、世界社会学之先驱。群学的成立需要人群，更需要儒者之化，亦即儒者的管理与教化。《儒效》篇较

① 〔清〕王先谦撰，沈啸寰、王星贤整理：《荀子集解》，第 48 页。
② 〔清〕王先谦撰，沈啸寰、王星贤整理：《荀子集解》，第 162 页。

多使用“化”，多从儒者效用的角度论“化”。

荀子强调大儒之效，认为社会治理要靠儒者这一群体。因为儒者无论是在朝还是在野，均能发挥不可替代的作用，所谓“儒者在本朝则美政，在下位则美俗”[①]。以儒者立场，将其推向治理的主体地位，推行以儒家思想治国，荀子的儒家身份显示无遗。荀子说：“因天下之和，遂文、武之业，明枝主之义，抑亦变化矣，天下厌然犹一也。非圣人莫之能为，夫是之谓大儒之效。”[②]此处“变化”属合而言之，不需分辨。他借孔子孝悌以化阙党子弟说明儒者在下之效，以周公摄政治世、孔子为司寇说明儒者在上之效。大儒之效是圣人之为，大儒实与圣人同义。不可避免地，荀子走向了圣王政治，其所云大儒之效也就是圣人之效，能够让天下为一，实现变与化的双重效果。

儒者有穷有通，荀子主要将注意力集中到穷的一面，指出：“其穷也，俗儒笑之；其通也，英杰化之，嵬琐逃之，邪说畏之，众人愧之。”[③]大儒之穷为俗儒所笑，其通则为英杰之士倾慕，狂怪之人畏逃，众人对当初不能理解大儒良苦用心而感到羞愧。这与荀子及当时儒者的普遍的人生境遇密切相关。

荀子希望看到的效果是，“四海之内，莫不变心易虑以化顺之”[④]。化有顺之而化，有逆之而化。顺其情而逆其性，这是最基本的化性操作。主体是儒者，方法是礼义，过程是教化。政治教化之礼义包括礼乐、法律等诸种手段，最终建立群居和一、正理平治的社会秩序。

（二）化性之化君与化民

化万物与化万民，离不开“诚”的工夫。荀子曰：“天地为大矣，不诚则不能化万物；圣人为知矣，不诚则不能化万民；父子为亲矣，不诚则疏；君上为尊矣，不诚则卑。夫诚者，君子之所守也，而政事

---

① 〔清〕王先谦撰，沈啸寰、王星贤整理：《荀子集解》，第120页。
② 〔清〕王先谦撰，沈啸寰、王星贤整理：《荀子集解》，第116—117页。
③ 〔清〕王先谦撰，沈啸寰、王星贤整理：《荀子集解》，第137页。
④ 〔清〕王先谦撰，沈啸寰、王星贤整理：《荀子集解》，第136页。

之本也。唯所居以其类至，操之则得之，舍之则失之。操而得之则轻，轻则独行，独行而不舍则济矣。济而材尽，长迁而不反其初则化矣。”[①]天地化育万物就像圣人化育万民一样，要害是一“诚”字。以天地之诚以明圣人之诚。诚本为人所具有的品质，荀子将其推扩到天地。从个体修身到政事之本，再到天地之诚，这就具有了天人贯通意蕴。并且他从“类”的意义上来谈这一问题。相类而相通是先秦诸子天道人事相贯通的理路。天地与万物、圣人与万民、自然与社会，皆相类而相通。在这里，荀子以“诚”谈论“化”，且以化万物与化万民对举，似乎打破了“化”专属于人的常例，拓展了更加广阔的解释空间。

从社会群体层面来说，正理平治是善政，而人群往往处于无序状态，仁人要改变这种状态，自然需要“劝教化”，使社会风俗趋向于美。因此需要大儒发挥其作用，所谓“其知虑足以治之，其仁厚足以安之，其德音足以化之，得之则治，失之则乱”[②]，仁人的知虑、仁厚、德音共同构成了安民治国的手段。

若依先王之制，则需要“明礼义以壹之，致忠信以爱之，尚贤使能以次之，爵服庆赏以申重之，时其事、轻其任以调齐之，潢然兼覆之，养长之，如保赤子。若是，故奸邪不作，盗贼不起，而化善者劝勉矣”[③]。对待百姓当采取礼义忠信、尚贤使能、爵服庆赏、时事轻任、兼覆养长系列措施，保证有礼法依据且保持政令统一。

“化”不仅是自上而下的以君化臣，也包括自下而上的以臣化君。政治教化若从主体之不同来看，可分为以君化臣与以臣化君两大层面。从以君化臣来看，明主之化功效显著。荀子云：“贤齐则其亲者先贵，能齐则其故者先官，其臣下百吏，污者皆化而修，悍者皆化而愿，躁者皆化而悫，是明主之功已。”[④]又云：“主道治近不治远，治明不治幽，治一不治二。主能治近则远者理，主能治明则幽者化，主能当一则百

① 〔清〕王先谦撰，沈啸寰、王星贤整理：《荀子集解》，第47—48页。
② 〔清〕王先谦撰，沈啸寰、王星贤整理：《荀子集解》，第178页。
③ 〔清〕王先谦撰，沈啸寰、王星贤整理：《荀子集解》，第188—189页。
④ 〔清〕王先谦撰，沈啸寰、王星贤整理：《荀子集解》，第191页。

事正。”[①] 处理好远与近、明与幽、一与二之间的关系，则能事半功倍。而以臣化君，最高的要求是“以德复（覆）君而化之，大忠也”[②]。

政治教化若从方法之差异来看，包括柔性之化与刚性之化。柔性之化如水润泽万物般无声，刚性之化则如汤、武一样善用禁令，使“天下为一，诸侯为臣，通达之属莫不振动从服以化顺之”[③]。军事思想中的“化”，更是刚性之化。荀子说：“仁者之兵，所存者神，所过者化，若时雨之降，莫不说喜。”[④] 畏之如神，无不从化所体现的即刚性之化。荀子又云：“夫民易一以道而不可与共故，故明君临之以埶，道之以道，申之以命，章之以论，禁之以刑。故其民之化道也如神，辨埶恶用矣哉！”[⑤] 化民如神的实现并非田园牧歌式的，而是采用势、命、论、刑等严厉措施，将因势利导与严峻刑法结合起来。荀子说：“有齐而无畸，则政令不施；有少而无多，则群众不化。”[⑥] 齐与畸、少与多皆是辩证之两面，不能仅有其一而无其二，否则皆是一偏。墨家有见于齐无见于畸，则政令无法施行。宋钘有见于少无见于多，则群众无法教化。

荀子显然更欣赏柔性之化。声乐之化自然是柔性之化。荀子说：“夫声乐之入人也深，其化人也速，故先王谨为之文。”[⑦] 声乐能够深入人心，寓教化于声乐能收到奇效。另，荀子在引述孔子观于东流之水时，对水的品质做出了详尽精妙的阐释：“以出以入，以就鲜絜，似善化。”[⑧] 君子见大水必观的原因是水之品质妙理。水能滋润万物、化育万物，而民亦会如水流就下一样归附，所谓“民归之如流水，所存者神，所为者化而顺，暴悍勇力之属为之化而愿，旁辟曲私之属为之化而公，矜纠收缭之属为之化而调，夫是之谓大化至一”[⑨]。圣人无不能

---

① 〔清〕王先谦撰，沈啸寰、王星贤整理：《荀子集解》，第 219 页。
② 〔清〕王先谦撰，沈啸寰、王星贤整理：《荀子集解》，第 249 页。
③ 〔清〕王先谦撰，沈啸寰、王星贤整理：《荀子集解》，第 320 页。
④ 〔清〕王先谦撰，沈啸寰、王星贤整理：《荀子集解》，第 274 页。
⑤ 〔清〕王先谦撰，沈啸寰、王星贤整理：《荀子集解》，第 409 页。
⑥ 〔清〕王先谦撰，沈啸寰、王星贤整理：《荀子集解》，第 312 页。
⑦ 〔清〕王先谦撰，沈啸寰、王星贤整理：《荀子集解》，第 369 页。
⑧ 〔清〕王先谦撰，沈啸寰、王星贤整理：《荀子集解》，第 507 页。
⑨ 〔清〕王先谦撰，沈啸寰、王星贤整理：《荀子集解》，第 281—282 页。

化，大化至极，能使各色人等化而顺、化而愿、化而公、化而调，最后达到“大化至一”的境界。

四、阴阳大化之道：天道成物

人道固然是荀子着力关注的重点论域，由于天人之间扯不断的关系，荀子亦不得不对天道有所涉猎。于是，他在接续前人天人观的基础上，做出了自己的回答。具体到“化”这一概念，荀子虽着力于人道之化，但对天道之化亦颇多精义，形成了天道成物、阴阳大化的观点。

（一）阴阳大化

阴阳观念是荀子之前已有之哲理思想。荀子云：“列星随旋，日月递照，四时代御，阴阳大化，风雨博施，万物各得其和以生，各得其养以成，不见其事而见其功，夫是之谓神。”①阴阳大化虽不是荀子论述之重点，但从中国哲学史的角度来讲，仍然是颇有渊源而又有重大意义的一个理论。阴阳大化是对日月、星辰、风雨等自然现象的抽象与概括。正是建立在阴阳大化的基础上，天地万物才能各得其和，各得其养，气化流行，生生不息。自然之天与社会之人，道虽不同，但能各行其道，各尽其能，形成自然社会共生共融的统一体。

在天人相分的视域下，荀子将天与人各安其位，遂使人与自然构成的整个世界具有了秩序感与稳定感。以星辰、日月、四时、阴阳的大化流行来为万物烘托出了一个宇宙论意义的存在境域。在此背景之下，万物能够得其生、得其养而并育不害，而这种神妙的变化正是天道自然，是自然之阴阳大化。阴阳大化是从较为普泛的意义上掘发出了万物生成与流行的历程，而进一步的解释则需诉诸“分合成物”的理论。

① 〔清〕王先谦撰，沈啸寰、王星贤整理：《荀子集解》，第302页。

(二)分合成物

天人相分与天人合一是中国哲学史上两条对反的理路。自然化生万物，流行发用于事事物物，这是一个天然自然的过程。天人间的联系在远古时代一体无隔，一直遵循着天人合一的理路。荀子打破了这种原始的浑融性，让天归天，人归人，走上了天人相分的路径。所以，荀子谈天不是为了天，而是为谈人做铺垫。由天而人、天人相分是荀子论阴阳之化的总体理路。荀子说："天地合而万物生，阴阳接而变化起，性伪合而天下治。"[①] 由天与地、阴与阳的合与接，进而推进到性与伪的合，是由天而人的进阶。天地与万物、阴阳与变化、性与伪皆相分而又相合。只有首先确立分与合的界限，然后再打破贯通之，实现由分而合，化成万物的真相才会逼显出来。

荀子《赋》云："有物于此，儳儳兮其状，屡化如神。功被天下，为万世文。"[②] 蚕不断变化而成其功，泽被万世，成其蚕理。蚕的整个生长过程要经历蚕卵、蚕蚁、蚕宝宝、蚕茧、蚕蛾五个阶段。后一阶段与前一阶段相比呈现出"状变而实无别"的特点，正是"化"的天然示范，是分与合的统一。此正因应了"大道者，所以变化遂成万物也"[③] 这句经典名言。万物从生到死的生命历程皆存在后一阶段对前一阶段的超越，一步步地向前穿行，其背后则贯穿着大道运行、生生不息的规律。在自然之天的上方，荀子置放了圣人以彰显人道主义本旨。圣人知通天道，随顺万物，应变不穷。

五、结语

荀子论"化"，由对变与化的分析入手，逐步递进，层层深入，最终铺陈出了具有深刻意蕴的"化"哲学体系。荀子能够以小见大，见微

---

① 〔清〕王先谦撰，沈啸寰、王星贤整理：《荀子集解》，第 356 页。
② 〔清〕王先谦撰，沈啸寰、王星贤整理：《荀子集解》，第 462 页。
③ 〔清〕王先谦撰，沈啸寰、王星贤整理：《荀子集解》，第 523 页。

知著，由一“化”字足见其思理之深与建构之切。建立在“化”本义基础上，施展全方位的勾连与搭建，体现了荀子这位哲学家的思想构造与诠释功力。人文教化、王者政化、阴阳大化三“化”指向了人性论、政治论、天道论三“论”。由此可见，“化”之一语是串联起荀子哲学的一个提纲挈领式的关键字。“化”哲学的代表者是荀子，“化”之集大成者亦是荀子，体现了先秦儒家集大成者的逻辑建构之美与思维力量之强。在荀子思想中，自然与社会，皆于“化”而变，皆寓“化”而行。从这个意义上讲，荀子亦是一进化论者。[①]

（校对：董君怀、庄子越）

① 胡适先生撰有《先秦诸子进化论》一文，其中从历史进化论的角度阐释了荀子思想。参见姜义华主编：《胡适学术文集·中国哲学史》，北京：中华书局，1991 年，第 573—590 页。

“仁”震撼心：儒家仁义对汉初皇权的塑造

◇ 曾海军
（四川大学哲学系）

【摘　　要】只有将“视民如伤”和“在予一人”构筑成伟大的政治文明，仁义那震撼人心的力量才能得以凝聚，形成强大的政治传统。陆贾所论“行仁义，法先圣”将这一传统表达出来，把汉高祖从马上打天下的姿态拉下来，实现了对皇权的塑造作用。现代学人注重挖掘汉文帝废除肉刑的各种历史动因，所有这些方面恰恰事出偶然，唯有缇萦救父蕴含的道理具备了必然性，汉文帝废除肉刑主要归功于缇萦救父所包含的仁与孝带给人的震撼。贾谊上书文帝论“刑不至君子”，使得文帝读后深以为然，主要由于“厉宠臣之节”的道理有助于磨砺廉耻之节，但可能也与贾谊不计个人得失、敢于仗义执言有关。无论哪方面都与仁义的作用密切相关，离不开其中所具备的那种震撼人心的力量。

【关 键 词】仁义；儒家；陆贾；贾谊

【作者简介】曾海军，湖南平江人。哲学博士，四川大学哲学系教授，博士生导师。

自孔子揭橥仁义，其精神穿越两千多年的历史而经久不息，必有其震撼人心的力量。孟子以恻隐之心论仁之端，阐明仁义礼智为人固有之性，又表明“以不忍人之心，行不忍人之政”（《孟子·公孙丑上》），仁义也是政治的基础。儒家仁义如何作用于现实权力，这本身是个宏大的议题，却也未必不能有所落实。本文尝试具体论说，在汉初的思想历程中，儒家仁义如何在皇权当中展现自身的力量，以便从细微处表明对现实权力的转化和塑造。高祖声称马上得天下而不愿事《诗》《书》，但面对陆贾以秦王若肯“行仁义，法先圣”而陛下何处得天下的质疑，不禁面有惭色，这是仁义对汉初统治者的首次震撼。受到大臣周勃打击的贾谊，在周勃被告有谋逆之罪而下狱时，上书专论“刑不至君子”，文帝读后深以为然，这便是仁义本身具有的震撼人心的力量。与此同时，缇萦救父而致文帝废除肉刑，这又是父子之仁打动人心。

一、“行仁义，法先圣”的政治传统

儒家主张的仁义对于王朝的统治而言，究竟意味着什么，这个问题可深可浅。声称儒家主张德治或仁政固然都不错，乃至援引孔子所言“为政以德”（《论语·为政》），或孟子云“以不忍人之心，行不忍人之政”（《孟子·公孙丑上》），可以显示言之有据。但这种理解可能依然浅显而缺乏力量，在至高无上的皇权跟前，仁义相较于复杂的权力斗争，如何才不至于被人看轻，显示其所具备的穿透权力的深刻力量，这从来就是一个难题。不然，孔、孟不至于被人称作“迂”。在汉王朝统治初年，陆贾以一句“行仁义，法先圣”，就使得一向看不起儒生的高祖刘邦转变态度，这其中的意味值得一再深究。对于这一思想事件，太史公叙述如下：

> 陆生时时前说称《诗》《书》。高帝骂之曰：“乃公居马上而得之，安事《诗》《书》！”陆生曰：“居马上得之，宁可以马上治之乎？且汤武逆取而以顺守之，文武并用，长久之术也。昔者吴王夫差、智伯极武而亡；秦任刑法不变，卒灭赵氏。乡使秦已并天下，行仁义，法先圣，陛下安得而有之？”高帝不怿而有惭色，乃谓陆生曰：“试为我著秦所以失天下，吾所以得之者何，及古成败之国。”陆生乃粗述存亡之征，凡著十二篇。每奏一篇，高帝未尝不称善，左右呼万岁，号其书曰“新语”。（《史记·郦生陆贾列传》）

与陆贾言必称《诗》《书》相比，刘邦则延续溲溺儒冠的不良作风而高调声称不事《诗》《书》。这是一场发生在君臣之间关于得天下与治天下的著名争论，虽说陆贾所谓“行仁义，法先圣”仅就假设秦朝而言，但当作其对汉朝提出的统治主张并无问题。有学者甚至以此作为秦汉之间的“一个重大的文化转型”，具有某种标志性的意义，“此即由秦朝的‘以法为教，以吏为师’，转变为汉朝的‘行仁义，法先圣’”。正是这句“行仁义，法先圣”，使得高祖听后“不怿而有惭色”，这一心理活动特别关键，至少“说明陆贾的话打动了他的心”[①]，但如何理解陆贾所言的仁义具备这种震撼帝心的力量呢？

作为一种说辞，仁义必定为刘邦所熟知，说不定其溲溺儒冠的粗鄙动作，就与看不起儒家满口不离仁义有关。毕竟在儒家坚定地主张仁义的同时，从来就不乏抨击和嘲讽仁义的声音。老子提出“大道废，有仁义”（《老子》第十八章）之后，庄子又以“盗亦有道”（《庄子·胠箧》）讥讽仁义不过沦为小偷变大盗的资质。对仁义攻击最为有力的当属韩非，他嘲讽“道先王仁义”就像小孩子玩过家家，所谓“尘饭涂羹可以戏而不可食”（《韩非子·外储说左上》），绝对不能当真；又嘲笑“言先王之仁义”，不过属于“善毛啬、西施之美，无益吾面”（《韩非子·显学》），只夸奖别人长得美没用，不如自己涂脂抹粉才能变美。韩非既反对仁义，又反对先王，那个著名的成语“守株待兔”，便是韩非最早用来嘲讽先王的，所谓“今欲以先王之政，治当世之民，皆守株之类也”（《韩非子·五蠹》）。陆贾声称秦朝若肯“行仁义，法先圣”云云，显然离不开法家的这一思想背景。刘邦读书不多，生活在那个时代，难免受这种风气的影响。加上多年的马上征战，好不容易得了天下，由此鄙薄儒家的仁义也就不足为奇。问题不在于“行仁义，法先圣”的主张有何特殊之处，而是这一主张背后所倚靠的传统。

回到陆贾对高祖所言的思想语境中，相关的分析也有过不少。其中最引人注意的一个说法是“逆取”与“顺守”，一面是长治久安的成汤

① 李存山：《汉初的尊儒——从陆贾到董仲舒》，《衡水学院学报》2019 年第 2 期。

和武王，一面是夫差、智伯和秦王一时的强盛。看起来前者得益于“文武并用”，而后者却“极武而亡”，由此得出“逆取”属于以武力夺取天下，而“顺守”属于以文德治理天下。这种理解的基本意思大致不差，并由此进一步得出陆贾所论“顺守”的具体内涵，正是“行仁义，法先圣”。[①]不过，问题在于，仅凭汤、武或秦王这样的历史经验告诉高祖，马上取天下的时代已经过去，现在需要以“行仁义，法先圣”的方式治天下，似乎并未有效地阐明仁义所具备的震撼力。刘邦作为开国之君，不仅可能听过各种历史经验教训，更可能思考过如何从打天下转变为治天下的问题。“法先圣”固然与历史或传统相关，但恐怕不只是吸取历史教训那么简单；“行仁义”也属于德治，却不只是与武力夺取天下相对那么明了。这两方面的思想内涵都有待进一步的阐明，才有可能揭示“行仁义，法先圣”那震撼人心之处。

将陆贾所言“行仁义，法先圣”视为儒家王道政治的延续，在大方向上也不算错。若以为“陆贾把推行王道政治看作是古圣王‘逆取’天下之后而采取的一种基本统治术，而不是像先儒那样，一味地只讲王道、不讲霸道，只讲顺守、不讲逆取”，以及认为陆贾积极肯定“秦始皇以武力兼并六国、统一天下的做法”，问题只在于不知道改变统治术[②]，这种看法的问题就很大。将以文德治理天下与以武力夺取天下，径直当成王道与霸道之别，更让人大跌眼镜。如前文所论，汤武革命固然属于以武力夺取天下的“逆取”，亦不妨称作“顺取”。简单地说，武力与武力之间也有区别，并非同样出于武力，汤武革命就与秦始皇吞并六国没有二致。孟子以“以力假仁者霸”与“以德行仁者王”（《孟子·公孙丑上》）判分王霸，声称“仲尼之徒，无道桓、文之事者”（《孟子·梁惠王上》），在反对霸道的同时，特别称颂汤武征伐。其谓商汤“十一征而无敌于天下”（《孟子·滕文公下》），谓“武王之伐殷也，革车三百两，虎贲三千人”（《孟子·尽心下》），这种武力征

① 汪高鑫：《中国史学思想会通·秦汉史学思想卷》，福州：福建人民出版社，2018年，第61页。

② 汪高鑫：《中国史学思想会通·秦汉史学思想卷》，第60、61页。

伐不可能等同于霸道，更与秦始皇的武力吞并不可相提并论。陆贾大体延续了孟子关于汤武的叙事，如孟子所谓“汤以七十里，文王以百里”（《孟子·公孙丑上》），陆贾则谓“汤以七十里之封，而升帝王之位”（《新语·明诫》）。陆贾称汤武革命云：

> 若汤、武之君，伊、吕之臣，因天时而行罚，顺阴阳而运动。上瞻天文，下察人心，以寡服众，以弱制强。革车三百，甲卒三千，征敌破众，以报大仇。讨逆乱之君，绝烦浊之原，天下和平，家给人足，匹夫行仁，商贾行信。（《新语·慎微》）

相比之下，陆贾论秦始皇吞并六国，口吻完全不一样，其云：

> 秦始皇帝设为车裂之诛，以敛奸邪；筑长城于戎境，以备胡、越。征大吞小，威震天下；将帅横行，以服外国。蒙恬讨乱于外，李斯治法于内。事逾烦天下逾乱，法逾滋而奸逾炽，兵马益设而敌人逾多。秦非不欲为治，然失之者，乃举措暴众，而用刑太极故也。（《新语·无为》）

一个“征敌破众”，一个“征大吞小”，前者带来的是“天下和平”，后者带来的却是“天下逾乱”。陆贾显然不可能如同称颂汤武革命一样，积极肯定秦始皇以武力统一六国。汤武革命与三代之治都遵循“行仁义，法先圣”，而秦始皇吞并六国与亡秦暴政皆悖逆“行仁义，法先圣”。只不过之前的悖逆尚能收“征大吞小”之效，之后的悖逆只能注定灭亡，除非如陆贾所言，回到“行仁义，法先圣”的轨道上来。汤武与秦王的差别属于整体性的，是“汤武置天下于仁义礼乐”，而“秦王置天下于法令刑罚”。贾谊与陆贾一样强调吸取亡秦的历史教训，但“法先圣”的历史传统“并非指一般意义的前代史事，其所谓不忘前事并非发思古之幽情，也不是关注那些前代的奇闻轶事，更不是去考察那些虚无缥缈的历史问题”[①]。汉初思想家固然总是带着“提醒汉朝统治者牢记秦

① 庞天佑：《中国史学思想通论·历史盛衰论卷》，福州：福建人民出版社，2011年，第29页。

亡的历史教训的特定含义”，而“法先圣”的思想内涵却“立足现实总结历史，服务于开创未来的思维方式，表现在从历史盛衰总结中探讨有关治道的问题”。[①]

一是面向未来，一是探究治道，历史总在面向未来，历史也总藏有治道。“法先圣”不意味着因循守旧，更不是韩非所嘲笑的“守株之类”。反对先王之政的韩非也喜欢讲历史故事，并不反对历史教训，他斩断的是与礼乐文化相连的根系，与仁政传统相承的血脉。刘汉代暴秦之后，董仲舒置身于新的统一王朝，一方面提出新的王朝需要“改正朔，易服色，制礼乐”，以示与前代相别；另一方面认为“故《春秋》应天作新王之事，时正黑统。王鲁，尚黑，绌夏，亲周，故宋”，绌夏、亲周、故宋、王鲁意味着新的王朝与前代息息相关，乃至其合法性离不开与前代相续。董子所谓“王者受命而王”（《春秋繁露・三代改制质文》），同时体现在改正朔以应变，以及存二王之后以通统上。前代旧朝的合法性已经成为过去，恰恰意味着过去曾经具备的合法性毋庸置疑。新的王朝重拾合法性，不仅体现在对已经成为过去的合法性的更化，更离不开对来自过去的合法性的接续。这完全不同于君权神授的传统，新的王朝念念不忘纂修前朝历史，决不仅仅为了吸取历史教训那么简单，而是接续前朝合法性的一种宣示方式。以上皆为“法先圣”当中的应有之义。秦王朝依靠法家斩断了先圣的传统，想重新作一番开天辟地的事业，结果狂妄地集三皇五帝之尊号于一身，却落下了二世而亡的笑柄。

“法先圣”之意包罗广大，其中尤以“行仁义”为要。陆贾声称“乡使秦……行仁义，法先圣”云云，而贾谊亦谓秦王“先诈力而后仁义”（《新书・过秦中》）之类，“仁义”固然不断以反思暴秦的方式出场，却并不乏独立于这种反思的正面论说。陆贾引《穀梁传》云，“仁者以治亲，义者以利尊。万世不乱，仁义之所治也”，而“仁者，道之纪”（《新语・道基》）。又说“治以道德为上，行以仁义为本”（《新语・本

① 庞天佑：《中国史学思想通论・历史盛衰论卷》，第 30 页。

行》)，而“君子握道而治，据德而行，席仁而坐，杖义而强”(《新语·道基》)。在陆贾这里，道德更具某种根本义，而仁义乃治理层面上基于道德的施行。故先道德而后仁义，仁义在人伦秩序的治理上发挥巨大的作用。所谓“骨肉以仁亲，夫妇以义合，朋友以义信，君臣以义序”(《新语·道基》)之类，仁义的作用体现在人伦的秩序之中。仁义作为一种治道得到极大的强化，其地位不可谓不重要，却终究以道德为根基，仁义本身并未获得根本的地位。无论“圣人怀仁仗义”(《新语·道基》)，抑或“尧以仁义为巢”(《新语·辅政》)，仁义难免陷入手段或工具的嫌疑。与“秦以刑罚为巢”不一样，两者只是方式上的差别，乃至“杖圣者帝，杖贤者王，杖仁者霸，杖义者强，杖谗者灭，杖贼者亡”(《新语·辅政》)云云，仁义的工具性显得更为鲜明。

陆贾针对高祖刘邦所论仁义之价值，始终难以脱开参照亡秦这一思想背景，以至于独立论说仁义亦不免带上工具思维。高祖作为开朝帝王，有马上打天下的底气，并由此产生看轻仁义的偏差。相比之下，“汉文帝在即位前只是偏居一隅的诸侯王，刘邦的功臣陈平、周勃等人虽主动迎立其即位，但在汉初复杂多变的政治斗争中，这一帝位的基础是不牢靠的”，这就导致“文帝善于在诏令中淡化帝皇的威权，而以一种亲民的口吻表现出谦让宽容的性格特点”。汉文帝一方面经常“用‘德薄’‘教不明’‘自愧’这样一些词进行自我反思”，在诏书中“以自谦之辞‘不敏不明’‘甚自愧’开头”，另一方面“又用‘朕甚怜之’‘何其楚痛’等词表明对百姓遭受肉刑的同情”，或者“希望祠官祝釐要为天下百姓祈福而不是为皇帝一人，以表明自己对汉王朝百姓的关爱”。[①] 汉文帝以这种姿态实施一系列的减刑法、废肉刑等措施，恐怕不能以今人所熟知的性格特点视之。此实乃远绍“文王视民如伤，望道而未之见”(《孟子·离娄下》)的政治传统，故抱有对百姓的怜悯、痛楚感。由为皇帝一人祷告到为天下苍生祈福，离不开“禹思天下有溺者，由己溺之也；稷思天下有饥者，由己饥之也”(《孟子·离娄下》)

① 余建平：《制造汉文帝——司马迁〈史记〉文本与汉文帝的形象建构》，《唐都学刊》2018年第6期。

这一政治文明的塑造。这在汉文帝颁发罪己诏上表现尤为明显，罪己诏“接续‘禹汤罪己’的政治传统”，亦即“接续商汤罪己的传统，将灾异的责任揽于一身”[①]，即成汤所谓“万方有罪，在予一人；予一人有罪，无以尔万方”（《尚书·汤诰》）。汉文帝的这种做法，固然有其特定的个人情境，却不能理解为“擅长降低皇帝身份的权威”，尤其不适合过分强调“个体的感受”，这种“打动人心”[②]的效果主要来自仁义本身具备的力量。对人心的震撼不能简单地从个体的感受上看，单个人的怜悯或痛楚固然可以很深重，亦可能很廉价。只有将“视民如伤”和“在予一人”构筑成伟大的政治文明，仁义那震撼人心的力量才能得以凝聚，形成强大的政治传统。这是汉文帝基于特定的情境建立的政治传统，也是这一传统，通过陆贾所论“行仁义，法先圣”表达出来，将汉高祖从马上打天下的姿态拉下来，充分显示了其穿透皇权的巨大力量，实现了对皇权的塑造作用。

二、缇萦救父中的仁与孝

陆贾以“行仁义，法先圣”的思想主张打动了汉高祖，而汉文帝以废除肉刑之政打动了后世之人。与废除肉刑紧密相关的，还有一个“缇萦救父”的故事同样闻名后世。在太史公司马迁的叙事中，缇萦成为汉文帝废除肉刑的关键人物，详情如下：

> 五月，齐太仓令淳于公有罪当刑，诏狱逮徙系长安。太仓公无男，有女五人。太仓公将行会逮，骂其女曰：“生子不生男，有缓急非有益也！”其少女缇萦自伤泣，乃随其父至长安，上书曰：“妾父为吏，齐中皆称其廉平，今坐法当刑。妾伤夫死者不可复生，刑者不可复属，虽复欲改过自新，其道无由也。妾愿没入为官婢，赎

① 余建平：《制造汉文帝——司马迁〈史记〉文本与汉文帝的形象建构》，《唐都学刊》2018年第6期。

② 余建平：《制造汉文帝——司马迁〈史记〉文本与汉文帝的形象建构》，《唐都学刊》2018年第6期。

父刑罪，使得自新。”书奏天子，天子怜悲其意，乃下诏曰：“盖闻有虞氏之时，画衣冠异章服以为僇，而民不犯。何则？至治也。今法有肉刑三，而奸不止，其咎安在？非乃朕德薄而教不明欤？吾甚自愧。故夫驯道不纯而愚民陷焉。《诗》曰‘恺悌君子，民之父母’。今人有过，教未施而刑加焉，或欲改行为善而道毋由也。朕甚怜之。夫刑至断支体，刻肌肤，终身不息，何其楚痛而不德也，岂称为民父母之意哉！其除肉刑。”（《史记·孝文本纪》）

齐太仓令淳于公有罪当刑，其女缇萦随父至长安，上书汉文帝建议废除肉刑。所谓“怜悲其意”，缇萦声称“虽复欲改过自新，其道无由”，是肉刑在人的身体上留下终身的创伤，即便悔过自新、重新做人，却再也无法获得弥补；此意确实惹人怜。故文帝在诏令中重申“欲改行为善而道毋由”，而“甚怜之”。不过，到汉文帝时期肉刑可能已经实行了两千多年，其所导致改过自新者“其道无由”，并非奥义艰深，恐怕不需要等到民女缇萦作为亲历者才能提出来。肉刑之弊，明眼人一看便知，反倒是肉刑的利与弊，才是一个十分复杂的问题。固如是，在文帝废除肉刑之后，汉晋之间还掀起数次大规模的复肉刑之争，此后又断断续续持续了一千多年。古代肉刑的着眼点在于惩罚罪犯，而非改过自新，统治者若更看重前者，便不大可能引发共鸣。汉文帝之怜，若无缇萦自愿为父放弃自由身这一诱因，恐怕很难激发起来。

现代学者的研究表明，汉文帝废除肉刑可能有着复杂的历史背景，而非被缇萦上书所感动那么简单。比如有人认为，仓公狱事与济北王刘兴居谋反一事有莫大的关联，乃至还有人声称，文帝为了敲打齐国诸侯而判处淳于意肉刑，后来又赦免淳于意，并让其充当埋藏在齐国的内线，等等。[①] 这种研究符合现代人对古代帝王阴谋论的想象，将古人对于仁义的叙说视为某种外衣，现代学者津津乐道于剥开这种外衣而暴露出各种深藏的阴谋。在有的学者看来，“从班固时代开始，‘缇萦救父’就被披上儒家仁孝的外衣，成为历代统治者宣扬仁孝的经典案

① 苏卫国：《仓公狱事解析——〈史记·仓公传〉研读札记》，《理论界》2005年第8期；张朝阳：《缇萦如何能救父——汉天子的软实力》，《文史知识》2017年第8期。

例，缇萦也由此成为历代女性效法的对象。但前人对这一事件的认识不外乎‘发圣王之意’而除肉刑”[①]云云，不但仁孝成为外衣，“发圣主之意”[②]也属于陋见。破除传统的陋见之后，在现代人的眼里，赦免淳于意成为中央与吴王集团、齐系诸侯政治博弈的结果，而汉文帝能利用缇萦上书对付吴王，理由居然是缇萦拥有“巫儿”的身份。于是，经过现代人悉心研究的努力，“缇萦救父”这一叙事，得以撕破仁孝的外衣，冲破“发圣主之意”的陋见，从而露出其本来面目：“文帝在缇萦的上书后，立刻下诏废除肉刑。这样做一举三得：首先，以顺应民意、体恤百姓作为废除肉刑的理由，巧借民意之名撇清一己之欲；其次，既然肉刑已经废除，淳于意就不必行刑，既成全了孝女，又可以此向刘将闾所属的齐系诸侯示好；最后，采纳缇萦的意见意味着自己广开言路，虚心纳谏，以此树立贤君的形象。”[③]

根据这种真相大白式的结论，一切皆无价值可言，有的只是私欲、手段和利用。这种研究并非无据，有的可能论证完备，也不无思想史上的建树。类似于“废除肉刑标志着汉初刑罚体系改革的完成。淳于意一事恰逢其时，赦免淳于意是这一改革的体现”[④]云云，有助于增长对废除肉刑的认识。不过，仁与孝这种传统价值被当作外衣剥离掉之后，这种认识的增长未免有买椟还珠之嫌。汉文帝被缇萦上书所打动而废除肉刑，这种价值叙事还原于历史经验之中，复杂的皇权运作会不会表现得如此单纯呢？在现代人最容易起疑心的地方，包含了两个方面的问题：一是古人的这种价值叙事方式，是否意味着等同于古人眼中的历史经验呢？二是剥离了历史叙事中的价值成分，是否意味着历史经验就获得提纯呢？前一个问题可能把古人的头脑想得太简单，后一个问题又可能以另一种方式把历史经验想得太简单。历史经验固然不

① 白坤：《“缇萦救父”新考》，见武汉大学历史学院主编：《珞珈史苑》（2014 年卷），武汉：武汉大学出版社，2015 年，第 18 页。

② 引文中的“发圣王之意”，可能出自班固《列女传·齐太仓女》：“君子谓缇萦一言发圣主之意，可谓得事之宜矣。”可见当为“发圣主之意”。

③ 白坤：《“缇萦救父”新考》，第 23 页。

④ 白坤：《“缇萦救父”新考》，第 30 页。

会表现得如价值叙事那么单纯，但同样不会表现得去价值化那么中立。历史经验纷繁复杂，而价值因素的各种混合本身就是复杂性的表现方式。各种价值因素镶嵌在复杂的历史经验之中，价值与历史经验血脉相连，外衣的比喻只能暴露现代人的轻率。退一万步说，即使可以将价值内涵当作外衣，而一个更为致命的问题是，现代人难道就意识不到，将古人披上的外衣剥离掉后，现代人自身难道就不再需要外衣，而居然可以裸奔吗？

回到汉文帝废除肉刑这个问题上来，无论当时有着怎样复杂的历史动因，都无法否认和抹杀文帝被缇萦救父的行为所打动这一真实事件。一个原该享受父母呵护的花季少女，面对父亲遭受肉刑的残酷，敢于挺身而出，上书天子，痛陈肉刑之弊，甚至毅然决定愿以自由身为代价“赎父刑罪”。一个年纪轻轻的少女拥有这种胆量、见识和气魄，放在任何时代都属于足以震撼世人的大事件，当时的汉文帝深受感动完全在情理之中。汉文帝废除肉刑固然离不开各种复杂的权力角逐，但掩盖不了被缇萦救父所打动这一最真实的大事件。班固在《咏史》中谓“圣汉孝文帝，恻然感至情”，成为后世叙说缇萦救父的典范。恻然感动为仁，父子至情为孝，缇萦救父的故事代代相传，浸淫在仁与孝的传统价值之中。缇萦身为人子而舍身救父，其情出于父子天伦，父子之间震撼人心的至情才是这一故事的灵魂所在。现代人叙说缇萦救父完全偏向男女平权，虽不算完全无关，连班固都说“百男何愦愦，不如一缇萦”，但相对于父子一伦而言，显然已经跑题，不过属于现代人借以表达这个时代的声音。现代人研究缇萦救父仅着眼于废除肉刑，虽不算偏题，却全然不顾父子一伦所彰显的价值内涵，恐怕失其本旨。

缇萦救父的基本面向是身为人子而代父受刑，在古代社会中，这种现象不算罕见。有学者声称，“中国古代司法活动中存在着一种具有普遍性的代亲受刑现象”，其中代父受刑属于“代刑现象中最为突出最为普遍者，史籍记载案例甚多”。诚然，代亲受刑行为中体现的孝亲价值多受儒家思想的影响，然若以为“代亲受刑主要是儒家的思想”，乃至断定孔子对代亲受刑的行为“较为欣赏”，恐怕并不准确。儒家不会无视代亲受刑中的孝亲价值，但是“代亲受刑会对已有的律法产生冲击乃至某种毁坏的作用”，儒家不可能有这样的主张。[①] 缇萦“赎父刑罪”，肉刑成为一个十分关键的因素。这并非一般意义上的代父受刑，而基于肉刑在父亲身上留下永远无法消除的伤痕，由此导致父亲失去自新的机会。缇萦并非简单地代父亲接受刑罚，尤其不是要求将施于父亲身上的肉刑由自己来承受。缇萦的着眼点在于“自新”，所谓“赎父刑罪，使得自新”，当时的缇萦已经意识到，接受刑罚还没那么可怕，最可怕的是接受刑罚之后还失去了自新的机会。缇萦愿意“没入为官婢”，以失去自由身为代价来避免父亲承受肉刑。现代人可能觉得，失去自由身不是比肉刑更难接受，以及更没有自新的机会吗？诚然，“按当时法律，没为官婢是很重的处罚”[②]，但与肉刑相比，奴婢至少能保全身体。肉刑在身体上留下永久的伤痕，使人背负终身的耻辱而难以自新。奴婢自然不比达官贵人，但与普通百姓之间未必相距甚远。至于对自由身的理解，现代人经过“不自由毋宁死”之类的洗礼，觉得不可接受，古人可能没有那么敏感。与肉刑使人终身背负耻辱相比，奴婢的生活可能相对正常一些，最关键的点在于，没有失去“自新”的机会。

“自新”是缇萦带给古代刑罚最耀眼的一个点，在此之前，主要是法家主导下的刑罚观念。韩非所谓“夫严刑者，民之所畏也；重罚者，民之所恶也。故圣人陈其所畏以禁其邪，设其所恶以防其奸”（《韩非子·奸劫弑臣》），表明刑罚只为禁邪防奸。暴秦在法家的意识形态指导下，如陆贾所谓“举措暴众，而用刑太极”，汉承秦制之初，“法律虽有所减省，但刑罚则无任何改变，可以说是‘法省而刑重’”[③]。在这种背景下，孔子主张“道之以政，齐之以刑，民免而无耻；道之以德，齐之以礼，有耻且格”（《论语·为政》），或“子为政，焉用杀？子欲善，而民善矣。君子之德风，小人之德草。草上之风，必偃”（《论

① 以上所引出自方潇：《中国古代的代亲受刑现象探析》，《法学研究》2012年第1期。文中引用《吕氏春秋》所载孔子对直躬者的评价，不能直接视为孔子的思想。

② 方潇：《中国古代的代亲受刑现象探析》，《法学研究》2012年第1期。

③ 汤玉枢：《论汉文帝废除肉刑及其影响》，《华侨大学学报》（哲学社会科学版）1989年第2期。

语·颜渊》)的思想，便只能隐而不彰。缇萦针对肉刑质疑使人失去自新的机会，便意味着刑罚不只为了惩罚罪犯，还要考虑罪犯接受惩罚之后需要改过自新的问题。由是，“自新”得以进入古代刑罚的思想视域中，成为激活儒家“明德慎罚”（《尚书·康诰》)思想的诱因。在汉文帝的诏书中，其称引有虞氏是为书教，其引《诗经》“恺悌君子”是为诗教，其自省“德薄而教不明”或“教未施而刑加”，乃儒家主张“不教而杀谓之虐”（《论语·尧曰》)，或“不教而诛，则刑繁而邪不胜”（《荀子·富国》)的思想传承，尤其深感“何其楚痛而不德”，实乃儒家声称“以不忍人之心，行不忍人之政”（《孟子·公孙丑上》)的政治回响。由此可见，在某种意义上，汉文帝废除肉刑属于儒法之间在思想上的一次消长。

诚然，肉刑并非出自法家，关于肉刑的明确记载亦最早见于儒家经典《尚书》之中。但《尚书》虽记录有肉刑，对于刑罚的基调是“明德慎罚”，所谓“其刑其罚，其审克之”（《尚书·吕刑》)，重点在“慎罚”的一面。刑尤与德并举，“惟敬五刑，以成三德”（《尚书·吕刑》)，一面讲刑，一面讲德。由于韩非将百姓的本性定位为“夫民之性，恶劳而乐佚”“夫民之性，喜其乱而不亲其法”（《韩非子·心度》)之类，不仅根本不顾“明德”的传统，甚至完全无视“慎罚”这一面，而极大地强化禁邪防奸的惩罚功能，明确主张严刑重罚。当然，《尚书》的刑德并举分开而论，乃至“朕敬于刑，有德惟刑”（《尚书·吕刑》)，意为“当使有德者惟典刑”[①]，德与刑指向不同的人。进一步而言，《尚书》中德主刑辅的思想更多指刑罚亦旨在劝善，所谓“慎厥丽，乃劝。厥民刑，用劝。以至于帝乙，罔不明德慎罚，亦克用劝。要囚殄戮多罪，亦克用劝。开释无辜，亦克用劝”（《尚书·多方》)云云。刑罚并非为惩罚而惩罚，乃是为劝善而惩罚，刑罚最好的效果即“以生道杀民，虽死不怨杀者”（《孟子·尽心上》)。然而，韩非却声称：“夫严刑重罚者，民之所恶也，而国之所以治也；哀怜百姓，轻刑罚者，民

① 〔汉〕孔安国传，〔唐〕孔颖达正义，黄怀信整理：《尚书正义》，上海：上海古籍出版社，2007年，第791页。

之所喜，而国之所以危也。”（《韩非子·奸劫弑臣》）严刑重罚被法家当作治国的不二法门之后，定义了暴秦的统治格局，直到汉初文帝时期，才以缇萦救父的方式触及严刑重罚的残酷，并通过汉文帝重新激活了儒家“明德慎罚”的思想。此外，缇萦所言“自新”指向罪犯本身，也有着非常重大的意义。罪犯的自新提醒人们，没有人是可以被抛弃的，其与本善的人性论相契合。故而一经缇萦上书，汉文帝就有了呼应。缇萦救父既有父子一伦的天然亲情，又有人性善的本然道理。此前多强调“‘缇萦上书’一个偶然的事件，成为汉文帝废除肉刑的导火线”[①]之类，但未必不可以说，现代学人注重挖掘汉文帝废除肉刑的各种历史动因，所有这些方面恰恰事出偶然，唯有缇萦救父蕴含的道理具备了必然性。

不过，对于罪犯自新的意义不宜过分强调，罪犯固然需要改过自新的机会，但也必须接受惩罚，二者之间并行不悖。在某种意义上，惩罚都具有残酷性，只不过肉刑的残酷更为扎眼。废除肉刑并不能消除惩罚的残酷性，但可以削减残酷的张扬和外露。残酷固然有程度之别，却没有分明的界限，自新的意义更是可大可小，虽有道理上的必要性，却缺乏实践上的普遍性，在经验生活中更多地因人而异。这就导致在汉文帝废除肉刑之后，后世围绕着恢复肉刑的问题一直争论不休。在后世主张恢复肉刑的人中，固然不乏法家的身影，但也有纯正的儒者做此主张。这也意味着儒法之间在肉刑问题上的争议，并不直接体现在肉刑本身的存废上，而更可能是对肉刑的定位上。《尚书·大禹谟》所谓“明于五刑，以弼五教。期于予治，刑期于无刑”，以刑助教而期于无刑，正如孔子所云“必也使无讼乎”（《论语·颜渊》）。早期法家尚有“以刑去刑，虽重刑可也”（《商君书·画策》）的去刑观念，韩非的思想中刑罚与恻隐相对峙，弥漫着治国不可一日无刑的杀伐气氛。西晋的刘颂仅声称肉刑乃“圣王之典刑”，而不及“以弼五教”之意，则失其本旨。诚然，肉刑对于罪犯可以“去其为恶之具，使

① 汤玉枢：《论汉文帝废除肉刑及其影响》，《华侨大学学报》（哲学社会科学版）1989 年第 2 期。

夫奸人无用复肆其志”，这在历史经验中肯定有效。若以为这样就意味着“止奸绝本”，今天的高智商罪犯通过互联网技术犯罪则表明未免可笑。所谓“残体为戮，终身作诫”，代价便是缇萦声称的“虽复欲改过自新，其道无由”。刘颂认为废除肉刑乃“孝文之小仁”（《晋书·刑法志》），明显有失偏颇，其所提出的诸多理由，主要针对汉文帝废除肉刑之后导致的刑罚体系的不合理，如班固所称“外有轻刑之名，内实杀人”（《汉书·刑法志》），而非废除肉刑本身的问题。汉文帝废除肉刑确实带来了各种新的问题，肉刑在后世也有某些反复，但再也没有在刑罚体系中获得整体性的恢复。这依然得归功于汉文帝废除肉刑，归功于缇萦救父所包含的仁与孝带给人的震撼。

三、“刑不至君子”中的廉耻之节

同样是肉刑，其间也还有特别大的区分。比如古代的刖刑或宫刑，想想都足以令现代人毛骨悚然，但要是鞭、笞、杖之类，似乎就没那么恐怖，而且像鞭刑还依然存在于现代某些国家。若刑罚体系有野蛮与文明之分，则肉刑本身很难说有这样的区别。这就好比像新加坡这样的现代国家保留有鞭刑，不能因此而判定其野蛮性。缇萦声称罪犯自新的意义之所以不能过分强调，也出自现代社会的后车之鉴。强调过头了就难免陷入泛滥的人道主义，新加坡的鞭刑屡受谴责，就是人道主义泛滥的明证。人道主义具备时代的政治正确性，现代学人多从这一立场论说，如有人就肉刑发表如下看法：“从长远的历史意义来看，‘刑不至君子’是‘刑不至庶人’的前奏，因为人道主义的本身就具有普世性。‘刑不至君子’中的人道主义的普世精神随时准备突破限制，以实现自身的价值。”[1]这是从人道主义的立场声称，肉刑从不及君子到不及庶人，推动着历史的巨大进步。“刑不至君子”同样跟上书文帝有关，而且更巧的是，也与肉刑有相当的关联。与民女缇萦的普通身

① 唐雄山：《贾谊礼治思想研究》，广州：中山大学出版社，2005年，第184页。

份不一样，这次上书的是汉初有名的思想家贾谊，他跟文帝建言“刑不至君子”的问题。这里的“刑”与肉刑不无关联，有人甚至断定就指肉刑，“所谓‘刑不上大夫’，只是说肉刑不上大夫，并非死刑也不上大夫”①。这种断定存在着很大的问题，还需要进一步辨析。先将贾谊所论“刑不至君子”的相关文本引出如下：

> 故古者礼不及庶人，刑不至君子，所以厉宠臣之节也。古者大臣，有坐不廉而废者，不谓曰不廉，曰“簠簋不饰”；坐污秽男女无别者，不谓污秽，曰“帷簿不修”；坐罢软不胜任者，不谓罢软，曰“下官不职”。故贵大臣定有其罪矣，犹未斥然正以呼之也，尚迁就而为之讳也。（《新书·阶级》）

对于“刑不至君子”的主张，更多地以“刑不上大夫”这一表达流传着，特别容易受到现代学人的关注。“刑不上大夫”并非简单粗暴地搞封建特权，明目张胆地悖逆法律面前人人平等的精神，这一偏见已经得到纠正。至于说贾谊提出“刑不至君子”的问题，是在汉初等级制度受到极大破坏的背景之下，其根本目的是“强化专制统治秩序，加强皇帝的权势”②之类的，这种话当然不算错，却有点隔靴搔痒的感觉。相比之下，有学者认为，“抑贾生不独明君臣之分，又欲重整周代阶级之组织。……故大臣不加戮辱，刑罚只限于百姓。商君谓‘刑无等级’，今贾生于阶级荡平之后意图使其复现，此其矫正亡秦政治之又一表示”③，就显得深刻多了。“明君臣之分”，也就是加强皇权，“阶级荡平”即指之前的等级制度受到破坏。“重整周代阶级之组织”，虽然也有强化专制统治秩序的意思，却更多包含了回归统治的正当性这一价值内涵，尤其指出针对暴秦政治“刑无等级”的矫正，明确了政治的价值取向，故而更为深刻。

有人可能认为，针对商鞅所谓“刑无等级”，虽然声称“自卿相将

① 唐雄山：《贾谊礼治思想研究》，第 183 页。
② 曹德本主编：《中国政治思想史》，北京：高等教育出版社，2004 年，第 180 页。
③ 萧公权：《中国政治思想史》，沈阳：辽宁教育出版社，1998 年，第 271 页。

军以至大夫庶人，有不从王令、犯国禁、乱上制者，罪死不赦”（《商君书·赏刑》），但“就是在变法最彻底的秦国，也远未做到大夫犯禁，罪死不赦”，并根据出土的秦简表明“大夫依然享有特权”。[①] 其实，这只能表明历史实践经验与思想主张之间的差距，而不能否认法家追求某种彻底的“刑无等级”。与此相比，“刑不至君子”的确可以视为儒家一贯的思想主张，而并非贾谊的权宜之计。儒家既有君子与小人之别，又有礼与法的巨大差异。孔子谓“君子喻于义，小人喻于利”（《论语·里仁》），孟子则声称“君子犯义，小人犯刑”（《孟子·离娄上》）。看起来喜欢将礼与法并举的荀子，在这个问题上却判分“由士以上则必以礼乐节之，众庶百姓则必以法数制之”（《荀子·富国》）。儒家对此更为明确的表达是“先王制法，使刑不上于大夫，礼不下于庶人”（《孔子家语·五刑解》），与贾谊的“刑不至君子”如出一辙，也与“凡命夫命妇不躬坐狱讼”（《周礼·秋官·小司寇》）的规定相一致。贾谊认为：“夫礼者禁于将然之前，而法者禁于已然之后”，或“道之以德教者，德教洽而民气乐；驱之以法令者，法令极而民风哀”（《汉书·贾谊传》）。贾谊完全延续了礼与法或德教与法令之间的鲜明区分，由此自然得出“刑不至君子”的结论。可见，准确理解“刑不至君子”的思想主张，离不开儒家对于君子与小人之别的区分。法家明确主张“刑无等级”，则与其否认君子的价值或德教的作用有关，亦即根本无视君子与小人之别。

法家所谓“刑无等级”，不仅刑至小人，而且刑至君子。相反，现代人推崇的法律面前人人平等，不仅刑不至君子，而且刑不至庶人。在某种意义上，若以为法家宁愿把君子当小人看，则现代人热衷于把众庶当君子看。两者立场相反，却在取消君子的价值上相一致。由此看来，儒家区分君子与小人，既不想辜负君子，亦无意抬高庶人，其用心在于确保君子的价值，此即贾谊所谓“厉宠臣之节”。可惜现代学人多不重视此语，而更乐于皇权、等级、专制之类的政治叙事。也有

① 唐雄山：《贾谊礼治思想研究》，第184页。

学者能注意这一点，贾谊所意识到的，其实就是刑至君子导致“为政者当众受辱，不免无廉耻之心，遂自污其行，自甘下流”。故主张通过“刑不至君子”而“厉宠臣之节”，令地位显赫之人具备相应的节操。甚至可以说，经由贾谊所论“刑不至君子”之后，“士可杀，不可辱，中国以后之士人政治实奠基于此。非若现代之文官政治，官无节操，唯有服从而已”[①]。君子就意味着具备相应的节操，磨砺君子的节操亦属于区分君子与小人的题中之意。“刑不至君子”中的“刑”，固然在很大程度上可以视为肉刑，贾谊亦明确表示“系、缚、榜、笞、髡、刖、黥、劓之罪，不及士大夫”，但重点并不在肉刑与死刑的区分。将“刑不至君子”视为“刑不至庶人”的前奏，这种人道主义的叙事完全偏离了“体貌群臣而厉其节”的主旨。贾谊所称的刑从系缚之类开始，明显不是肉刑的内容，却并非可有可无，反而属于贾谊论说的重点。如“若夫束缚之，系绁之，输之司空，编之徒官，司寇、牢正、徒长、小吏骂詈而榜笞之，殆非所以令众庶见也”，缚系骂詈这种极具侮辱性的行为才是重点所在。若着眼于肉刑不及士大夫，就很难理解为何还要将肉刑与死刑加以区分，既然以肉刑不至士大夫而显示其特权，那更应该包括死刑才对。正如现代司法体系以人道主义的名义废除了肉刑，同样也波及死刑。贾谊明确表示，“廉丑礼节，以治君子，故有赐死而无戮辱”，不要让君子受到侮辱，死也要有尊严地、体面地死去。所谓“夫天子之所尝敬，众庶之所尝宠，死而死尔，贱人安宜得此而顿辱之哉”（以上所引皆出自贾谊《新书·阶级》），死就死，却不能因此而有辱斯文。以此磨砺君子的节操，培养其廉耻礼义之心，此即贾谊论阶级的思想主旨所在。以一种超越时代的价值维度而论，着眼于奠定“士可杀，不可辱”的士人传统，才是对贾谊论“刑不至君子”的准确把握。往人道主义的方向上靠，就显得有些不着边际。

贾谊所论“刑不至君子”不但不可能成为“刑不至庶人”的前奏，仅就“刑不至君子”本身而言，也没有丝毫人道主义的气息。“刑不至

① 曾亦：《儒家伦理与中国社会》，上海：上海三联书店，2018年，第350页。

君子”的论说完全在君臣关系中展开，贾谊谓“君之宠臣，虽或有过，刑戮不加其身，尊君之势也”，故宠臣不得受辱，皆因天子之尊。“今自王侯三公之贵，皆天子之改容而礼也，古天子之所谓伯父伯舅也”，天子曾经礼貌有加以礼相待的人，岂容小吏众庶欺辱？不然置天子的威严于何地？可见，维护宠臣或士大夫的尊严，就是保住天子的颜面。一方面，这是确保尊卑秩序的统治需要，以天子之尊尚“改容而礼”，这样的宠臣理当富有廉耻之心而值得尊崇。若曾经尊贵无比、荣光无限，一旦犯事则人人得而辱之，这种尊卑就太不可靠了。如贾谊所论，“夫卑贱者习知尊贵者之事，一旦吾亦乃可以加也，非所以习天下也，非尊尊贵贵之化也”，如此自乱尊卑之等，便不可能获得稳固的统治。另一方面，天子身边都是国之重臣，手握国之重器，而不可无廉耻之心。所谓“廉耻不行也，大臣无乃握重权大官，而有徒隶无耻之心乎”，这样的大臣不可托付。故“上设廉耻礼义以遇其臣”，如此则“可以托不御之权，可以托五尺之孤，此厉廉耻行礼义之所致也”（以上所引皆出自《新书·阶级》），即有利于磨砺人臣的廉耻之节。以一种历史的眼光来看，大致可以认为“贾谊首先从维护君王的地位，从而建立一种新的稳固的社会秩序这样个角度提出了‘刑不上大夫’的问题”。进一步而言，提出这一问题“不仅不是对平民观念的反动，而是要建立一个新的、平民的社会”。这是由于“汉初首要的任务就是重建新的等级秩序。这种秩序不是旧的封建秩序，而是适应大一统形势下的新秩序，而且，我们从贾谊的整个思想倾向来看，他提出‘刑不上大夫’，其用意则在于反封建”。[①]

做一种历史的评判并不影响其超越时代的价值，贾谊所论“刑不至君子”更在于成就了“可杀而不可辱”（《礼记·儒行》）的精神传统。据史书记载，贾谊上书文帝专论“刑不至君子”，其真实背景与当时的大臣周勃被告谋反有关，“是时丞相绛侯周勃免就国，人有告勃谋反，逮系长安狱治，卒亡事，复爵邑，故贾谊以此讥上”（《汉书·贾

① 谢遐龄主编：《中国社会思想史》，北京：高等教育出版社，2003年，第118页。

谊传》)。似乎很少有人注意，大臣周勃原本打击贾谊，乃导致后者被文帝疏远而不被重用的关键人物。当时贾谊才华横溢，又适逢年少气盛，“每诏令议下，诸老先生不能言，贾生尽为之对”，故特别受文帝的赏识。文帝原本打算重用贾谊，列公卿之位，却被时人构陷而未能如愿。据太史公记载，当时“绛、灌、东阳侯、冯敬之属尽害之，乃短贾生曰：‘雒阳之人，年少初学，专欲擅权，纷乱诸事’”(《史记·屈原贾生列传》),“绛”便是绛侯周勃，堪称关键。被疏远的贾谊充长沙王太傅，从此郁郁不得志。可就在这个背景下，发生了周勃被告谋反案。在周勃“逮系长安狱治”的过程中，便发生了“吏稍侵辱之”的事情，以至于在无罪释放之后，周勃还特别感慨道：“吾尝将百万军，然安知狱吏之贵乎！”(《史记·绛侯周勃世家》)可能在事情传开之后，贾谊听闻便“以此讥上”，借机向文帝论“刑不至君子”。贾谊是否在为周勃打抱不平，固然不好说，但至少说明贾谊能就事论事，完全不受私人恩怨的影响。通过周勃作为权势显赫的重臣而受狱吏之辱这一事件，贾谊上书文帝论说“厉宠臣之节”的道理，使得文帝读后深以为然，所谓“上深纳其言，养臣下有节。是后大臣有罪，皆自杀，不受刑”(《汉书·贾谊传》)。之所以很快就能打动文帝而使其接受，主要由“厉宠臣之节”的道理令人信服所决定，有助于磨砺廉耻之节。但也可能与贾谊不计个人得失、敢于仗义执言有关。无论哪方面都与仁义的作用密切相关，两方面的结合使得贾谊的上书被文帝欣然接纳，充分说明儒家仁义思想中所具备的那种震撼人心的力量。

（校对：李芝瑶）

儒林

宋代《孟子》的两种解读模式及孟子道统地位的确立

◇ 周元侠
（福建社会科学院哲学研究所）

【摘　　要】《孟子》一书由子入经的关键是受到宋儒的推崇，北宋儒者对《孟子》一度出现尊孟和非孟两种截然不同的立场，此时宋儒偏重于解读《孟子》文本中的政治性内容。到南宋朱熹对疑孟观点进行批判性总结之后，又对《孟子》文本的心性论内容进行重新构建，并将之纳入"四书"体系，此后儒者解读《孟子》转而偏重于其心性论思想。从某种意义上看，宋儒对《孟子》的不同解读方式共同促进了孟子道统地位的提升。南宋朱熹合编"四书"构建起孔—曾—思—孟的道统谱系，这一谱系逐渐成为官方接受的普遍观点。唐宋以来的五贤信仰逐渐发展为独尊孟子，这一演变趋势最终反映到孟子配享孔庙这一礼制上。孟子能够成为儒家道统传承的中枢人物，一方面与《孟子》文本兼具政治和心性论内容有关，另一方面与宋代儒者对《孟子》文本的解读及孟子传道形象的塑造有关。

【关 键 词】《孟子》；升格；道统；从祀孔庙

【作者简介】周元侠（1981—），山东临沂人。哲学博士，福建社会科学院哲学研究所副研究员。

《孟子》在宋之前一直是子书，经过唐宋儒者的不断解读、讨论、推崇，逐渐实现了由子书到经书的升格。徐洪兴将孟子升格运动分为四个时期：中唐至唐末为滥觞期，北宋庆历前后为初兴期，北宋熙丰前后为勃兴期，南宋中叶及稍后为完成期。[①]唐代韩愈虽最先提出尊孟

① 徐洪兴：《唐宋间的孟子升格运动》，《中国社会科学》1993 年第 5 期。

的道统说，但在当时反响平平，仍有待于宋代理学家在理论重构中发扬光大。北宋重视《孟子》的时代——庆历与熙丰——正是宋儒在政治领域最为活跃的时期，庆历新政、熙宁变法使北宋政治、经济、社会、文化发生变革，此时《孟子》的内容适应了时代的变革趋势。而南宋则是新儒家理论重构并完成的时期，此时儒者对《孟子》的关注点发生了转移。宋代《孟子》的升格运动起初是政治家之间的博弈，后来逐渐转向学术思想的新儒家理论体系的构建，最终由以朱熹为代表的理学家将《孟子》纳入“四书”体系之中，孟子成为“四书”所代表的儒家道统谱系中的重要一环。北宋疑孟与尊孟两种思潮的争论先是从《孟子》文本中的政治问题开始的，但随着程朱理学对孟子心性论的阐释，《孟子》的解读由王霸、名分等政治问题逐步转向了心性为主的理学体系构建，重新突出了韩愈所说的“轲死不得其传”的道统价值。在朱熹构建“四书”体系之后，《孟子》由子入经不仅得到学界的认可，而且孟子成为配享孔庙的“四配”之一，朱熹的“四书”所塑造的儒家道统谱系人物得到国家制度的认可和强化。

一、《孟子》的政治化解读：以王安石、司马光、李觏为例

北宋时期，范仲淹、欧阳修及“宋初三先生”都尊奉《孟子》，但“宋代真正开始尊崇《孟子》还得从王安石当政开始”[①]。王安石一向喜欢读《孟子》，司马光说王安石“特好《孟子》与《老子》之言”（《传家集》卷六十）。王安石以孟子自期，言：“他日若能窥孟子，终身何敢望韩公”（《临川文集》卷二十二《奉酬永叔见赠》），似有接续孟子道统之意。王安石用《孟子》革命思想为变法辩护，为了论证变法的必要性，他对孟子论“权”的思想进行深入的论述。他赞同孟子对汤武革命的看法，认为汤武革命是顺天应人的义举。孟子主张恢复井田制，王安石则提出方田均税法。吸引王安石的不仅是《孟子》中的一些政治经

① 程苏东：《〈孟子〉升经考——并论两宋正经与兼经制度》，《中华文史论丛》2010 年第 3 期。

济观点，还有孟子那种坚持士人独立性的儒者气象，他在诗中曰：“沉魄浮魂不可招，遗编一读想风标。何妨举世嫌迂阔，故有斯人慰寂寥。”（《临川文集》卷三十二《孟子》）熙宁四年，王安石借助变法改革贡举制度的机会，将《孟子》纳入科举考试的“兼经”，取代了原先的《孝经》。“兼经”就是在进士科、明经或诸科考试中，在试所选本经之外，所有士子必须兼考的经书。[①] 这就意味着《孟子》是士人科考的必考科目，《孟子》从此跨出了由“子”升“经”的重要一步。此时《孟子》虽跻身兼经，但尚没有官定注疏，于是王安石命儿子王雱注《孟子》，最终这部《孟子》注成为官定之注。故《四库全书总目》曰：“考《孟子》之表章为经，实自王安石始。”

王安石以《孟子》作为自己变法改革的重要经典依据，于是反对变法者之中出现了不少质疑、反对《孟子》的声音。司马光在《疑孟》中指斥孟子无君臣之礼、悖人臣大义。他说：“孔子，圣人也，定、哀，庸君也。然定、哀召孔子，孔子不俟驾而行，过位，色勃如也，足躩如也。过虚位且不敢不恭，况召之有不往而他适乎？孟子，学孔子者也，其道岂异乎？夫君臣之义，人之大伦也，孟子之德，孰与周公？其齿之长，孰与周公之于成王？成王幼，周公负之以朝诸侯，及长而归政，北面稽首，畏事之，与事文、武无异也，岂得云彼有爵，我有德齿，可慢彼哉！”（《晦庵先生朱文公文集》卷七十三《读余隐之尊孟辨》）对司马光来说，君臣伦理是必须遵守的，如果按照孟子的君臣相处之道，篡位也变得有理有据了，他说：“人臣之义，谏于君而不听，去之可也，死之可也，若之何以其贵戚之故，敢易位而处也？孟子之言过矣。……孟子之言不足以格骄君之非，而适足以为篡乱之资也，其可乎！”（《晦庵先生朱文公文集》卷七十三《读余隐之尊孟辨》）孟子是从德治和民本思想出发，主张君臣相对论，司马光则是站在中央集权和君主政体的立场，指出孟子的王霸异质论和君臣相对论存在颠覆皇权政治稳定的风险。王安石罢相后，元祐更化对熙宁、元丰旧制

① 程苏东：《〈孟子〉升经考——并论两宋正经与兼经制度》，《中华文史论丛》2010 年第 3 期。

进行全面改革，司马光在《上哲宗乞置明经行修科》中提出重新以《孝经》代替《孟子》的兼经地位，但范纯仁劝说司马光收回此建议。[①]然而司马光之子司马康十分尊崇《孟子》，他认为“《孟子》书最醇正，陈王道明白”，于是组织讲筵官编修《孟子节解》作为经筵教材。[②]北宋尊孟疑孟的争论，在某种程度上，反映了不同阶级阶层之间的利益重组和分配问题。[③]即便在反对王安石变法的阵营中，也有像司马康、吕大临、程颐等一批士大夫能够将《孟子》从政治纷争中脱离出来，用客观、学术的眼光予以审视、评价《孟子》。

同样地，认同变法的学者也不全是尊孟立场。比如李觏作为王安石变法的先导人物，与司马光一样，也对孟子持批判态度，他同样是从君臣大义方面展开批评的。李觏著《常语》批评孟子不尊周，不遵守君臣之礼。在他看来，孟子所说“伊尹废太甲”根本不可能存在。君是至高无上的，即便犯错，臣子也无权废除流放。李觏为了维护君臣之礼和孔子礼学名教，从正名出发，驳斥孟子王霸思想不符合常理，他说：“皇、帝、王、霸者，其人之号，非其道之目也。自王以上，天子号也，惟其所自称耳。”（《李觏集》卷三十四《常语下》）在李觏看来，只有天子才能称王，只有诸侯才能称霸，这种身份不可移易。他的王霸标准是万古不变的名分礼教，而孟子则以是否以德行仁、民心是否诚服为王霸标准。李觏认为孟子与孔子之道相背离，他说：“彼孟子者，名学孔子而实背之者也，焉得传？”在李觏看来，孔子之后无传，他说：“吾以为天下无孟子可也，不可无六经；无王道可也，不可无天子。故作《常语》，以正君臣之义，以明孔子之道，以防乱患于后世尔。”（《晦庵先生朱文公文集》卷七十三《读余隐之尊孟辨》）可见《常语》之“常”即孔子之名教。不过在撰写《常语》之前，李觏对孟子颇为推崇，后因看到僧人契嵩援引《孟子》以攻击韩愈，进而消解孔子和儒经的神圣性，

① 程苏东：《〈孟子〉升经考——并论两宋正经与兼经制度》，《中华文史论丛》2010年第3期。

② 王琦：《经筵进讲与孟子升格运动》，《中国哲学史》2021年第1期。

③ 孙先英：《〈孟子〉升经与王安石变法——兼论尊孟疑孟的争论及实质》，《求索》2004年第5期。

故转向非孟。简言之，李觏因为辟佛而非孟。[①] 这与程朱为辟佛老而提出孔孟道统谱系的思路大不相同。这说明《孟子》一书不仅是辟佛的工具，在某一时期也会起到消解儒家经典权威，进而维护佛教的作用。

需要注意的是，北宋熙丰时期的儒者无论尊孟还是非孟，都尊奉孔子之道，只是尊孟派认为孟子继承了孔子之道，非孟派认为孟子没有继承孔子之道，显然两派儒者对道的内容理解不同。非孟派认为孔子之道是君君臣臣之道，尊孟派认为孔子之道是仁义之道。[②] 这两种观点分别代表了儒家现实主义和理想主义两种思路。非孟派认为孟子没有继承孔子之道，自然不能代表儒家道统，孔孟并称是不可能的。南宋郑厚甚至认为孔孟相称还不如孔墨相称，他说："孔子生而周尊，孟轲生而周绝，何世人一视孔孟之心？《记》曰'拟人必于其伦'，宁从汉儒曰孔墨。"朱熹批判道："郑以孔、孟并称为不伦，而欲以墨配孔，则益非其伦也。大抵未知孟子所传者何事，故其论诡僻颠倒如此也。"(《晦庵先生朱文公文集》卷七十三《读余隐之尊孟辨》)朱熹直言郑厚不知孟子所传何事，一语中的。对理学家而言，要想辟佛，必须尊孟，而对于李觏、郑厚来说，要辟佛，必须非孟。王安石虽是尊孟派，但他又是儒释调和论者，对于韩愈所标榜的孟子辟异端的贡献并不看重，王安石所阐发的孟学精神，比较偏重在得君行道、行仁政方面的政治承担上。

除了政治现实利益冲突，宋儒关于《孟子》立场的争论也与《孟子》文本有关。《孟子》文本中所主张的君臣相对论在明朝仍然会触动君主的敏感神经，以致大量野史小说记载了明太祖朱元璋删书、罢祀孟子的传说。[③] 明洪武二十七年，刘三吾主持编纂《孟子节文》，体现出《孟子》文本中确实存在与君主专制不相容的地方。《孟子》的海外传播史也反映出这一点，大江健三郎认为，在日本以天皇为中心的意识形态之下，日本学界普遍认为孔子的《论语》有利于天皇制，《孟子》则由

① 郭畑：《李觏非孟动因再探》，《孔子研究》2015 年第 6 期。

② 黄俊杰：《中国孟学诠释史论》，北京：社会科学文献出版社，2004 年，第 163 页。

③ 朱鸿林：《明太祖与经筵》，北京：生活·读书·新知三联书店，2021 年，第 104 页。

于民贵君轻的基本政治伦理违背了天皇制自上而下的尊卑观，因此成为东传日本之儒教的异端。这种尊孔抑孟的主流意识形态，直至伊藤仁斋的出现才得到反思和受到批判。①

对于孟子君臣之礼、王霸思想等广泛受到质疑的内容，朱熹在《读余隐之尊孟辨》中集中进行了辩护，他以“合乎时措之中”为孟子的理想主义申辩，这反映出理学家不同于史学家、政治家的视野。值得注意的是，无论是尊孟的王安石，还是疑孟、非孟的司马光、李觏等，都与唐代韩愈一样，对孟子的性善论持反对意见，这与程朱理学对《孟子》的理解和解读非常不同。最终从学术思想上确立孟子道统地位的还要归于程朱理学对孟子心性论的理学阐发。

二、《孟子》的理学化诠释：以朱熹为中心

程朱关于孟子的主要论断集中在《孟子集注》中，朱熹在《孟子序说》中引韩愈语：“尧以是传之舜，舜以是传之禹，禹以是传之汤，汤以是传之文、武、周公，文、武、周公传之孔子，孔子传之孟轲，轲之死不得其传焉。”又曰：“惟孟轲师子思，而子思之学出于曾子。自孔子没，独孟轲氏之传得其宗。故求观圣人之道者，必自孟子始。”韩愈尊孟一开始就具有对抗佛老、重构儒家道统的目的。王安石虽主尊孟，但并未继承韩愈的儒家道统观，他并不排斥佛家。韩愈虽一改汉儒以来孟荀扬并称的局面，尊孟抑荀扬，但他并未吸收孟子的性善论，二程则把尊孟与性善论、儒家道统观紧密结合起来。程子曰：“韩子论孟子甚善。非见得孟子意，亦道不到。其论荀扬则非也。荀子极偏驳，只一句性恶，大本已失。扬子虽少过，然亦不识性，更说甚道。”在理学家看来，性善论乃是儒学的大本大原处，孟子的道统传人身份与其性善论密切相关，程子说：“孟子有大功于世，以其言性善也。”又说：“孟子性善、养气之论，皆前圣所未发。”（以上引文皆出自《孟子序

① 许金龙：《大江健三郎与日本的孟子民本思想》，《光明日报》，2020年7月23日。

说》）性善和养气论乃孟子哲学思想中最核心的部分，也是朱熹一生反复思考、辩论的内容。

朱熹少年时读《孟子》，立志做圣人，他说："某八九岁时读《孟子》到此，未尝不慨然奋发，以为为学须如此做工夫！当初便有这个意思如此，只是未知……是如何做工夫。自后更不肯休，一向要去做功夫。"（《朱子语类》卷一百二十一）又有："某十数岁时读《孟子》言'圣人与我同类者'，喜不可言！以为圣人亦易做。今方觉得难。"（《朱子语类》卷一百四）少年朱熹立下成圣贤的大志向，但对于如何成圣尚无头绪，这就决定了他以后解读《孟子》的关注点全在于此。青年时代朱熹对《孟子》的读法渐渐有了自己的心得，他自言："某从十七八岁读至二十岁，只逐句去理会，更不通透。二十岁已后，方知不可恁地读。元来许多长段，都自首尾相照管，脉落相贯串……从此看《孟子》，觉得意思极通快，亦因悟作文之法。"（《朱子语类》卷一百五）朱熹在绍兴十八年应试归途中拜访了杨时的弟子徐存，徐存精通思孟心学。朱熹回忆说："熹年十八九时，得拜徐公先生于清湖之上，便蒙告以克己归仁、知言养气之说。时盖未达其言，久而后知其为不易之论也。"（《晦庵先生朱文公文集》卷八十一《跋徐诚叟赠杨伯起诗》）此后孟子的知言养气成为朱熹思考的重要课题。同安任职期满，他重读《孟子》，说："某往年在同安日……后官满，在郡中等批书，已遣行李，无文字看，于馆人处借得《孟子》一册熟读，方晓得'养气'一章语脉。当时亦不暇写出，只逐段以纸签签之云，此是如此说。签了，便看得更分明。后来其间虽有修改，不过是转换处，大意不出当时所见。"（《朱子语类》卷一百四）

朱熹对《孟子》"养气"章的理解在与李侗的讨论之中得到深化。《延平答问》讨论《孟子》主要集中在"养气"章、"夜气"章，以及"人之所以异于禽兽者几希"章，这三章对应了程子所说的"孟子性善、养气之论"的主要观点。朱熹起初认为"养气"只是"要得心气合而已"，李侗则指点他要注重"集义""知言"，后来朱熹强调"知言→养气→不动心"的一贯性。关于夜气说的讨论，李侗勉励朱熹要"于涵养处著力”，并且指点他通过静坐来“养心”。朱熹与李侗关于“人之所以异于禽兽者几希”章的讨论则涉及人物异同的问题。朱熹起初认为人之性与物之性的差别在于理不同，李侗则指出天地间的人和物“本源”为一，所不同的是所禀之气的全与偏，朱熹在《四书章句集注》中采纳了理同气异说。

乾道五年己丑之悟后，朱熹确立了心统性情的思想，然后对胡宏的《知言》进行全面批判，与张栻、吕祖谦往返讨论。三人的观点由朱熹整理成《知言疑义》。在朱熹《晦庵先生朱文公文集》卷七十三有两篇，一是《读余隐之尊孟辨》，另一篇是《胡子知言疑义》，这两篇代表了当时朱熹对孟子思想的全面理解。《读余隐之尊孟辨》集中对司马光、李觏、郑厚等非孟观点进行批判，主要是对孟子政治思想、君臣观等现实问题的回应。《知言疑义》则反映了《孟子》对朱熹理学思想的影响，也反映了两次中和之悟后朱熹对孟子心性论的继承和发展。朱熹总结了八条：“《知言》疑义，大端有八：性无善恶，心为已发，仁以用言，心以用尽，不事涵养，先务知识，气象迫狭，语论过高。”（《朱子语类》卷一百一）朱熹、吕祖谦、张栻三人围绕《知言》的论战以性说、仁说、心说三条线展开，其中，他们对于心、性、情等内涵的讨论都与对孟子心性论的理解密切相关，第一条“性无善恶”说是朱熹强烈批判的，取而代之的是坚持孟子的性善论。胡宏认为性是未发，心是已发，朱熹通过己丑之悟改变了这一看法，主张性是未发，情是已发，心统性情。朱熹通过《知言疑义》再次确立了心统性情的思想，明确了情在心性哲学中的地位。朱熹通过辩论构建起了自己的心性论哲学，这一建构过程是沿着程子所主张的从性善和养气两方面解读《孟子》的路径展开的。

朱熹构建儒家道统是从两个方向进行的，一方面与当时不同学派的学者进行论辩，明确儒家传统概念的界限，重构心性、理气等哲学体系；另一方面则整理传统经典，将《论语》《孟子》《大学》《中庸》合在一起，编成“四书”，并作注解。朱熹的“四书”体系既汇集了儒家道统谱系的经典著述，又融入了理学观点。然而朱熹理学思想与《孟子》本意之间存在不一致的地方。就朱熹理学体系而言，朱熹接受了李侗理同气异的观点，在《太极图说解》《大学章句》《中庸章句》《论语集注》中，他都采用理同气异的观点，但当他解释《孟子》时则出现了气同理异的思想。他注“犬之性犹牛之性，牛之性犹人之性与”曰：“以气言之，则知觉运动，人与物若不异也；以理言之，则仁义礼智之禀，岂物之所得而全哉？”（《孟子集注·告子上》）“以气言”“若不异”是说气同，而“以理言”“物禀得不全”就是理异。这段话后来被朱熹修改为：“犬、牛、人之形气既具，而有知觉、能运动者生也。有生虽同，然形气既异，则其生而有得乎天之理亦异。盖在人则得其全而无有不善，在物则有所蔽而不得其全，是乃所谓性也。”（《晦庵先生朱文公文集》卷五十《答程正思》）修改后的注文仍是强调理异，但并未取代原注。李存山认为《孟子集注》中出现的理同气异和气同理异的两种说法，体现了先秦性善论与宋代泛性善论之间的矛盾。[①]毫无疑问《孟子》文本主张性善论，但宋代理学家则普遍主张泛性善论，认为人与物的本性并无不同。《孟子集注》因受到《孟子》文本的牵制，朱熹终难圆融地填满文本与理学思想之间的缝隙。于是绍熙三年，朱熹又取《孟子集注》之要而成《孟子要略》，《要略》则不取“生之谓性”章。

朱子学传入朝鲜半岛后，韩国儒者接着《四书章句集注》的人性论、性情论展开深入讨论。朱熹与李侗讨论的人性、物性异同问题在韩国儒学史上演变成湖洛之争，韩国儒学史上有名的四端七情辩论则源于《孟子》论“四端”与《中庸》论“喜怒哀乐”之间的差异。这些关于“四书”思想的重要发展是因为“四书”文本内部之间、“四书”文本与朱熹理学体系之间存在差异，从而为创造性诠释提供了契机。朱熹对“四书”中的人性论、性情论的解读，至今仍是学者研究的课题。[②]由此可见，《孟子》一书经过以朱熹为代表的理学家解读之后，在不同的

---

① 李存山：《从性善论到泛性善论》，见氏著：《气论与仁学》，郑州：中州古籍出版社，2009年，第460页。

② 详见任蜜林：《早期儒家人性论的两种模式及其影响——以〈中庸〉、孟子为中心》，《中国哲学史》2019年第2期。

时代和地域中仍能解读出新意。从哲学史上看，孟子是一位超越时代的哲学家，特别是经过宋儒的理学阐释之后，《孟子》在王霸、义利等政治思想之外，继续开拓出性善论、性情论、心性论、养气论等多种讨论话题，理学化的《孟子》当之无愧是东亚儒学史中共同的经典，理学化的孟子在儒家道统谱系中具有不可替代性。孟子道统地位的确立最终体现在孔庙从祀制度的四配确立上。

三、孟子配享孔庙：孟子道统地位的制度化

孟子在儒者心目中的道统地位要得到整个社会的认可，离不开官方制度化，其一是科举制度，王安石先推动《孟子》成为科举兼经，然后确立了以王雱注本为官方指定标准，南宋末年则以朱熹的《孟子集注》为标准注本。其二便是孟子进入孔庙从祀的“四配”名单，不仅如此，孟子还逐步取代了颜子的“亚圣”名号。

黄进兴指出，孔庙祀典是“儒家学术最忠实的风向仪”[①]，通过孔庙从祀人物的变动可以看出儒家道统意识的变迁，孟子的升格过程由此可窥一斑。古文运动之后，宋代普遍认同的传道先贤有五位，分别是孟子、荀子、扬雄、王通、韩愈，孔道辅家庙有五贤像，孔道辅还写了《五贤堂记》。[②]伴随着宋儒对《孟子》的尊孟非孟讨论，以及程朱理学家对《孟子》学术思想的创造性解读，儒家道统谱系也经历了从五贤信仰到独尊孟子的过程。

北宋时期大多数儒者把孟子作为承上启下的道统人物。崇宁三年，新学派推动王安石配享孔庙，位邹国公孟子之次，隐约勾勒出孔子—孟子—王安石的传道谱系。[③]程颐写的墓表又将程颢作为上接孔孟的传人。新学和洛学的政治立场和学术立场虽然不同，但都认同孟子传承

① 黄进兴：《儒教的圣域》，上海：复旦大学出版社，2020 年，第 86 页。

② 陈逢源：《从五贤信仰到道统系谱——朱熹〈四书章句集注〉圣门传道脉络之历史考察》，《东华汉学》第 19 期，2014 年。

③ 赵宇：《儒家“亚圣”名号变迁考——关于宋元政治与理学道统论之互动研究》，《历史研究》2017 年第 4 期。

孔子之道的地位，都把孟子作为传道枢纽。但从整体而言，北宋后期孟子仍无法超逾五贤信仰范畴。[①]不可否认，在从五贤信仰到独尊孟子的过程中，王安石和朱熹发挥了重要作用。王安石利用国家政策直接推动了孟子入祀孔庙，朱熹则通过“四书”体系构建起理学化的道统谱系，并逐渐推动官方所接受。

王安石是推动孟子配享的关键人物，朱熹说：“孟子配享，乃荆公请之。”（《朱子语类》卷九十）熙宁七年，常秩等请立孟轲、扬雄像于孔庙。元丰六年，曾孝宽请封孟子为邹国公。元丰七年，因陆长愈之请，诏以孟轲配食文宣王。常秩、曾孝宽、陆长愈等都是认同王安石新学的人。又荀子、扬雄、韩愈皆因发明先圣之道，同诏命三者并封爵，以世次先后从祀于二十一贤之间。孟子能够同荀子、扬雄、韩愈共同从祀，反映了当时尊孟的时代精神，而“扬雄、韩愈得以从祀孔庙，意理上咸因孟子之故”[②]。而五贤信仰中的王通未曾列入从祀名单，可能是因为韩愈终身未曾提到王通。[③]在王安石之前，孙复、石介对孟子、韩愈一视同仁，皆尊为贤人，王安石却将孟子提升至圣人，特意表明圣贤之别。他说：“孟轲，圣人也。贤人则其行不皆合于圣人，特其智足以知圣人而已。”（《临川文集》卷七十二《答龚深父书》）由此黄进兴认为，元丰七年孔庙祀典只有孟子独获配享，而其余诸子仅充从祀，适可得解。[④]然而，此时孟子的地位仍比不上颜子，颜子在儒者心目中仍是“亚圣”，孟子是“亚圣之次”。随着高宗绍兴之训与朱熹《四书章句集注》的朝野道统建构，孟子渐渐获得最接近孔子的权威性，而颜子则渐渐与曾子并列相提。[⑤]

朱熹的《四书章句集注》集中反映了朱熹对孔孟之道传承的看法，“四书”的作者代表了儒家最重要的传道人，而孟子则是最后一环。朱

① 赵宇：《儒家“亚圣”名号变迁考——关于宋元政治与理学道统论之互动研究》，《历史研究》2017 年第 4 期。

② 黄进兴：《儒教的圣域》，第 69 页。

③ 黄进兴：《儒教的圣域》，第 76 页。

④ 黄进兴：《儒教的圣域》，第 79 页。

⑤ 赵宇：《儒家“亚圣”名号变迁考——关于宋元政治与理学道统论之互动研究》，《历史研究》2017 年第 4 期。

熹在《孟子集注》末章孟子追溯尧舜以来至孔子的历史时阐发说："此言，虽若不敢自谓已得其传，而忧后世遂失其传，然乃所以自见其有不得辞者，而又以见夫天理民彝不可泯灭，百世之下，必将有神会而心得之者耳。故于篇终，历序群圣之统，而终之以此，所以明其传之有在，而又以俟后圣于无穷也，其指深哉！"（《孟子集注》）朱熹明确揭示出孟子承上启下的传道者形象。接着朱熹以二程接续孟子道统，却把扬雄、韩愈等高扬孟子的先驱者排除在外，这更多地出于理学思想建构的考量，《孟子集注》曰：

> 有宋元丰八年，河南程颢伯淳卒。潞公文彦博题其墓曰："明道先生。"而其弟颐正叔序之曰："周公殁，圣人之道不行；孟轲死，圣人之学不传。道不行，百世无善治；学不传，千载无真儒。无善治，士犹得以明夫善治之道，以淑诸人，以传诸后；无真儒，则天下贸贸焉莫知所之，人欲肆而天理灭矣。先生生乎千四百年之后，得不传之学于遗经，以兴起斯文为己任。辨异端，辟邪说，使圣人之道涣然复明于世。盖自孟子之后，一人而已。然学者于道不知所向，则孰知斯人之为功？不知所至，则孰知斯名之称情也哉？"

程颐认为程颢继承了孟子的道统，尽管韩愈等被理学家排出道统谱系，但是韩愈的道统观还是被二程所继承，二程越过韩愈，以继承孟子为志业。朱熹不同于二程的是，在二程与孟子之间加入周敦颐，认为周敦颐直承孟子，开启了二程洛学的道学脉络。

朱熹在《四书章句集注》中对颜孟的论述稍有出入。《中庸章句序》中将颜回、曾子二人作为共同传人，《大学章句》中说曾子独得其宗，略去了颜回。关键是"四书"分别对应了孔曾思孟的传承谱系，尽管朱熹在主观上并无抑颜意思，但颜子无著述也是事实。不过朱熹弟子仍并称颜孟。淳祐元年，理宗御书《道统十三赞》，正式承认理学家宣扬的孔—颜曾—思—孟谱系，并且赞孟子"深造自得，亚圣之贤。高揖孔氏，独得其传”，正式以“亚圣”称孟子。[①]度宗咸淳三年，四子配享孔庙体制形成，子思、曾子与孟子一起进入“四配”之列。这是因朱熹说过：“配享只当论传道，合以颜子、曾子、子思、孟子配。”（《朱子语类》卷九十）元仁宗延祐三年，南北文庙开始统一推行咸淳四配之制。元文宗至顺元年，改封孟子为邹国亚圣公，自此国家礼制确立起孟子的“亚圣”封号。从此孔孟并称取代了以往的孔颜之称。此后的儒家道统观基本延续朱熹“四书”所确立的谱系，孟子在儒家道统谱系中居于中枢地位。

洪武二年，明太祖因与孔家有嫌隙而下令天下不必通祀孔子，借此压制士人集团。孟子也曾遭短暂罢祀，洪武五年，太祖偶览《孟子》，至“君之视臣如土芥，则臣视君如寇仇”，认为非人臣所当言，乃罢孟子配享，后因儒臣抗争，次年恢复孟子享祀。而孔子恢复天下通祀则在洪武十五年。[②]这也在一定程度上说明孟子在明代士大夫心中的地位，孟子从始至终都具有深厚的群众基础。

四、结语

在宋代《孟子》升格运动中，王安石不仅将《孟子》纳入科举兼经，而且推动了孟子配享孔庙。北宋虽有司马光疑孟、李觏非孟，但他们与王安石尊孟一样，主要对《孟子》作政治性解读。随着程朱理学家对《孟子》进行理学化解读，将《孟子》视为理学体系建构的重要经典，《孟子》便成为象征儒家道统谱系的“四书”之一。钱穆先生指出：“北宋学术不外经术政事两端。大抵荆公新法以前，所重在政事，而新法以后，则所重在经术。……迄乎南宋，心性之辩愈精，事功之味愈淡。”[③]宋儒对《孟子》一书的推崇、非议及解读，恰好反映出宋代儒学

① 赵宇：《儒家“亚圣”名号变迁考——关于宋元政治与理学道统论之互动研究》，《历史研究》2017 年第 4 期。

② 黄进兴：《儒教的圣域》，第 91 页。

③ 钱穆：《中国近三百年学术史》，北京：商务印书馆，1997 年，第 7 页。

由注重政治到注重经典文本的义理，以及新儒家理论体系构建的基本趋势，同时孟子在孔庙从祀地位的改变也反映出学术发展与现实政治之间的互动模式。总之，孟子地位的提升离不开王安石新学派政治势力的现实支持，更离不开程朱理学家对《孟子》文本的创新性阐发，两个持有不同政治立场的学派都对孟子地位的提升做出了重大贡献。而且《孟子》经典文本固有的王霸义利、心性论等丰富内涵也是决定孟子能够取代颜子成为“亚圣”的根本性因素。

（校对：石荣）

儒林

朱子论“圣人不自言命”中的设教之义

◇ 闫雷雷
（陕西师范大学哲学学院）

【摘　　要】《论语》中孔子所言之命，兼有气运之数与性命之理二义。就命分、气数而言，孔子之言命皆是对着众人来说的。如子夏转述夫子之语曰“死生有命，富贵在天”，《论语》卒章言“不知命，无以为君子也”；而夫子自道其处世，则曰“用之则行，舍之则藏”，卷舒自然，无不得已之意。以上两种情形皆是“圣人不自言命”。圣人为众人言命即让人安于贫富贵贱之遭际，安于此命就是义；极端而言即临大利害、决生死时之致命遂志，人听天由命而舍生取义。此义即孟子后来发挥之性命之辨，口耳之欲等乃“性也，有命焉，君子不谓性也”。因此，命之限定义亦寓有积极的成全、稳靠义。而在圣人处，自身既无不得已，又是天命在兹，无须言命。此即开示出孟子所言仁义之德乃“命也，有性焉，君子不谓命也”，君子须尽其在我，而突破仁义之德在现实气运中的限定。

【关 键 词】圣人；命；不得已

【作者简介】闫雷雷（1989—），山东滕州人。哲学博士，陕西师范大学哲学学院讲师。

《论语》所言之命，如夫子自道“五十而知天命”（《论语·为政》），乃指性命之理；如夫子慨叹伯牛有疾将亡之“命矣夫”（《论语·雍也》）、子夏转述夫子之语曰“死生有命，富贵在天”（《论语·颜渊》）等，则指气数与命分。后儒继承此义，子思子作《中庸》，开篇“天命之谓性”即言仁义之禀乃天之所命，第十七章曰“大德者必受命”则指圣人受天子之位。孟子继此发展出性命之辨，针对耳目之欲与仁义之道两者伸此而抑彼。至朱子，命的这两种含义在理气关系中清晰地呈现出来，集中体现在朱子对“四书”的注解工作中。现代以来，如王国维、徐复观等学者，或从知情二分，或从“命”与“天命”措辞有异的角度对命做出区分。[①]实际上，朱子不仅在理气关系中言命，还从圣人言命时自道与教人的不同这一角度阐释圣凡之别及圣人诲人之义，此即朱子所言“圣人不自言命。凡言命者，皆为众人言也”[②]。这一角度实可以把命的两层含义彼此交尽、互相呼应出来。本文即遵循这一思路，探寻圣人行藏洒落的无不得已与突破所遇之限定、命对人置身贫富贵贱乃至面临生死抉择的意义，以及最终圣人天命在兹的境界。以下即依次展开。

一、孔颜“用行舍藏”之无不得已

《论语》中固多孔子谦己之辞，如云“出则事公卿，入则事父兄，丧事不敢不勉，不为酒困，何有于我哉？”（《论语·子罕》）“若圣与仁，则吾岂敢？”（《论语·述而》）又有夫子自任不让处，如畏于匡地时以斯文自任（《论语·子罕》），因人不知己而感叹“知我者其天乎！”（《论语·宪问》）这些趋于两极的夫子自道给我们理解圣人留下了饶有意味的端倪和线索。介于这两者之间而稍稍说向自任之意的，则有夫子夸赞杰出弟子颜渊兼及自道的这一章：

① 王国维认为《论语》中的“命”以知情二分。前者如孔子之“知天命”“不知命，无以为君子也”，属智识所知之自然之理；后者如夫子叹伯牛有疾为命、君子之“畏天命”，以及夫子在匡地时以斯文自任等，“皆含有感激悲愤之意”。（参见王国维原著，佛雏校辑：《王国维哲学美学论文辑佚》，上海：华东师范大学出版社，1993年，第32—33页。）此划分大致可对应道理之命与气运之命，人知晓道理而对无奈、不平之事生出感愤。然此划分亦有不齐整之处，如君子之知命及“畏天命”当归为一类，因为小人正缘不知天命而不畏，所以不得为君子。在第二种类型中，夫子以斯文自任亦与伯牛之命有无奈不同。徐复观认为《论语》中“命”“天命”二词不同，单字之“命”皆指运命，“天命”则为圣人借用时人之语来指其所证知的“道德的超经验性”，即内在之性。（见徐复观：《中国人性论史·先秦篇》，北京：九州出版社，2014年，第76—82页。）《论语》中当然有此二分，然是否即落实在用词上亦可商榷。如子所罕言之命并不限于运命，君子因“畏天命”所以会“畏大人”“畏圣人之言”，则“畏天命”中亦非不含有运命、命分之意。且天命亦非可以完全内化于人心而径把天之主宰义属之存而不论而排除出去。

② 〔宋〕黎靖德编，王星贤点校：《朱子语类》第3册，北京：中华书局，1986年，第1142页。

子谓颜渊曰："用之则行，舍之则藏，唯我与尔有是夫！"子路曰："子行三军，则谁与？"子曰："暴虎冯河，死而无悔者，吾不与也。必也临事而惧，好谋而成者也。"（《论语·述而》）

听到老师独美颜渊，子路心下不平而争风，自负其勇而希望老师也夸赞下自己独步的闪光点。其实孔子并非没有单独表扬子路的时候，如桴海之叹就单单挑选或者说相信只有勇如子路者可以从行。对此章涉及子路的部分我们先说到这里，这一章的重心当然还是在夫子称道颜渊而子路等其他弟子不及的部分。这唯有颜渊可以接近圣人的地方被称作"用之则行，舍之则藏"，即若见用则行出事业，若退处则怀藏道德。表面上看起来这似乎与蘧伯玉之"邦有道，则仕；邦无道，则可卷而怀之"（《论语·卫灵公》）类似，所以朱子在《论语集注》中也说："伯玉出处，合于圣人之道，故曰君子。"[①] 但圣人之行藏，一在于行藏之内容，圣人若能行其道，其效让人存想，当为比屋可封、百姓"於变时雍"之盛况；而圣人怀抱道德，亦非他人之无德可藏、所藏不足可比拟。这其中引出一个"用之则行"与"舍之则藏"高下及相互关系的问题：

问："'用之则行，舍之则藏'，窃意漆雕、曾、闵亦能之。"曰："'舍之则藏'易，'用之则行'难。若开，用之未必能行也。圣人规模大，藏时不止藏他一身，煞藏了事。譬如大船有许多器具宝贝，撑去则许多物便都住了，众人便没许多力量。然圣人行藏，自是脱然无所系累。救世之心虽切，然得做便做，做不得便休。他人使有此，若未用时则切切于求行，舍之则未必便藏。耿直之向有书云：'三代礼乐制度尽在圣人，所以用之则有可行。'某谓此固其可行之具，但本领更全在无所系累处。有许大本领，则制度默化出来，都成好物，故在圣人则为事业。众人没那本领，虽尽得他礼乐制度，亦只如小屋收藏器具，室塞都满，运转都不得。"[②]

① 〔宋〕朱熹：《四书章句集注》，北京：中华书局，1983年，第163页。
② 〔宋〕黎靖德编，王星贤点校：《朱子语类》第3册，第877页。

弟子所问即“用行舍藏”似乎也不是极难之事，似乎孔门中除了颜渊其他高足也能做到，前面我们举蘧伯玉之例也是此意。朱子先是对“用行”“舍藏”两者做了高下之分判，其他人或能做到“舍之则藏”，但他们显然做不到“用之则行”。比如颜渊有王佐之才，问如何为邦，孔子答以四代礼乐之事，颜子若能得寿行道，其效自非身处政事科的冉求、子路这些弟子们可比。又如夫子匡正像原宪般的狷者之失、勉励其邦有道时亦须能够有所作为时亦是此意。[①] 但如狷者本身即更倾向于“舍之则藏”，朱子弟子所问之漆雕开、闵子骞不论是以“吾斯之未能信”婉拒孔子让其出仕之命，还是逃离季氏之任命，也都是显示他们更倾向退藏，因而在“用之则行”上面输却一截，所以朱子有所针对而说出“用之则行”更难是切题的。对漆雕开、曾点来说，虽其人能“舍之则藏”，但由于其“用之则不行”，则其“舍之则藏”也是有问题的，用稍带点贬义的说法就是近似于“滥竽充数”，其藏并非圣人、颜渊的藏。朱子后面话锋一转，认为另外一种“用之则行”的人多汲汲于用世，“舍之则不藏”，因此根据这一点同样也可以反推出他们的“用之则行”是有问题的，很容易变成功利主义，或者说成为朱子经常批评的“杂骨董”的人。其经世之术缺乏心地本领，且实际上无此心胸，使其经世之术窒塞于内而难以施行。这样似乎又可以说“舍之则藏”比“用之则行”更难。要之，朱子最终想要强调的是用行、舍藏这两句话不可以分成一半一半，以此来授予或倾向于退处，或乐于进取的不同特点的人，要差的话实际上是一齐差却，在用舍两方面都有问题，如朱子所言，“若他人，用之则无可行，舍之则无可藏”[②]。而对于孔颜而言，这一可行、可藏之物既为心地本领，自然与圣贤待时而变的这种洒落密切关联，不是二物。

这种洒落与“命”就有了关联，朱子在《论语集注》中引尹和靖之

① 如朱子曰：“宪之狷介，其于邦无道谷之可耻，固知之矣；至于邦有道谷之可耻，则未必知也。故夫子因其问而并言之，以广其志，使知所以自勉，而进于有为也。”见〔宋〕朱熹：《四书章句集注》，第149页。

② 〔宋〕黎靖德编，王星贤点校：《朱子语类》第3册，第873页。

语曰："用舍无与于己，行藏安于所遇，命不足道也。颜子几于圣人，故亦能之。"①《论语》此章之旨本来并不涉及命，如朱子说"尹氏谓'命不足道'，此本未有此意，亦不可不知也"②，但因为把圣人从所在的高度降下来说既可以更容易理解圣人，对常人亦有安顿作用，所以朱子对"舍之则藏"也多就"命"来说。如：

> 问："尹氏曰：'命不足道也。'"曰："如常人，'用之则行'，乃所愿；'舍之则藏'，非所欲。'舍之则藏'，是自家命恁地，不得已，不奈何。圣人无不得已底意思。圣人用我便行，舍我便藏，无不奈何底意思，何消更言命。"③

朱子指出了外在境遇（命）与人之心态（不得已、认命）的关系，而圣人是超乎其上的。朱子认为说到命，就有不得已、无可奈何的意味与心态，"用之则行"虽好，但期于必用、势在必行，一旦没有机会，只能以无奈认命为解，所以"命，是有个必得底意，及不得，则委之于命"④。圣人则是无意必之心，所以说不到命上去。这是在志于行道、有救世之心上面说圣人言义不言命。其他人虽亦行义，但因为有意必之心，当面临不得行而止的时候，其所行之义有命的限制与不得已。与此类似，我们亦可以理解《论语》中夫子以命论道之行否的问题：

> 公伯寮诉子路于季孙。子服景伯以告，曰："夫子固有惑志于公伯寮，吾力犹能肆诸市朝。"子曰："道之将行也与？命也。道之将废也与？命也。公伯寮其如命何！"（《论语·宪问》）

公伯寮向鲁国大夫季孙氏诋毁子路，鲁国大夫子服何把此事告诉

---

① 〔宋〕朱熹：《四书章句集注》，第95页。张云起认识到《论语》"用行舍藏"章和命的关联，认为朱子之所以认为在圣人处不消言命，是因为圣人之行藏乃随时而中，圣人之心浑然天理，"其自然的发用实践便是对天命的充分实现"。此论与本文第三部分论圣人之天命在兹有相合之处。而关于圣人对众人言命的积极意义，张文则未展开。参张云起：《用行舍藏：朱子哲学中命限的消解》，《中国矿业大学学报》（社会科学版）2024年第3期。

② 〔宋〕黎靖德编，王星贤点校：《朱子语类》第3册，第875页。

③ 〔宋〕黎靖德编，王星贤点校：《朱子语类》第3册，第873页。

④ 〔宋〕黎靖德编，王星贤点校：《朱子语类》第3册，第876页。

孔子，并说季孙氏开始怀疑子路，而他有能力杀了公伯寮。作为孔门高弟，子路之生死自然与道之兴废有关联。夫子回应说子路之生死是道之行否的体现，而不论最后是哪种情况都是命。表面上看夫子似乎给了模棱两可的回答，对弟子的安危及相应的道之兴废并不关心，都交付给偶然。但细究末尾的“公伯寮其如命何”，即公伯寮的举动丝毫不会影响到运命，则将夫子警醒公伯寮须自重、让子路安心，以及晓告子服何不须深忧过计、不要轻举妄动的含义都包括在了其中。诚如朱子所言，孔子“言此以晓景伯，安子路，而警伯寮耳。圣人于利害之际，则不待决于命而后泰然也”[①]。朱子后半句话即说圣人安于利害并非是由于泰然认命，认命乃是对他人说的，朱子亦点破说“圣人不自言命。凡言命者，皆为众人言也。‘道之将行也与？命也。’为公伯寮诉子路言也”[②]。此章孔子本来是把利害安危联系到道之行否来说的，我们当然也可以说，如同“用行舍藏”一样，此章中孔子对道之行否、兴废并不执持，行道之心虽切，但实际结果则不可期必。

朱子曾与弟子讨论《孟子·离娄上》“惟大人为能格君心之非”一章，就实际中孔子不能格鲁哀公、孟子游说齐梁之君而不得的情况，朱子一方面从后世回看的角度将其归结为气数之命，圣贤生不逢时[③]，而另一方面，探寻圣贤自己之心意，则是“有此理在我，而在人者不可必”[④]，不能有期必之心，不能先执定一个命，这与夫子言“用行舍藏”之意相同。圣贤当然不会归咎于时命，而只是道合则从，不合则去，这是其“不自言命”。当然，这种出处进退的洒落、无不得已亦不能说圣贤漠然于世、任天而不责己。所以，圣人不自言命有似相反而实相成的两种含义：一是无不得已，对命的拘定不以为意，这是指无意必之心；二是圣贤的乐天之诚与忧世之心一定是并行不悖的，所以对自

① 〔宋〕朱熹：《四书章句集注》，第 158 页。

② 〔宋〕黎靖德编，王星贤点校：《朱子语类》第 3 册，第 1142 页。

③ 如朱子会结合所禀与所遇解释孔子不得位：“‘义之于君臣’，如文王在羑里，孔子不得位……此是合下来所禀有厚薄，而所遇有应不应。”见〔宋〕黎靖德编，王星贤点校：《朱子语类》第 4 册，第 1464 页。

④ 〔宋〕黎靖德编，王星贤点校：《朱子语类》第 4 册，第 1332 页。

身之遭际、限定一定会着力突破于此，自尽己诚于极致的洒落无愧，愈发生出事君缱绻、忧世深切之心。所以，孟子说“仁之于父子也，义之于君臣也，礼之于宾主也，智之于贤者也，圣人之于天道也，命也，有性焉，君子不谓命也”（《孟子·尽心下》），即君子不把自己在具体的君臣、父子等伦际关系中的遭遇称为命，而是自尽其仁义礼智之心，朱子即以孔子之不得位解释此章：

> “仁之于父子”，如舜之遇瞽瞍；“义之于君臣”，如文王在羑里，孔子不得位；“礼之于宾主”，如子敖以孟子为简；“智之于贤者”，如晏婴智矣，而不知孔子，此是合下来所禀有厚薄，而所遇有应不应。但其命虽如此，又有性焉，故当尽性。①

所以朱子即以“君子不谓命也”之“命”等同于尹和靖解释“用行舍藏”时所说的“命不足道也”之“命”。②

二、“性也，有命焉”之审富贵、安贫贱与决生死

“用行舍藏”体现了圣贤在出处进退上的洒落，而这种无不得已的心态同时意味着对道义的担荷、对所遭际之限定的突破。这两种含义皆是圣贤不自言命。顺此以降，圣人为众人言命亦自有其意义。“用行

① 〔宋〕黎靖德编，王星贤点校：《朱子语类》第4册，第1464页。董铢此条末下按语曰：“‘仁之于父子’以下，与《集注》不同，读者详之。”而《朱子语类》讨论此章第四条有曰：“‘仁之于父子，义之于君臣，礼之于宾主，智之于贤者，圣人之于天道，命也，有性焉，君子不谓命也。’此‘命’字有两说，一以所禀言之，一以所值言之。《集注》之说是以所禀言之。”（〔宋〕黎靖德编，王星贤点校：《朱子语类》第4册，第1461页。）则朱子自身意识到两说之不同，且朱子在《孟子集注》中亦采张子“晏婴智矣，而不知仲尼，是非命邪”，则朱子亦非不留有所值之命的余地。

② 〔宋〕黎靖德编，王星贤点校：《朱子语类》第3册，第874页。我们依此即可以理解大贤如程明道为什么会对王荆公变法的历史进程从自责与命的两方面作反省：“以吾自处，犹是自家当初学未至，意未诚，其德尚薄，无以感动佗天意，此自思则如此。然据今日许大气艳，当时欲一二人动之，诚如河滨之人捧土以塞孟津，复可笑也。据当时事势，又至于今日，岂不是命！”（见〔宋〕程颢、程颐著，王孝鱼点校：《二程集》上册，北京：中华书局，2004年，第29页。）自责彼时德薄力小即“君子不谓命也”，而从事后回看视作命，即与后人在孔孟身后看圣贤当时之遭际、被气运所限相似。

舍藏”难能可贵，因为常人期于必用、必行。而期于必得的既可以是道义及与之相关的君子之出处，若不得，则委之于命；也可以是与出处相关的富贵利达这种更切近常人关切的境遇上面，其得与不得亦有命。此“命”虽不得已，对于常人如何看待富贵亦有着积极意义，这就涉及了孟子性命之辨中另外一层含义即“性也，有命焉”。孟子以人之口耳之欲虽为性之所有，但有命分限制，朱子则发挥出其中的积极含义，曰：

> 若中人之情，则见前面做不得了方休，方委之于命；若使前面做得，它定不肯已；所谓“不得已而安之命”者也。此固贤于世之贪冒无耻者，然实未能无求之之心也。圣人更不问命，只看义如何。贫富贵贱，惟义所在，谓安于所遇也。如颜子之安于陋巷，它那曾计较命如何。陶渊明说尽万千言语，说不要富贵，能忘贫贱，其实是大不能忘，它只是硬将这个抵拒将去。然使它做那世人之所为，它定不肯做，此其所以贤于人也。[①]

本来夫子是就别人对于自己之用舍、道之行否说出无不得已之语，不须言命，而朱子就用舍、出处更往下说到了贫富贵贱，常人自可以之为命而不得不安于自己贫贱的遭遇。当然能做到这样已经很难，照朱子看来，晋宋之间也只有一陶渊明而已，朱子这里所说的“中人”实际上身份不低。这里需要分辨的是：在第一层次中，求的对象是道义，夫子仍是有求之之心的，圣人当然期待自己得用而行其教化，不能把圣人心地之洒落说成圣人无用世之心[②]。而在第二层次中，求的对象是富贵，“问义不问命”并不是说圣人有求富贵之心，而不以得或不得累其心；常人则可以因“死生有命，富贵在天”而对其求富贵有限定，或

① 〔宋〕黎靖德编，王星贤点校：《朱子语类》第3册，第874页。

② 做一个类比的话，如《论语·学而》“子禽问于子贡曰”一章中，夫子居是邦必闻其政，朱子的解释偏向夫子不求而人自告之，然而若解释成夫子闻政有人与之、有自求之更妥当。重要的并不在于夫子求了没有，实际上夫子若求，亦不影响其心地之广大。重要的是超出夫子闻其政的方式，见出夫子圣德之光辉。如丁纪师云：“故，子贡之所谓：‘夫子之求之也，其诸异乎人之求之与’，其后隐去一语：‘人之与于夫子也，其诸异乎人之与于他人与？’”见丁纪：《论语读诠》，成都：巴蜀书社，2005年，第17页。

"求之有道"（《孟子·尽心上》），或时不可求，因此对于结果也有哪怕不如意也不得已之接受心态。

直接展现夫子对于富贵与命之关系的是《论语·述而》"富而可求也，虽执鞭之士，吾亦为之。如不可求，从吾所好"一章，朱子直接说破"上面自是虚意。言'而可求'，便是富本不可求矣"[①]，并在《论语集注》中引苏氏之说为证，"圣人未尝有意于求富也，岂问其可不可哉？为此语者，特以明其决不可求尔"[②]。圣人并不教人去求取富贵，去求富贵即不义。那么圣贤为什么至少在字面上说出了求富贵属于"求之有道，得之有命"的意思，也就是说至少是不反对去求？朱子通过对诸家注解分疏后下一评判：

> 言义而不言命者，圣贤之事也。其或为人言，则随其高下而设教，有不同者，岂可以一律拘之哉！故此章之意，亦为中人而发耳。如曰"死生有命，富贵在天，求之有道，得之有命"者，夫岂皆不言命乎？魏国韩忠献公有言："贵贱贫富，自有定分，枉道以求，徒丧所守"，盖得此章之意。中人以下，其于义理有未能安者，以是晓之，庶其易知而有信耳。[③]

在这里，不求富贵才是符合义的，"君子忧道不忧贫"（《论语·卫灵公》），君子对于富贵自然是漠然无动于衷的；那么圣贤又说"富而可求也""求之有道"如何如何，圣贤会以自己不愿意之事劝教别人去做吗？这就要善会其意。孔孟既然接着说"如不可求""求无益于得"，其实是让不求富贵这个道理更充分，至少是对众人来说更有说服力。对于富贵之事，在圣贤看来，首先就是不应该主动去求；其次它是有命的，是否得到与主动去求或不求无关。把道理如此这番平平正正、周全完整地说出来，常人即便侧重听取的是后一理由，也是可取之事，因为哪怕它比上不足，尚有求之之心，可称得上是自守，不会陷入"世

① 〔宋〕黎靖德编，王星贤点校：《朱子语类》第3册，第877页。

② 〔宋〕朱熹：《四书章句集注》，第96页。

③ 〔宋〕朱熹：《论语或问》，见朱杰人等主编：《朱子全书》第6册，上海：上海古籍出版社、合肥：安徽教育出版社，2002年，第744页。

之贪冒无耻者”之流。

安于命既可以表现为对不义之富贵不处，而在极端情况下亦能做到不避其害乃至于杀身成仁。在《孟子》著名的性命之辨一章中，对于常人对耳目之欲的求必得之，君子则不以此为性而以之为命，安于此天定之命分而已。若继续追寻孟子之思路，则不仅声色之欲，临利害、决生死时人亦须安于命而不为利害所动，即可谓张子所言之“养则付命于天，道则责成于己”[①]，人之奉养、生死皆须听天由命，因听命于天所以致命遂志。这里我们就以朱子晚年身处党禁的亲身遭际来理解命的这层含义。宋宁宗庆元党禁起后，朱子被诬为“伪党”“逆党”，处境岌岌可危，朱子径言之为“某今头常如黏在颈上”[②]，其交游、授徒亦遭禁锢。岁寒知松柏，“从游之士，特立不顾者，屏伏丘壑；依阿巽懦者，更名他师，过门不入，甚至变易衣冠，狎游市肆，以自别其非党”[③]。时人或劝朱子遣散生徒，杜门避祸，朱子则不为所动：

> 有一朋友微讽先生云：“先生有‘天生德于予’底意思，却无‘微服过宋’之意。”先生曰：“某又不曾上书自辨，又不曾作诗谤讪，只是与朋友讲习古书，说这道理。更不教做，却做何事！”因曰：“《论语》首章言：‘人不知而不愠不亦君子乎！’断章言：‘不知命，无以为君子。’今人开口亦解一饮一啄自有定分，及遇小小利害，便生趋避计较之心。古人刀锯在前，鼎镬在后，视之如无物者，盖缘只见得这道理，都不见那刀锯鼎镬！”又曰：“‘死生有命’，如合在水里死，须是溺杀，此犹不是深奥底事，难晓底话。如今朋友都信不及，觉见此道日孤，令人意思不佳。”[④]

在当时党禁的压抑气氛之下，哪怕是危行言逊都会给自己带来危险，所以肯定不乏有人以命不当如此而变节改行，朱子遂生嘲讽与叹

---

① 〔宋〕朱熹：《四书章句集注》，第 370 页。

② 〔宋〕黎靖德编，王星贤点校：《朱子语类》第 7 册，第 2671 页。

③ 〔宋〕黄榦：《勉斋集朝奉大夫华文阁待制赠宝谟阁直学士通议大夫谥文朱先生行状》，见朱杰人等主编：《朱子全书》第 27 册，第 558 页。

④ 〔宋〕黎靖德编，王星贤点校：《朱子语类》第 7 册，第 2670 页。

息。如论该当淹死，定是不会被烧死或幸存，正如俗语说“是祸躲不过”一样，如此论命确实非常粗浅，一目了然，反而使得命有了那种与其不得已意味相对的洒落之感，不得不说是一种反转。前面引“富而可求也”一章《论语或问》“中人以下，其于义理有未能安者，以是晓之，庶其易知而有信耳”一语，此时论命，正是在其人对义理的选择上面让其更加坚定，命是可以让人归靠、信任的。命之人不得已、对人遭际的限定，给人的恰恰是在危难关头安于此的妥帖感。此时的安于命就是孟子所说“莫非命也，顺受其正”（《孟子·尽心上》）。这种逆来顺受比安于命而不求富贵更为崇高，更为难得。

朱子固然不因避祸而废学不讲，此为君子之知命、安命。极端情况下如上引朱子自道其处境朝不保夕，朱子亦认为“使文王死于羑里，孔子死于桓魋，却是命”[①]。然而这种对义的执持及不惧生死又并不意味着过于刚直、缺乏权变，而走向了与苟免畏祸者相对的另外一个极端。所以孔子既在面临桓魋的加害时不为所动，又微服过宋，穿着普通百姓的衣服避人耳目而离开宋国，远离祸害。朱子既然遵循这一“邦无道，其默足以容”的原则，所以自道并不曾上书自辩或者是作诗文来讥刺当道。然而当朝政急转直下，韩侂胄当权后贬谪丞相赵汝愚时，尚带朝廷侍从职名自觉义不容辞的朱子草书封事，欲上书直论朝政之失，这就不免是“危言危行”了。当时友朋弟子多劝谏朱子不要上书，以当时之风声，主政者正在等着朱子这一自投罗网的举动。相持不下之时，为朱子素所重视的蔡元定请求占卜决之，占得遁卦，朱子默然，遂焚烧草稿而决计隐遁。[②]从朱子之占筮决疑可以见出，命既可以让人安稳以行义，又可以对义的裁处给予指引。

① 〔宋〕黎靖德编，王星贤点校：《朱子语类》第4册，第1434页。

② 参〔宋〕黄榦：《勉斋集朝奉大夫华文阁待制赠宝谟阁直学士通议大夫谥文朱先生行状》，见朱杰人等主编：《朱子全书》第27册，第558页。钱穆即论朱子应对党禁之举为“朱子晚年对其所持命论之真实践履”。参钱穆：《朱子新学案》第2册，北京：九州出版社，2011年，第62—66页。

三、圣贤之天命在兹

以上我们就“用行舍藏”一章，通过尹和靖之语关联出“命”的说法，指出了圣人之出处洒脱、无意必之心，所以不须说命。命之不得已的含义是对着更愿意出为世用、不愿意舍之而藏的人来说的。而当朱子就着此章论陶渊明之高出晋宋人物时，已经把命的限定义往下延伸一些，指向了富贵贫贱的处境。“富贵在天”因其确实是圣贤对道理的揭示，所以圣贤尽可以自己无意于求富贵，而道出这一实情亦可以使得常人知其“求无益于得”因而不求，所以对常人言命仍然是有意义的，与圣贤自身言义而不言命的不求富贵可以协调。相较于“富贵在天”，“死生有命”或是更难的考验，能够信命而不避利害甚至于捐生赴死，此时的命对于选择义的人来说，会让其更执持于义，命就不仅仅是一种不得已的限定意义，而可以让人面对选择时有撇清利害之计较的洒落感了。接下来的一个问题是，我们顺着这一论述方向，似乎又回到了圣人身上。终究要问的是，圣人不自言命难道仅仅是圣人对着落在他自己身上的命比我们有更坦然的心态而已吗？圣人是有命的吗？

圣人当然是有命的，我们从后世看孔子的生平，栖栖遑遑，席不暇暖，晚年归鲁，成就后学，这是圣人的命，盖棺而命定。但在朱子的理解中，天生圣人在无意与有意之间、圣人拥有极大力量等，都使得圣人被环境、时运限定的意味减弱得多。朱子与弟子论圣人与学者出处之不同曰：

> 名义不正，则事不可行。无可为者，有去而已。然使圣人当之，又不知何如，恐于义未精也。[①]
>
> 又问：“若据‘危邦不入，乱邦不居’，‘有道则见，无道则隐’等语，却似长沮、桀溺之徒做得是？”曰：“此为学者言之。圣人

① 〔宋〕黎靖德编，王星贤点校：《朱子语类》第1册，第248页。

做作，又自不同。”又问：“圣人亦明知世之不可为否？”曰：“也不是明知不可。但天下无不可为之时，苟可以仕则仕，至不可处便止。”[①]

一方面，出处之原则必须分明，尤其是对学者而言。君臣之间以义而合，若义不得行，该去位必须去位，这是避免人枉尺直寻、贪恋权位；而另一方面，朱子又指出这一原则不能限定圣人，以圣人之力量，受限于外在环境小，圣人自可“阖辟乾坤”[②]。圣人视天下无不可为之时，即不以无道必天下。因此当圣人周游陷于困厄之时，既会言命来安慰弟子，如曰“道之将行、将废，命也”，又偶尔流露自任之意，如以斯文自任，匡人与桓魋其奈我何。所以朱子认为“斯文既在孔子，孔子便做着天在。孔子此语，亦是被匡人围得紧后，方说出来”[③]。天命既是不可测知的，天命恰恰又着落在夫子身上，所以圣人何尝有不得已？这是孔子盛年时卷舒变化之潇洒，当圣人晚岁知道不行而思归故国，以及感慨自己身衰时，这时是否有不得已、委之于命的含义？朱子以为圣人之盛衰与天地相应、与时运相通：

曰：“不是孔子衰，是时世衰。”又曰：“与天地相应。若天要用孔子，必不教他衰。”[④]

夫子既已身衰，前此又有颜渊之死，夫子伤悼道学无传，则此时方有不得已的意思。并且连圣人都是如此，不得不说这种无奈的意味沉重得多。夫子之命既与天相合，天意由夫子之命显，深重的无奈是

---

① 〔宋〕黎靖德编，王星贤点校：《朱子语类》第6册，第2351—2352页。

② 当然这两者之间不能分开太甚，学者自当勉励自己树立更加弘毅远大的目标，在出处上有更大的余地与弹性，以避免落入不如圣人即不能出仕的严苛境地，比如针对弟子问“当乱世，必如孔子之才可以救世而后可以出，其他亦何必出？”朱子答曰：“亦不必如此执定。‘君子之仕，行其义也’，亦不可一向灭迹山林。然仕而道不行，则当去耳。”见〔宋〕黎靖德编，王星贤点校：《朱子语类》第3册，第1196页。

③ 〔宋〕黎靖德编，王星贤点校：《朱子语类》第3册，第957页。朱子说“圣人不自言命。凡言命者，皆为众人言也。……‘天生德于予’，亦是门人促之使行，谓可以速矣，故有是说”，亦把“天生德于予”的夫子自任语看作孔子对弟子才说的命，即以桓魋必定不会伤害自己来让弟子放心。但“天生德于予”之命，其肯定义确与他处命之两可、无奈义不同。

④ 〔宋〕黎靖德编，王星贤点校：《朱子语类》第3册，第862页。

否同时包含着某种释然？由后人视之，仍不免要在在人与在天处两分其命，而为夫子之遭遇争一争：

> 若患迪而不吉，则自天观之，却是失其正命。如孔孟之圣贤而不见用于世，而圣贤亦莫不顺受其正，这是于圣贤分上已得其正命。若就天观之，彼以顺感，而此以逆应，则是天自失其正命。①

说天失其正命似近于狂，但此既属于为圣贤鸣不平，又有以此理期待天之意。②没有此期待则不会生出无奈感，没有这一无奈感，人们又何须汲汲于追求道义？而在圣贤自己身上论一个得其正命，则可以最大程度上消减或去掉这种无奈感，并给他人之安于命树立标准、奠定基础。朱子尝言李延平有一种患难之法，“向见李先生说，若大段排遣不去，只思古人所遭患难有大不可堪者，持以自比，则亦可以少安矣。始者甚卑其说，以为何至如此，后来临事，却觉有得力处，不可忽也”③。圣贤可以开示予人的正是其遭际之甚难、力量之甚大，后人正可在安于命与成就己德两方面并致其力、交相为助，而朝向无不得已的境地勉进。

（校对：白义洋）

① 〔宋〕黎靖德编，王星贤点校：《朱子语类》第4册，第1434页。

② 明末清初儒者陆桴亭曾有类似的一句话：“全仁义礼智之德而不能得位行道，是为天地负我；具耳目聪明之质而不能为圣为贤，是为我负天地。”（见〔明〕陆世仪：《思辨录辑要》卷一《大学类》，《文渊阁四库全书》本）其自言“天地负我”则不免失之于狂。

③ 〔宋〕朱熹：《晦庵先生朱文公文集》卷四十五《答廖子晦》，见朱杰人等主编：《朱子全书》第22册，第2091页。

圣人之德不完备*

——陆九渊对圣人道德有限性的阐释

◇ 李海超
（南京大学中国传统文化研究中心暨马克思主义学院）

【摘　　要】为了提升人们学道的信心，纠正时人好胜、要强之弊，陆九渊从道德实践和道德觉知两个方面揭示了圣人之德的有限性。在道德实践方面，他指出圣人有憾（有未尽之义务）、有过；在道德觉知方面，他认为圣人有不知之道德内容。在陆九渊心学中，“心小而道大”既是价值判断，亦是事实判断，他指出心之体虽无限，但心之用有限，这是其圣人道德不完备之观念的理论基础。陆九渊哲学塑造的道德不完备的圣人形象，推动了儒家世俗化圣人观的发展，对当代儒学探索新的超越方式和建设开放性心灵系统具有重要启示意义。

【关 键 词】陆九渊；圣人；道德有限性；超越方式；开放心灵

【作者简介】李海超（1987—），河北丰宁人。哲学博士，南京大学中国传统文化研究中心暨马克思主义学院副教授。

圣人作为儒家理想人格的最高代表，通常被看作道德上的完人，很多儒者认为，由于外在环境或自身才性的限制，圣人在道德实践上会有不足或过错，但大都认为圣人至少在道德原理的觉知或道德品格的修养上达到了完备的境界。例如，孟子曰：“圣人，人伦之至也。”（《孟子·离娄上》）荀子曰：“圣也者，尽伦者也。”（《荀子·解蔽》）董仲舒说：“儒者以汤武为至圣大贤也，以为全道究义尽美者……”①

* 本文为江苏省社会科学基金项目“儒家心灵哲学现代转型研究”（项目号：24ZXB006）阶段性成果。

① 〔清〕苏舆撰，钟哲点校：《春秋繁露义证》，北京：中华书局，1992年，第220页。

朱熹也说："唯阴阳合德，五性全备，然后中正而为圣人也。"① "圣人与理为一。"② 王阳明认为："圣人说精一，自是尽。"③ "圣人之所以为圣，只是其心纯乎天理，而无人欲之杂。犹精金之所以为精，但以其成色足而无铜铅之杂也。"④ 可见，在绝大多数儒者的心目中，圣人至少在道德修养或对道德的觉知方面做到了"至"、"尽"、"全"、"究"（究竟）、"纯"。然而，陆九渊不仅认为圣人在道德实践上会有过错，还认为圣人于道德之理亦有所不知，而且他非常看重圣人对自身道德有限性的自觉。圣人之德并不完备，这是陆九渊圣人观的一个重要特点，学界对此关注较少，本文将从道德实践、道德觉知、义理根据三个方面对此作具体的阐述。

一、道德实践层面的有限性：圣人有憾、有过

圣人不是全知全能的神，其道德践履难免受到外在条件和自身有限性的制约，以至道德理想不能实现。故哀公十四年，西狩获麟，孔子有"吾道穷矣"之叹。⑤ 孔子之叹，乃是叹其道德理想不能实现。据《左传》记载，季札在观看《韶濩》之舞后说："圣人之弘也，而犹有惭德，圣人之难也。"何谓"惭德"？杜预注曰："惭于始伐。"⑥ 指商汤有愧于武力灭夏时的杀伐，致使爱生之德不能保全。这两个案例都是圣人道德实践之有限性的一种体现。此种有限性源于人的道德理想与天命、时势和人的有限存在之间的冲突。作为圣人，固然希望德满人间，使人与世间万物，无论现在、未来，皆能和谐共存，各得其所。然而人的寿命和能力是有限的，而天地之化无限，故即便是圣人，他能护

① 〔宋〕黎靖德编，王星贤点校：《朱子语类》第1册，北京：中华书局，1986年，第74页。

② 〔宋〕黎靖德编，王星贤点校：《朱子语类》第1册，第145页。

③ 陈荣捷：《王阳明传习录详注集评》，台北：台湾学生书局，1984年，第72页。

④ 陈荣捷：《王阳明传习录详注集评》，第119页。

⑤ 〔汉〕何休解诂，〔唐〕徐彦疏，刁小龙整理：《春秋公羊传注疏》，上海：上海古籍出版社，2014年，第1195页。

⑥ 〔周〕左丘明传，〔晋〕杜预注，〔唐〕孔颖达正义：《春秋左传正义》，北京：北京大学出版社，2000年，第1272页。

持现在世界之合于善，又岂能护持无限未来之世界合于善？圣人又岂能于世间万事皆有回天改命之能力？儒家的圣人终究是人，故不可能实现所有的道德理想。牟宗三指出，“人不能一时当一切机故，如是，人仍是有限的”，由此有限性，“自永不能充尽一切义务”。[①] 圣人的道德理想总是至大至广的，现实的制约使其总有义务无法实现，这是圣人在道德实践上的“憾”事，是其道德实践之有限性的一种体现。

陆九渊对于圣人的此种有限性亦有所论述。如他说：“道之将坠，自孔孟之生，不能回天而易命，然圣贤岂以其时之如此而废其业、隳其志哉？恸哭于颜渊之亡，喟叹于曾点之志，此岂梏于蕞然之形体者所能知哉？”[②] 这里，陆九渊承认圣人在道德实践上有遗憾，但他也指出，圣人并不因此遗憾而悲观，而总是尽其所能，将能做的事业做到最好。当然，不管圣人对于憾事的态度如何，总之陆九渊是承认圣人在道德实践上存在遗憾的。亦不唯陆九渊，历史上绝大多数儒者都承认这一点，所以，这不能看作陆九渊思想的特别之处。

与圣人在道德实践上不能尽其义务的遗憾相比，陆九渊论述更多的是圣人在道德实践上的过错。相对而言，阐述圣人有过，更能突显圣人在道德实践上的有限性。圣人是否有过错？历史上有不同的声音。陈立胜曾对“圣人有过”的问题做过梳理，并重点阐述了王阳明的“圣人有过”论。从他的梳理可以看到，程朱一系的理学家力主圣人无过，而陆王心学家则更倾向于主张圣人有过。[③] 事实上，“圣人有过”的观点自先秦时期就出现了。对于“周公使管叔监殷，管叔以殷畔”这一事件，陈贾曾向孟子发问：“然则圣人且有过与？”孟子回答：“周公弟也，管叔兄也。周公之过，不亦宜乎？”（《孟子·公孙丑下》）这里，孟子显然承认圣人亦不免有过。不过，在孟子之后，陆九渊之前，明确主张圣人有过的儒者的确很少，陆九渊是圣人有过说的重要提倡者，对

① 牟宗三：《现象与物自身》，见《牟宗三先生全集》第21册，台北：联经出版事业股份有限公司，2003年，第28页。

② 〔宋〕陆九渊著，钟哲点校：《陆九渊集》，北京：中华书局，1980年，第12页。

③ 陈立胜：《“圣人有过”：王阳明圣人论的一个面向》，《学术研究》2007年第4期。

心学一系之圣人观的形成有着实质性的影响，后世心学家大多不讳言圣人有过。

陆九渊多次讲到圣人有过。例如：

1. 过者，虽古之圣贤有所不免，而圣贤之所以为圣贤者，惟其改之而已。

2. 虽古圣贤，尚不能无过，所贵能改耳。《易》称颜子之贤曰："有不善未尝不知，知之未尝复行也。"由是观之，则颜子亦不能无不善处。今人便欲言行无一不善，恐无是理。往往只是好胜，每事要强人。

3. 以铢称寸量之法绳古圣贤，则皆有不可胜诛之罪，况今人乎？

4. 恶与过不同，恶可以遽免，过不可以遽免。贤如蘧伯玉，欲寡其过而未能。圣如夫子，犹曰"加我数年，五十而学《易》，可以无大过矣"。况于学者岂可遽责其无过哉？至于邪恶所在，则君子之所甚疾，是不可毫发存而斯须犯者也。[①]

上述引文所讲圣人之"过"，未必都与道德实践相关。例如孔子所说的"加我数年，五十而学《易》，可以无大过矣"，仅就这一段文字，无法确定孔子所谓的"过"指的是什么。朱熹说："圣人学《易》，于天地万物之理，吉凶悔吝，进退存亡，皆见得尽，自然无差失。"[②]就此而言，孔子所谓的"过"既可能指物理认识上的过错，也可能指道德上的过错。但其他讲言行之善、"不可胜诛之罪"的两条，明显属于道德实践问题。所以，陆九渊认为，圣人在道德实践上是会出现过错的。而陆九渊之所以多次强调圣人在道德实践中的过错，目的是勉励当世学者在为学、修养的过程中不要盲目追求完备。他认为在道德实践上追求完备，往往是好胜之举、强人所难。在陆九渊看来，圣人之为圣人，贵在过而能改，道德实践上有些小的过错，并不妨碍圣人的地位。

---

① 〔宋〕陆九渊著，钟哲点校：《陆九渊集》，第75—76、93、219、263页。

② 〔宋〕黎靖德编，王星贤点校：《朱子语类》第3册，第884页。

程朱一系学者通常不认为圣人有过，竭力为圣人辩护。例如，对于“加我数年，五十而学《易》，可以无大过矣”这句话，朱熹说：“只是圣人不自足之意。圣人此般话，也如‘道者三，我无能’，‘圣仁吾岂敢’，不是圣人能如此，更谁能如此！”又说：“为此自谦之辞，以教学者，深以见《易》之道无穷也。”[①]可见，朱熹并不认为圣人会有过错。对于“颜渊死，子哭之恸”的情形。张栻指出：“圣人有过乎？情之至而不自知其恸，故曰‘有恸乎’。然谓非夫人而谁为，则其节固在乎其中矣。”[②]这是说，孔子之哭并无过节之处，故无过。圣人无过说，凸显了圣人至高无上的地位和儒家之道的无限性，有助于增加人们对圣人和儒家之道的尊重。但在陆九渊看来，圣人的至高地位和道的无限性，也会使人望而生畏，不利于常人积极进取。所以，陆九渊尝试拉近圣人与常人之间的心理距离，鼓励学者积极进取。他说：“孩提之童，无不知爱其亲，及其长也，无不知敬其兄。先王之时，庠序之教，抑申斯义以致其知，使不失其本心而已。尧舜之道不过如此。此非有甚高难行之事，何至辽视古俗，自绝于圣贤哉？”[③]又说：“彝伦在人，维天所命，良知之端，形于爱敬，扩而充之，圣哲之所以为圣哲也。先知者，知此而已；先觉者，觉此而已。”[④]意思是，圣人之道无非就是保存本心、推扩爱敬之心，并非高远绝俗之事，匹夫匹妇亦可学可做。人们或许会说，即便是匹夫匹妇之事，圣人也能够做到完美无差，而常人却做不到，是以圣人难学。正是鉴于此，陆九渊才特别强调圣人有过，目的是向人们说明，圣人与常人之间没有质的差别，而是程度的差别，故不应在学做圣贤上气馁。

---

① 〔宋〕黎靖德编，王星贤点校：《朱子语类》第3册，第886—887页。
② 〔宋〕张栻撰，邓洪波校点：《张栻集》上，长沙：岳麓书社，2017年，第90页。
③ 〔宋〕陆九渊著，钟哲点校：《陆九渊集》，第237页。
④ 〔宋〕陆九渊著，钟哲点校：《陆九渊集》，第238页。

二、道德觉知层面的有限性：圣人有不知之理

圣人在道德实践上不免有过，其在道德觉知上是否完备呢？若依孟子、荀子的圣者尽伦之说，圣人对伦理、道德能够尽知，故在道德觉知方面是完备的。但如此一来，常人与圣人之间仍有质的差别，常人对于伦理、道德无法尽知，故圣人境界还是难以企及的。为了鼓励学者积极进取，陆九渊于道德实践之外又进一步指出，圣人在道德觉知上也不是完备的，而是有局限性的。

陆九渊认为，理是无穷的，圣人不能知晓所有的理。他说："古之圣贤，道同志合，咸有一德，乃可共事，然所不同者，以理之所在，有不能尽见。"① 又说："自古圣贤发明此理，不必尽同。如箕子所言，有皋陶之所未言；夫子所言，有文王周公之所未言；孟子所言，有吾夫子之所未言，理之无穷如此。"② 理可以分成两类，一类是万物之理，一类是道德之理。那么，陆九渊所谓圣人"不能尽见"的理是作为知识的万物之理，还是道德之理呢？其实对于这两类理，陆九渊认为圣人都不能尽知。如下面一段话：

> 夫子曰："知之为知之，不知为不知，是知也。"后世耻一物之不知者，亦耻非其耻矣。人情物理之变，何可胜穷，若其标末，虽古圣人不能尽知也。稷之不能审于八音，夔之不能详于五种，可以理揆。夫子之圣，自以少贱而多能，然稼不如老农，圃不如老圃，虽其老于论道，亦曰学而不厌，启助之益，需于后学。伏羲之时，未有尧之文章，唐虞之时，未有成周之礼乐。非伏羲之智不如尧，而尧舜之智不如周公，古之圣贤，更续缉熙之际，尚可考也。③

在这段话中，陆九渊指出，圣人不能尽知的既有物理，也有人情。

① 〔宋〕陆九渊著，钟哲点校：《陆九渊集》，第273页。
② 〔宋〕陆九渊著，钟哲点校：《陆九渊集》，第398页。
③ 〔宋〕陆九渊著，钟哲点校：《陆九渊集》，第2—3页。

圣人有不知之物理，如“稷之不能审于八音，夔之不能详于五种”，孔子之不如老农、老圃；圣人有不知之人情，如伏羲不知尧时之文章，唐虞不知周时之礼乐，孔子亦需要“学而不厌”“启助之益”。而人情，本身就与伦理道德密切相关。对于伏羲不知尧时之文章，唐虞不知周时之礼乐的论断，有人或许会质疑：原文讲的是“伏羲之时，未有尧之文章，唐虞之时，未有成周之礼乐”，又说这不是因为伏羲、尧舜之智不足，故似乎说的只是文章、礼乐创作之实践问题，不是伦理道德之觉知问题。但通观整段话的语境，可知陆九渊说的是人情物理之“知”的问题，不是实践问题。他的意思是，虽然伏羲、尧舜之智力、智慧并不弱于后人，但因为缺乏文化的积累，故于未来的伦理道德亦有所不知。对于孔子所需之“学而不厌”“启助之益”，陆九渊曾多次与人讲说。如他说：“然‘学而不厌’，‘发愤忘食’，‘回非助我’，‘启予者商’，则虽夫子之圣，亦非有天下之理皆已尽明，而无复有可明之理。今谓立之不明者，非固责其不能尽明天下之理，盖谓其有不自知之处也。”[①] 又说：“以夫子之圣，犹曰‘学不厌’，况在常人。”[②] 孔子之所以“学而不厌”“发愤忘食”，是因为他感到自己总有所不知。所谓“启予者商”，《论语·八佾》篇原文讲的是礼的问题（由“绘事后素”联想到“礼后乎”），而且不是关于礼的具体知识问题，而是关于礼的原理、原则问题。所以，综合这段话中有关伏羲、尧舜与孔子的论述，陆九渊是承认圣人于伦理道德之理亦有所不知的。

陆九渊认为，时人所谓“理之不明”不是要人们明尽天下之理，因为即便是圣人也做不到这一点。在道德实践上，圣人虽有过，但以改过为贵。与此相类，在道德觉知上，人们虽有所不知，但应以知己之不足为贵。圣人知道自己始终有所不知，故而“学不厌”，注重“启助之益”。由此，为学之人应该仿效圣人发奋学习，多与师友切磋琢磨。陆九渊指出：“古先圣贤，无不由学。伏羲尚矣，犹以天地万物为师……夫子生于晚周，麟游凤翥，出类拔萃，谓‘天纵之将圣’，非溢辞也。

① 〔宋〕陆九渊著，钟哲点校：《陆九渊集》，第 41 页。
② 〔宋〕陆九渊著，钟哲点校：《陆九渊集》，第 43 页。

然而自谓‘我非生而知之者，好古敏以求之者也’。……人生而不知学，学而不求师，其可乎哉？”[①]可见，陆九渊揭示圣人在道德觉知上的有限性，有助于彰显不断学习及和师友切磋的必要性。

此外，圣人在道德觉知方面有限性的揭示，让人们进一步看到了学以成圣的希望，这是陆九渊对儒家圣人观的重要突破。尽管儒家一直主张人人可以成圣，如孟子说“人皆可以为尧舜”、荀子说“涂之人可以为禹”，可是在他们那里，圣人能够做到“人伦之至”，是“尽伦者”，此种道德觉知上的完备性，亦足以让人生畏。王阳明作为陆学的继承者，亦竭力增强常人学做圣人的自信。如他指出“圣人亦是学知，众人亦是生知”[②]；又讲“古之圣贤时时自见己过而改之，是以能无过，非其心果与人异也”[③]；他也认为圣人有道德遗憾，故说“使善有尽时，文王何以望道而未之见”[④]；等等。但是在圣之所以为圣的良知之纯粹，或者说道德觉知之圆满方面，阳明的立场是明确的，他说“人到纯乎天理方是圣”[⑤]。这里，阳明不是说人的本心具足天理，而是说在后天修养上，要做到内心纯乎天理，亦需本心、良知彻底呈现才行。所以，阳明不认为圣人的道德觉知是有限的。对比之下，陆九渊的圣人观的确较为特殊，当他指出圣人在道德觉知上也具有有限性的时候，实际上否定了圣人与常人之间本质性的差别，而是把两者之间的差别变成了程度性的问题，这确实有利于提升常人学做圣贤的信心，防止人们将圣人境界想得过于高远，以致望而却步。

不过，我们也不能因此认为陆九渊极大地降格了圣人的地位，圣人虽然在道德觉知上不是完备的，但就人所能达到的道德修养的高度而言，也可以算作极致了，常人与之仍有较大的差距。所以陆九渊也反对人们师心自用、轻言圣人境界。如他说：“学未知止，则其知必不

① 〔宋〕陆九渊著，钟哲点校：《陆九渊集》，第 14 页。

② 陈荣捷：《王阳明传习录详注集评》，第 299 页。

③ 〔明〕王守仁撰，吴光等编校：《王阳明全集》，上海：上海古籍出版社，1992 年，第 172 页。

④ 陈荣捷：《王阳明传习录详注集评》，第 61 页。

⑤ 陈荣捷：《王阳明传习录详注集评》，第 119 页。

能至；知之未至，圣贤地位，未易轻言也。”[①]因此，圣人与常人在道德修养上的差距虽然只是程度上的，但这程度上的差距也不是可以轻易弥补的。圣人在道德觉知上是有限的，但也只是在人所能达到的极致程度上谈有限，而不是被拉低到常人的水平。故，一方面，由于道德觉知的有限，“千古圣贤若同堂合席，必无尽合之理”[②]；而另一方面，由于圣人都已达到了极高的境界，道德原理和内容的主要方面皆已掌握，因此“古圣贤之言，大抵若合符节”[③]。由此可见，圣人在道德觉知上所“不知”的内容，应该只是一些细枝末节的事情，或者远远超越其生存时代的事情。所以，不能因为陆九渊指出了圣人在道德觉知上的有限性，就认为他极大地拉低了圣人的地位、境界，陆九渊只是强调，圣人在道德觉知上“不完备”而已。

圣人在道德觉知上的局限，或许是受时代的影响，如上文讲到的文化积累的局限，也可能是自身气禀差异的原因。如陆九渊说：“诚使圣人者，并时而生，同堂而学，同朝而用，其气禀德性，所造所养，亦岂能尽同？”[④]这并不是说圣人的“心体”有差异，而是说其气禀有不同，这不同很可能会影响圣人对道德的觉知，导致其所知之理、发明之理有不同之处。这是否意味着，圣人后天之心，或者说其作用心不能完全与其心体相合，不能完全觉知心体之理呢？他确实持此观点。不过，这个问题将在下一部分详加阐述。

三、圣人心灵作用的有限性：“心小而道大”

圣人在道德实践上具有局限性、在道德觉知上具有局限性，这与其根本哲学主张是否一致？或者说，陆九渊的哲学理论能否为其上述观点提供支撑？若能，则说明陆九渊的上述圣人观是其整个思想体系

---

① 〔宋〕陆九渊著，钟哲点校：《陆九渊集》，第 9 页。
② 〔宋〕陆九渊著，钟哲点校：《陆九渊集》，第 405 页。
③ 〔宋〕陆九渊著，钟哲点校：《陆九渊集》，第 4 页。
④ 〔宋〕陆九渊著，钟哲点校：《陆九渊集》，第 271 页。

的有机组成部分，和他的哲学思想是一贯的，由此，他的圣人观更加值得重视。若不能，便如王阳明所言，陆九渊的学问“细看有粗处”①，那么就只能看作心学理论初创时期存在的理论不融贯之处，没必要过于关注了。因此，这一部分将对陆九渊的哲学理论本身进行考察，看看是否能够发掘出支持上述圣人观的理论根据。

学界通常将陆九渊的哲学称作“心学”，之所以称为“心学”，关键在于确立了“心”的本体地位。然而，对于陆九渊哲学中“心”是否是本体的概念，学界存在争议。争议源于学者们对陆九渊思想中“心”与“理”关系的不同理解。在宋代理学的大背景下，陆九渊认为“理”是本体，这是无可争议的。而陆九渊与程朱的不同，在于他反对“道心”与“人心”的二分，提出“心具理”“心即理”。如他说：“人皆有是心，心皆具是理，心即理也。”②“盖心，一心也，理，一理也，至当归一，精义无二，此心此理，实不容有二。”③甚至在此基础上，进一步表达了心与宇宙的同一性：“宇宙便是吾心，吾心即是宇宙。”④这些表述揭示了“心”与“理”的一体性、不二性，难道还不能明显地说明陆九渊哲学以“心”为本体吗？但正如张立文指出的，在陆九渊这里，“心”与“理”并不是完全等同的概念，“心”只是具众理，不离众理，并不就是“理”，“心”也有主体意识的作用，就此而言，它也是用。而且受到习气的影响，“心”之用也可能违背理。⑤是故，我们不能说陆九渊思想中“心”的概念是一种纯粹的本体概念，它至少是即体即用的。

以“心”之即体即用的特性来质疑陆九渊哲学是纯粹的“心本体”论，或者用来证明西方哲学体用二分式的本体论言说不适用于分析陆九渊哲学，或许有一定的道理。但尚不足以显示陆九渊哲学中“心”“理”关系的复杂性。陆九渊哲学中“心”“理”关系的复杂性还表现在，他除了讲与理不二的“大心”，还讲到一种“小心”。如周炽成

① 陈荣捷：《王阳明传习录详注集评》，第 290 页。
② 〔宋〕陆九渊著，钟哲点校：《陆九渊集》，第 149 页。
③ 〔宋〕陆九渊著，钟哲点校：《陆九渊集》，第 4—5 页。
④ 〔宋〕陆九渊著，钟哲点校：《陆九渊集》，第 273 页。
⑤ 张立文：《心学之路——陆九渊思想研究》，北京：人民出版社，2008 年，第 110 页。

指出："陆王心学话语的泛滥，遮蔽了一个反对师心自用而主张小心翼翼的陆九渊。他说：'学者大病，在于师心自用。师心自用，则不能克己，不能听言……为过益大，去道愈远。'他还指出：'小心翼翼，心小而道大。'但是，在陆王心学的话语之下，这些论述都被忽视了。太多的论者塑造了一个师心、大心的陆九渊，一个与宋代的陆子静本人刚好相反的陆九渊。"[①]"小心翼翼，心小而道大"[②]讲的是谨慎恭敬的心态，即要以心小于道、恪守道义的姿态去行事。"心小而道大"的表述最早出自荀子。《荀子·不苟》篇讲道："君子大心则敬天而道，小心则畏义而节。""君子位尊而志恭，心小而道大。"所谓"大心"，可以理解为修养之后的心，这样的心能够与天道一致；"小心"则是未能充分修养的心，这样的心因为不能保证与天道一致，故需敬畏道义、依道义而行。

"心小而道大"是否还有另一种事实性的含义，即心之理在体量上小于本体之理？就像王夫之所讲的"道大而善小，善大而性小"一样。王夫之曾言："道无时不有，无动无静之不然，无可无否之不任受。善则天人相续之际，有其时矣。善具其体而非能用之，抑具其用而无与为体，万汇各有其善，不相为知，而亦不相为一。性则敛于一物之中，有其量矣。有其时，非浩然无极之时；有其量，非融然流动之量。故曰'道大而善小，善大而性小'也。"[③]在王夫之看来，道是天地万物的本体，具有无限性；而善只限于描述天人相与之际的情形，故道的体量或作用大于善。性则进一步局限于事物自身的功能，故性在体量和作用上又小于善，更小于道。在心与道的关系上，陆九渊是否也持相近的观念呢？陆九渊确实对理、天地、性三者的"大"与"小"做过比较。"道"在陆九渊哲学中是与"理"相类的概念。他说："道塞宇宙，非有所隐遁，在天曰阴阳，在地曰柔刚，在人曰仁义。"[④]亦说："塞

① 周炽成：《陆九渊之冤：陆学在宋代非心学》，《广东社会科学》2014年第5期。

② 〔宋〕陆九渊著，钟哲点校：《陆九渊集》，第449页。

③ 〔明〕王夫之：《周易外传》，见《船山全书》第1册，长沙：岳麓书社，1988年，第1006页。

④ 〔宋〕陆九渊著，钟哲点校：《陆九渊集》，第9页。

宇宙一理耳，学者之所以学，欲明此理耳。此理之大，岂有限量？程明道所谓有憾于天地，则大于天地者矣，谓此理也。”可见，“道”即“理”，并且道与理“大于天地”。他又说：“人乃天之所生，性乃天之所命。自理而言，而曰大于天地，犹之可也。自人而言，则岂可言大于天地？”[①]这里，他指出，理大于天地，天地大于人或性。但这里的“大于”，是蕴含“理”的体量、作用上的“大于”，还是就其所生先后之尊卑地位上的“大于”呢？由于天地生于道、理，人、性生于天地，故尊卑地位上的“大于”自不待辩驳，但蕴含“理”的体量上的“大于”似乎不太可能。因为陆九渊认为“心具理”，理不离心、道不离心。他说：“人孰无心，道不外索，患在戕贼之耳，放失之耳。”[②]“诚以吾一性之外无余理，能尽其性者，虽欲自异于天地，有不可得也。”[③]这分明是说，“道”与“理”皆具足于心，不假外求。故本心之理在体量上是可以与本体之“道”“理”等同的。所以，陆九渊的观点自与王夫之有所不同。

体量相同，人心是否能够完全发挥其所具之理？也就是说，人是否能完全地、彻底地“尽其心”？心虽然即体即用，但心之用与心之体可否完全一致，做到体用一如？常人受到习气的遮蔽固然不能，圣人是否可能？按照阳明心学，这完全是可能的，因为圣人能够做到彻底保全良知本体。阳明说：“这良知人人皆有。圣人只是保全无些障蔽。兢兢业业，亹亹翼翼。自然不息。”[④]他又用“精金”来比喻圣人之心“纯乎天理，而无人欲之杂”[⑤]的状态，此种状态是真正体用一如的状态，是工夫所至之结果。而这之所以可能，是因为良知本体自然能够发用，关键在于人之觉与不觉。这类似于佛家顿悟的过程。而在陆九渊哲学中，要完全复见心体，需要对所有理觉知，这是一个无限的渐进过程。暂且不论物理，仅就伦理道德之理，这恐怕也是难以完成的。

① 〔宋〕陆九渊著，钟哲点校：《陆九渊集》，第161页。
② 〔宋〕陆九渊著，钟哲点校：《陆九渊集》，第64页。
③ 〔宋〕陆九渊著，钟哲点校：《陆九渊集》，第347页。
④ 陈荣捷：《王阳明传习录详注集评》，第299页。
⑤ 陈荣捷：《王阳明传习录详注集评》，第119页。

伦理道德之理之大端，如仁义之类，固然可以具备，但各种具体情形之细枝末节，圣人亦难以尽知之。对于陆王心学的此种差异，祁润兴曾指出："陆学所承诺的主体本心能与道体比较大小，因而尚存形器痕迹。其心用又服从本善反恶的相对价值标准，必须借助反馈原理才能为善为仁。在王阳明看来，如此迂回曲折，拖泥带水，有悖于心学的精一宗旨和易简工夫。"[①] 所以，相比阳明心学，在心的体用一如方面，陆九渊心学有所不足。不足的根据，正如祁润兴所说，陆九渊所论之本心"尚存形器痕迹"。

"尚存形器痕迹"，意味着本心之作用的发挥仍受其现实存在的约束。此在陆九渊这里，表现为心与情、与性、与才之不可分割的联系。他说："且如情、性、心、才，都只是一般物事，言偶不同耳。"[②] 又说："圣贤急于教人，故以情、以性、以心、以才说与人，如何泥得？"[③] 才与人禀受的气质之性、形器特征密切相关，即便是圣人，其才也仍有不同，各有所限。心与才，不能做清晰的分别，则心体的无限性便无法得到充分的发挥。如此一来，即便是圣人，虽然其本心先天具备无限之理，亦难以在心的作用下完全呈现它、觉知它。这是"心小而道大"作为事实性陈述的理论根据。相比之下，阳明心学则对心（道德心）与才做了明确区分，他认为圣人之为圣人，关键在于心之理的纯粹与否，而不在于才，圣人之间"才力不同，而纯乎天理则同。皆可谓之圣人"[④]。正是有了道德心与才的明确区分，具有有限性的才，方不会妨碍圣人在道德觉知上的完满。而在陆九渊心学中，由于才与心并未明确区分，因而会妨碍圣人道德觉知的完满性。

所以，在陆九渊的心学体系中，尽管心之本体蕴含着全部或者说无限的理，但心的作用，由于受到气质、才性的制约，无法彻底地明见心中之理。故"心小而道大"不仅是价值判断，也是事实判断。这为

① 祁润兴：《陆九渊评传》，南京：南京大学出版社，1998 年，第 413—414 页。
② 〔宋〕陆九渊著，钟哲点校：《陆九渊集》，第 444 页。
③ 〔宋〕陆九渊著，钟哲点校：《陆九渊集》，第 445 页。
④ 陈荣捷：《王阳明传习录详注集评》，第 119 页。

圣人道德觉知之有限性、道德实践之有限性提供了内在的理论根据。

四、陆九渊圣人观的理论意义

从以上论述可见，陆九渊心学中圣人的道德形象不是完备的，圣人在道德实践上有遗憾、有过错，在道德觉知上有不知之理。陆九渊之所以要塑造这样不具完备性的道德榜样，一方面基于他对人心、人性之有限性的认识，即他认为人的心灵本体虽蕴含一切理，但心灵的作用是有限的，不能明觉一切理。另一方面是为了提升学子们求学、求道的信心，防止他们因为圣人太过完美、崇高而心生畏惧，同时防止他们在学习过程中因过于求全责备而误入歧途。

陆九渊的道德不完备的圣人观增强了圣人的可亲近性，为后世儒家圣人人格的世俗化奠定了基础。陆九渊以后，在心学派儒家学者的思想中，圣人的世俗化形象越来越鲜明，凡圣之间的亲近性越来越强。尽管阳明及其后学认为圣人在发明本心、良知方面是完满的，但他们大都继承了陆九渊提倡的圣人在道德实践上的不完满的一面。如罗近溪指出："吾则以为真正仲尼，临终不免叹口气也。"[①] 这是说圣人有未尽之义务，有遗憾。再如刘蕺山指出："常人之过，人知处得九分，己知处得一分。圣人之过，人知处得一分，己知处得九分。"[②] 这是指出圣人有过。揭示圣人在道德实践上的不圆满，便为常人在日常生活中通过道德修养而成圣提供了信心。因此，阳明学，尤其是作为阳明后学的泰州学派，"把成圣之路引向百姓的生活实际"，提出了"圣人之道无异于百姓日用""圣人与凡人一""圣人即是常人，常人本是圣人"等学说。[③] 这些思想学说，扩大了儒家学说在普通大众中的影响力。

值得注意的是，陆九渊指出圣人不仅在道德实践上有局限性，在

① 吴震：《明代知识界讲学活动系年（1522—1602）》，上海：学林出版社，2003年，第268页。

② 〔明〕黄宗羲：《明儒学案》，见《黄宗羲全集》第17册，杭州：浙江古籍出版社，2012年，第1736页。

③ 参见程潮：《儒家内圣外王之道通论》，长沙：湖南人民出版社，2005年，第155页。

道德觉知上亦有局限性，但后世心学家似乎并没有继承后一方面，而是认为圣人在发明本心、良知方面可以实现圆满。这是为什么呢？从心学理论的发展来看，心学与理学的一个重要区别，是将体与用融合于心，使心即体即用，从而强化了体用之间的无间性。就此而言，陆九渊心学确实不如阳明心学圆融。在陆九渊这里，作用之心不能与本体之心完全契合，而在阳明那里，良知之体与用则能够达到一如。故就心学义理的圆融性来说，承认作用之心能够与无限之体一如、不二的阳明心学更为成熟。另外，从人的超越性追求来看，阳明心学实现了体用的一如，承认圣人道德觉知的圆满性，也就许诺了有限之人可以通过道德修养而达无限之境。这能够满足有限之人通达无限的超越性需要。而陆九渊不承认圣人道德觉知的圆满性，也就难以满足人们通达无限的需求。就以上两个方面来说，陆九渊塑造的道德觉知不完备的圣人形象，似乎是其心学理论不够成熟的表现。

不过，不能由此简单地否定陆九渊圣人观的意义。因为在今天，阳明心学及其继承者对圣人在道德觉知上之无限性、圆满性的理论反而受到了质疑：有限性的人真的能够在道德觉知上实现无限吗？进一步，此质疑牵涉的实际是对通达道德觉知之无限境界的方法的质疑，如心体，或者说蕴含一切道德原理的道德本体，如何直观地呈现？熊十力、牟宗三等心学派现代新儒家所讲的“逆觉体证”、良知之“自觉”如何成为可能？甚至还会追问到对“道德”观念本身的理解：道德原理全部都是先天本有的吗？还是需要后天积淀而成？这些问题，站在不同立场上的学者会做出不同的回答。如冯友兰就认为心学家所讲的良知本体并不存在，良知是逻辑设定的观念而不是自我“呈现”。邓晓芒曾对牟宗三所讲的“智的直觉”提出质疑：与物相对的本体既然是绝对的存在，没有对象，纯粹自己如何能够“逆觉”？又朝谁“朗现”？[①]对于

① 邓晓芒：《牟宗三对康德之误读举要——关于智性直观》（下），《江苏行政学院学报》2006年第2期。

道德的先天性问题，李泽厚[①]、杨泽波[②]等学者认为道德的原则和内涵是历史“积淀”或“结晶”的产物，道德本体是随着历史而不断发展着的，不可能千古不变。这些观点都会直接、间接地动摇有限之人实现道德觉知之完满的信念。以上质疑未必都是正确的、合理的，但在没有对上述观点进行有力的反驳之前，声称人一定能够在道德觉知上通达无限便有武断、独断的嫌疑。相比之下，尽管陆九渊“心即理”的心体观念仍会受到质疑，但他提倡的道德觉知不完备的圣人观可以避免很多诘难，因为其对人的有限性本身有着更好的体现和自觉。

有人或许会质疑，道德觉知不完备的圣人形象怎能满足人们超越性的心理需求呢？其实，超越性需求的满足，并不一定要使自身成为绝对无限者或者使自身达到某种无限的境界；自觉自身的有限性，对无限存在者保持敬畏，这亦可以满足人们超越性的心理需求。这是两种不同的超越方式，前者属于“内在超越”的方式，后者属于“外在超越”的方式。近年来，学界对“内在超越”的超越方式多有反思，有学者开始提倡重建儒家外在超越方式。[③]本文在此无意比较两种超越方式的优劣、对错，而只是想说明，在自觉人的有限性的前提下，其超越性的需求仍可以得到关怀。对于陆九渊哲学来说，其发明本心的修养方式，近于“内在超越”之路；其道德有限性的圣人观，更表明人应该敬畏天理、天道，而这又近于“外在超越”之路。所以，陆九渊哲学似乎有综合两种超越方式的意味，这非常值得重视。

此外，陆九渊道德有限性之圣人观所透显的人对自身有限性的自觉，对于当代儒学“开放心灵”的建构有重要启示意义。蒙培元指出，传统儒家心灵哲学存在“整体性的绝对主义”和“内向性的封闭主义”两种思维定式，这容易使主体陷入盲目的自我满足，也不利于知性的发展，因此，他主张改变上述两种思维定式，把儒家心灵观念建成一

① 李泽厚：《实用理性与乐感文化》，北京：生活·读书·新知三联书店，2008 年，第 52 页。

② 杨泽波：《儒家生生伦理学引论》，北京：商务印书馆，2020 年，第 140 页。

③ 黄玉顺：《生活儒学的内在转向：神圣外在超越的重建》，《东岳论丛》2020 年第 3 期。

个开放的系统。[①]陆九渊的圣人观，虽然彰显了道德主体的优先性，但并不认为圣人在道德觉知、道德实践上是完备的，当然更不认为圣人能够在知识领域做到完备，这为人，哪怕是圣人，在道德上的不断进步、在知识上的不断进步提供了理论可能性。也就是说，因为注重对人自身的有限性的自觉，故陆九渊哲学的心灵观念或主体人格便具有较强的开放特性。不能说这就是当代儒学所需要的开放性心灵系统，但至少能够为当代儒学开放性心灵系统的建构提供借鉴。

总之，陆九渊哲学塑造的道德不完备的圣人形象，推动了儒家世俗化圣人观的发展，对“内在超越”与“外在超越”相结合之超越路径的探索、对开放性心灵系统的建设具有重要启示意义，值得学界进一步关注和研究。

（校对：程静柔）

① 蒙培元：《心灵超越与境界》，北京：人民出版社，1998年，第15—16页。

“时”视域下先秦儒家历史观论析

◇ 李文文
（山东大学儒学高等研究院）

【摘　　要】在先秦儒家思想中，“时”地位突出，发端久远。三代文化视人类社会是全天星象的直观反映，“天时”“时序”“时命”等基本范畴深刻影响到儒家文明的方方面面，连接着中国文化最深层的内容。在“时”的视域下，儒家论“古”昭示着永恒和未来，“好古”的本质在于把过去的财富遗赠给未来一代。“信而好古”不仅是关于过去的“文明记忆”，更为塑造人类“想要的未来”注入想象力和可能性。为实现大同理想，儒家文明看历史进程有着周转往复的运行特质，重视方向感与方法论的贯通融合。最终，儒家形成了“以终观始”的整全视野，使其“救时之弊”有着全景视角、长远打算，遵从历史应然的方向，非行一时之计。

【关 键 词】先秦儒家；“时”；历史观；好古；以终观始

【作者简介】李文文（1983— ），山东金乡人。山东大学儒学高等研究院博士研究生。

“时”，作为人们认知世界的本原性问题，对它的理解是形成一种文化、一种主导思想方式的重要因素。在先秦儒家思想中，“时”的地位尤其突出。《论语》首章便是“子曰：‘学而时习之，不亦说乎？’”《周易》论“时”处俯拾即是，《礼记·中庸》云“君子而时中”，《礼记·礼器》云“礼，时为大”，孟子尊孔子为“圣之时者”（《孟子·万章下》）。先秦儒家对于“时”的认知、应用是其思想精髓，连接着中国文化最深层的内容，通贯于其历史观、人生观、政治观等方方面面。其中，

“古”“今”“终”“始”是先秦儒家“时”观念的重要范畴，事实上，这些概念也集中承载着儒家对历史的体悟、对现实的思索。本文拟在“时”的视域下，深入考察先秦儒家历史观的要旨、特质与意义。

一、三代文化论“时”及其影响

无论是胡适的《中国哲学史大纲》，还是冯友兰的《中国哲学史》，皆视孔子、老子为中国最早的哲学家，并以此开启中国现代哲学范式。但是，在广阔深远的中国古典文明视域中，孔子视自己为三代文明继承者的身份是不容忽视的。也就是说，要真正理解儒家思想、理解中国文化，认知孔子之前的文明是必经之路。这关乎对儒家文明渊源及其内在机理的深层次理解，关乎对中国早期文明发展程度的认知。古今中外，人们对孔子儒学认知不一，这当然有多种原因，但是有一点应该是确定的：理解儒家思想的深度与认知三代文化的高度成正比。然而，从19世纪末到20世纪，疑古思潮深刻波及人们对上古三代历史价值的认知。幸运的是，现代学术研究取得重要进展，从文明起源和中华文明的发展来看，考古学提供了“有力的、清晰的、话语公平的实证”①，那便是“在古史传说中的‘三皇五帝’时代，中国已经有了成熟的文字（文书记录）、繁荣的都邑（国家都城）、成体系的礼器（礼仪规范），再加上出土文物证实的社会财富的日益积累、社会分工的精细化、社会等级分化的出现等，‘五千年中华文明’的考古成果确凿可证”②。尤其值得一提的是，“中华文明探源工程”的最新成果充分证明了“中华五千多年文明是历史真实”③，呈现出中华文明早期的发展图景，为学术界进一步开展相关研究提供了多方面证据，为深入读懂儒家提供了更多坐标。不难理解，儒家思想的诞生建立在对历史文化继承、总结与反思的基础上，有着广阔的文化背景，儒家论“时”当从上

① 龚良：《文明是什么？用实证说话》，《文明》2021年第12期。
② 龚良：《文明是什么？用实证说话》，《文明》2021年第12期。
③ 王巍、赵辉：《“中华文明探源工程”及其主要收获》，《中国史研究》2022年第4期。

古三代文化中溯源。

根据先秦文献记载，在上古唐虞之际，先王们无一不重视“时”。孔子曾谈及黄帝、颛顼、帝喾、帝尧、帝舜及大禹之事，皆和“时”相关。其中，黄帝“播时百谷”；颛顼“履时以象天”；帝喾“动也时”；帝尧“舜时而仕，趋视四时”；帝舜“敦敏而知时”；禹“履四时”。[①] 在《尚书·虞书》中，翻开《尧典》《舜典》，阅读《皋陶谟》《大禹谟》，将更加强烈地感受到“时”的突出地位。《尧典》“黎民于变时雍”“敬授民时”“以闰月定四时”“若时登庸”；《舜典》“百揆时叙”“协时月正日”“食哉惟时”“惟时懋哉”“播时百谷”“惟时亮天功”；《皋陶谟》“咸若时”“百工惟时”“若不在时，侯以明之”“工以纳言，时而扬之”“惟帝时举”“时乃功”“敕天之命，惟时惟几”；《大禹谟》“惟帝时克”“时乃功”“时乃天道”。那真是一个塑造中华文明特征的生机勃勃的“时”代，诚如有学者所观察到的那样：“最智慧的人们大都有一种原发的时间体验；而这在别的文明传统中是罕见的，正如古希腊人对纯形式之‘数’和‘存在’之‘相’的体验在其他文明中几乎不存在一样。”[②] 立足文本基本范畴，我们发现以《虞书》为代表的三代文化论“时”至少有以下三个方面的内涵：

第一，“时”指“天时”，蕴藏着生机。它由“天”之日、月、星有规则的运动诞生，集中表现为四时流转。“天时”的核心价值在于蕴藏着生命本原，谁掌握了“时”，谁也就控制了“生”。这里的“生”，是就天地人之创造性根源而言的。在《尚书·尧典》中，“敬授民时”的内容尤其突出。概括而言，“敬授民时”就是制订历法，颁布于民。对于上古先王来说，治历明时是政治生活中第一要事；对于上古先民而言，顺应农时行事是生存生活的基本依凭。

第二，“时”指“时序”，承载着秩序。源于日、月、星的规则运动，起于四时的有序流转，中华民族的秩序理性从尧舜时期已经相当清晰，源头在于对“时序”的理解和认知。百官、百事皆在“时”的指

① 杨朝明、宋立林主编：《孔子家语通解》，济南：齐鲁书社，2013 年，第 275—282 页。
② 张祥龙：《中国古代思想中的天时观》，《社会科学战线》1999 年第 2 期。

导下展开，天时、四时是行事的依据。从遵从四时之序耕作农田——“敬授民时”，到希求贤达之人治理天下——“若时登庸”，到百工百事的行事准则——“百工惟时，抚于五辰”，再到建立彼此之间的联系与秩序——“纳于百揆，百揆时叙”，整个社会政治体系的建构与运转，以及生产生活的方方面面，皆依“时”建立，顺天时而动，随四时而应。天时、四时，成为生产生活的依据、建立秩序的准则。

第三，“时”指“时命”，是“天命”的寄寓处。从现存文献看，“敕天之命，惟时惟几”（《尚书·皋陶谟》），这应是将“天之命”与“时”并谈的最早记录。“命”与“时”密切关联，是谓“时命”。舜将“时”与“天之命”并谈，视“时”为执政者资以信仰之物，是其权力合法性之所在。从珍惜天时，见敬畏天命。不过，上古先王面对“天时”的另一个向度不容忽视，那就是裁制天时。也就是说，尽管那时的先王们对“天之命”“天时”有着神性一般的认知，但远没有局限于此，他们积极地、科学地认知“天时”、裁定“天时”。面对“时命”，他们一方面表现出敬畏、顺从，另一方面又主动地认知和把握。这一点从制订历法时通过置闰来推定四季年岁可以见得，具体的方法是“期三百有六旬有六日，以闰月定四时，成岁”（《尚书·尧典》）。“正定四时”是百工理顺百事的依凭，是庶众创造功绩的根据，是天子履行“天之命”的要务，其“裁成天地”“辅相天地”的意识体现于此。

综上所述，“时”蕴藏着生机，承载着秩序，寄寓着天命，是行事的依据，它很自然地发展为判断是非的标准、褒贬善恶的依据。“是”或“不是”被称为“时”或“不时”。这里“是”是指“正确”。《尚书》中有多处“时”被训为“善”，便是秉承这一思路。在《虞书》中，常见“时”与“功”并言，如“惟时亮天功”（《尚书·舜典》）、“时乃功”（《尚书·皋陶谟》），是该思路的进一步延拓，符合“时”，则“善”，则“有功”。此说产生了深远影响。

“仲尼祖述尧舜，宪章文武”（《礼记·中庸》），该语透辟地论及儒学起源，述说着三代文化的影响。以论“时”为例，孔子谈“使民以时”（《论语·学而》），孟子言“不违农时”（《孟子·梁惠王上》），荀子言“斩伐养长不失其时”（《荀子·王制》），皆是从“天时”的角度来谈养民之道。

儒家谈“礼”，认为“礼者，天地之序”（《礼记·乐记》），又言“礼，时为大”“礼也者，合于天时”（《礼记·礼器》）。“礼”代表着“天地之序”，这种秩序与“时”相应，“天时”是其发端来源。孔子提出“礼……其义四时也”（《孔子家语·本命解》），“礼”之义效法“四时”的有序运转制定。这样的妙用在于“以四时为柄，故事可劝”（《孔子家语·礼运》），遵从四时的运行秩序，人们便可以各行其是，秩序行事。这种观念与“纳于百揆，百揆时序”一脉相承。对于“天命”，先秦儒家有着强烈的敬畏意识，孔子曰：“君子有三畏：畏天命，畏大人，畏圣人之言。”（《论语·季氏》）荀子则从另外一个向度面对“天命”，曰：“从天而颂之，孰与制天命而用之？望时而待之，孰与应时而使之？”（《荀子·天论》）“制天命而用之”的发端正在于尧舜之际“裁制天时”“正定四时”“辅相天地”的思维和意识。事实上，面对天命、天时，敬畏、顺从与裁制并不矛盾，从根本上说，那便是主动地适应与改造客观世界，表现出理性的顺从意识。“中”是儒家思想的核心范畴，然而，只有在“时”的具体限定下才能判断“中”或“不中”。所以，《中庸》言“君子而时中”，人们将与客观世界的和谐统一视作至高追求，这种意识在尧舜时代已经非常清晰。

如上所言，“时”，作为人们认知世界的本原性问题，对它的理解是形成一种文化、一种主导思想方式的重要因素。发端于天时的秩序意识、使命感，建构着儒家文明的本质，关乎儒学的方方面面，连接着中国文化最深层的内容。在儒学所关注的众多话题中，对于历史的理解是焦点所在。从根本上说，历史便是社会大时的运行轨迹，它的出发点在哪里？目的地是何方？运行轨迹如何？揆其大要，儒家“好古”的历史观至为引人注目。

二、“好古”的要旨与意义

“好古”是儒家文明历史观的鲜明特征，孔子自言“信而好古”

（《论语·述而》）。在先秦文献中，关于“古之道”“先王之道”“古之制”“先王之制”“古之正”“古训有之”“昔”的论述俯拾皆是。仅就孔子的论说而言，便不胜枚举。比如：

孔子曰：“昔大道之行，与三代之英，吾未之逮也，而有记焉。大道之行，天下为公，选贤与能，讲信修睦。故人不独亲其亲，不独子其子，老有所终，壮有所用，矜寡孤疾皆有所养。货恶其弃于地，不必藏于己；力恶其不出于身，不必为人。是以奸谋闭而不兴，盗窃乱贼不作，故外户而不闭，谓之大同。”（《孔子家语·礼运》）

子曰：“大哉尧之为君也！巍巍乎！唯天为大，唯尧则之。荡荡乎！民无能名焉。巍巍乎其有成功也，焕乎其有文章！”（《论语·泰伯》）

子曰：“禹，吾无间然矣。菲饮食而致孝乎鬼神，恶衣服而致美乎黻冕，卑宫室而尽力乎沟洫。禹，吾无间然矣。”（《论语·泰伯》）

孔子言于定公曰：“家不藏甲，邑无百雉之城，古之制也。”（《孔子家语·相鲁》）

孔子曰：“夫上治祖祢，以尊尊之；下治子孙，以亲亲之；旁治昆弟，所以教睦也。此先王不易之教也。”（《孔子家语·曲礼子贡问》）

子曰：“古之学者为己，今之学者为人。”（《论语·宪问》）

显然，孔子所好之“古”在于“志古之道”，是关于大同的理想与追求、君主大治天下的至德、社会有序运转的制度、孝悌忠信的伦理与纲常、个人的修身与素养。就整个社会治理体系而言，上述内容可谓广大悉备。概括言之，它们集中表现为有序运转的理想社会形态，并最终指向民生。换言之，有序最利于民生。

这种致思路向源于何处呢？有一个事实必须注意，那便是尧舜时代对“时”的领会。“天时”蕴藏着生机，这是从“时”的自然向度来说的。然而，人类社会的生存和发展向来不会自然而然，秩序是文明的基本条件。[①] 因此，圣王先哲以充分发挥“时序”的作用为“时命”，以秩序实现生机。不难理解，“时序”，是从“时”的人文向度而言的。也就是说，在人文的努力下，“天时”“时序”“时命”如同日、月、星辰一般，有序运转，周流不殆，无为物成，生机勃勃。事实上，人类社会是全天星象的直观反映。子曰：“为政以德，譬如北辰，居其所而众星共之”（《论语·为政》），呈现出一幅天文、人文融通的宇宙景象，儒家的理想国由此建构，集中而又具体地呈现在“古之道”中。以“时”的视域观照，儒家论“古”明显具有两方面内涵：永恒和未来。

永恒价值在中华先民心中具有优先地位，从古代天文学的着眼点可见其端。科学家们发现，尽管天空现象是同样的，但是人们用不只一种方式去理解它，由此获得不同洞察。以中国和希腊天文学为例，两者之间有着一个基本差异：“古希腊人的注意力总集中在黄道，七曜由此通过，古希腊人类似于古埃及人，通过注视偕日升和偕日没（即黎明前升起、黄昏后落下）的星座去解决太阳在恒星间的位置问题。然而中国人的注意力总集中在赤道和拱极区，即恒显圈，恒星在其中永不上升也永不落下。”[②] 考古学家发现，古代中国以立表测影与观候星象为基础而建构的授时系统在仰韶时代已经相当完善。[③] 宇宙浩瀚无垠，古人如果要将所有天体纳入自己的观测范围，就必须建立相应的坐标框架[④]；人类社会多元动荡，在曲折的历史进程中，引为镜像的事物总是至关重要。面对具体的历史现象，评价标准的确立要比人们所提供的任何一种历史判断都更重要。永恒价值的妙用得以彰显。这样的意识也许早在人们仰望星空，尤其关注恒显圈的那刻起便扎根心田了。在儒家体系中，永恒价值意义非凡。孔子论“先王不易之教”，诚是从人类永恒价值的角度而言的；孔子谈“其或继周者，虽百世可知也”（《论

① 赵汀阳先生提出，文明表达的是文化或社会的理性化程度，或者说是建构理性秩序的能力。详见赵汀阳：《文明是建构理性秩序的能力》，《文明》2021 年第 12 期。本文以为这种说法甚确。

② 潘吉星主编：《李约瑟文集》（修订版），沈阳：辽宁科学技术出版社，2024 年，第 297 页。

③ 冯时：《天文考古学与上古宇宙观》，《濮阳职业技术学院学报》2010 年第 4 期。

④ 冯时：《中国天文考古学》，北京：社会科学文献出版社，2001 年，第 81 页。

语·为政》)，可知的正是礼之永恒价值。

"古"所蕴含的永恒价值同样引起近现代学者的关注。20世纪法国诗人兼作家勒内·夏尔讲过这样的"警句"——留给我们的珍宝(遗产)没有任何遗言。[①]美籍哲学家汉娜·阿伦特借用这一警句阐述了"珍宝"的现代价值，比如美国的"公共幸福"[②]，法国称"公共自由"[③]，这与孔子言"大道之行，天下为公"(《孔子家语·礼运》)有异曲同工之妙，强调的重点都是"公共"。同时，汉娜认为"留给我们的珍宝没有遗言"暗示着这笔失落财富的无名状态。遗言旨在告诉继承人什么是合法属于他的，把过去的财富遗赠给未来一代。没有遗言的隐喻有其指向，如果没有了传统，在时间长河中就没有什么人为的连续性。对人来说，既没有过去，也没有将来，只有世界的永恒流转和生命的生物循环。面对珍宝，当是珍视。珍宝又何以会丧失呢？汉娜的理由令人省思，她说："不是由于历史遭际和现实困难而丧失的，而是由于失去了预见它的出现或实在性的传统而丧失的。"[④]看来，历史遭际和现实困难的确会给善待珍宝带来实际困难，但这并不是最可怕的。由于"时"具有"暂时性"，所以，现实的困难终将过去，历史遭际也会出现转机，真正可怕的是"失去了预见它的出现或实在性的传统"，即失去预见公共幸福出现的能力，不相信大同理想的实在性，这才是丢失珍宝的真正原因。

那么，我们再来理解"好古"的意义：孔子秉持着对大同理想实在性的坚信，守护着人类文明的永恒价值，带着珍宝走向未来。诚如李约瑟所言："孔子的观点实质上是朝后看的。……这种观点是一种不能近观的论题——圣人之道并不能在他那一代付诸实践，但是他自信，无论在何时何地只要加以实践，男女就能够也一定会生活在和平与和

① ［美］汉娜·阿伦特著，王寅丽、张立立译：《过去与未来之间》，南京：译林出版社，2011年，第1页。

② ［美］汉娜·阿伦特著，王寅丽、张立立译：《过去与未来之间》，第3页。

③ ［美］汉娜·阿伦特著，王寅丽、张立立译：《过去与未来之间》，第3页。

④ ［美］汉娜·阿伦特著，王寅丽、张立立译：《过去与未来之间》，第3页。

谐之中。”[①]孔子的观点是针对未来而言的，“好古”的本质在于把过去的财富遗赠给未来一代，这是儒家示出的方向。“信而好古”，不仅是关于过去的“文明记忆”，更为塑造人类“想要的未来”注入想象力和可能性。

从社会学角度来说，孔子所秉承的“古”，也就是具有“未来”向度的时间意识，它会以其特有的方式起作用。具体来说，对于那些立志于实现大同理想、对乱世进行改革修正的人而言，有利于促使他们增强决心。因为从时间上讲，“未来”虽然暂未到来，但是，“未来”一定会来。时间走向“未来”具有不可逆性，历史的发展走向大同理想同样具有不可逆性。不难理解，以孔子、孟子为代表的先儒们，正是因为深信这一点，所以步伐坚定，奔波于周游列国的路途之上。孔子深富自信，提出“苟有用我者，期月而已可也，三年有成”（《论语·子路》），“如有用我者，吾其为东周乎”（《论语·阳货》）。向深处探究，与其说孔子相信自己，不如说他更相信大同理想的实在性，相信“未来”。

三、周转往复的运行特质

对于历史的不同理解，决定了不同的历史目标；不同的历史目标，建构着不同的历史进程。基督教认为整个历史的构建、基督的历史意义及生命价值皆围绕着同一个中心，那就是基督作为“救世主”的身份，其生命所在的整个历史进程只有一个指向，即实施“拯救计划”。[②]就儒家文明而言，整个历史的构建、历史的意义和生命价值同样围绕一个中心——实现大同理想，孔子视此为历史的出发点。关于历史具体起源于何时何地，孔子没有特别论及，他并不认为尧、舜、禹这些上古圣王开启了历史的画卷，但是，他们在历史进程中曾经创造了一个崇尚道德的黄金时代。孔子视此为理想社会的起点，进而“祖述尧舜”

① 潘吉星主编：《李约瑟文集》（修订版），第68页。

② 潘吉星主编：《李约瑟文集》（修订版），第63页。

（《礼记·中庸》）。在这一历史观念下，儒家文明看历史进程有着周转往复的运行特质。

第一，向大同理想、先王之道回复，是历史运行的永恒方向。儒家以大同理想为中心，它不仅是历史的出发点，也是目的地。“时”要向前行进，历史要发展，社会要变化，这是任何力量都无法阻止的。子在川上，曰：“逝者如斯夫！不舍昼夜。”（《论语·子罕》）昼夜不息的川流代表着孔子对历史前进、社会变化的认识，变化是永恒的。同时，变化是有规律可循的。子曰：“齐一变，至于鲁；鲁一变，至于道。”（《论语·雍也》）朱熹注“道”为“先王之道”[①]。在孔子看来，鲁国近于先王之道，齐国应该向鲁国的方向发展。但是，至孔子时，鲁国的政治已呈衰颓之势，违礼之事时有发生，所以要继续变化，向着先王之道发展。孔子视此为历史发展的方向，是社会行进的目的地。孟子、荀子进一步继承、发扬了孔子的思想，其中，孟子“言必称尧舜”（《孟子·滕文公上》），“非尧舜之道，不敢以陈于王前”（《孟子·公孙丑下》），以“守先王之道，以待后之学者”（《孟子·滕文公下》）为历史使命。《荀子·成相》曰：“请牧基，贤者思，尧在万世如见之。”又说：“文武之道同伏戏。”在荀子看来，文武之道与伏羲思想具有内在的一致性，先王之道是一脉相承的。

第二，先秦儒家在明确历史方向的同时，其行进的路线并非直线，而是以不同弧度的曲线向支点处回复。就实际情况而言，每一次再出发的路径皆是不同的。这样的运行轨迹形象地展示出客观历史运行的真实情况，因为每每历史进入到具体的时空中，它所面临的具体情况都是不同的。历史的每一次再出发，既有从大同理想的源头支点所汲取的精神力量作以支撑，还有之前的行动轨迹作为参照。如孔子谈及夏、商、周三代历史的发展轨迹，曰：“殷因于夏礼，所损益，可知也；周因于殷礼，所损益，可知也；其或继周者，虽百世可知也。”（《论语·为政》）孔子看到了三代历史的发展呈现出既相因又损益的关系。

① 〔宋〕朱熹：《四书章句集注》，北京：中华书局，1983 年，第 90 页。

相因处在于奉行礼制的根本精神是代代相承的，损益处在于具体的仪式和制度是因时因地变化的。所谓“五帝殊时，不相沿乐；三王异世，不相袭礼”（《礼记·乐记》），三王五帝不相沿袭的礼和乐是就具体的仪式和制度而言的，本质上还是在谈历史变迁中的损益变化关系。异世殊时的损益变化与百世不易之道，形成一对相反的要素，使得历史之大化流行既形象万千，又秉持一定之规，使得人类的努力有迹可循。

更为重要的是，历史的发展呈积累的态势。社会大时每一次周转往复的运行轨迹都为再出发提供了参考和借鉴，这就是“史鉴”的作用。就常理而言，愈是距离当下至近的出发点理应涵括更多可鉴的内容，孔子“从周”就是这一道理的例证，因为“周监于二代”（《论语·八佾》)。“鉴”与“监”通用,《广韵·鉴韵》:“鉴，镜也……亦作监。”杨适先生认为孔子在这句话里指明，正是周人的“监”这种高度自觉努力，才创造出了“郁郁乎文哉”的周文化。“监”是中国文化得以生根发展的活的创造源泉。[①] 周借鉴了夏、商两代的发展，所以集文化之大成，有了灿然的礼乐文明。这里，孔子突出了社会大时向目的地行进时所应该采取的优化路线，他不仅是理想主义者，更具有实践理性。

第三，重视方向感与方法论的贯通融合。关于向大同理想回复的优化路线，荀子谈得更加具体，曰：“法先王，统礼义，一制度；以浅持博，以古持今，以一持万……是大儒者也。”（《荀子·儒效》）“法先王”是方向所在，“以浅持博，以古持今，以一持万”是方法论。该篇又言：“修百王之法，若辨白黑；应当时之变，若数一二。”“辨白黑”还是在说方向性问题，“白与黑”寓意着“是与非”，明确大是大非，这是“修百王之法”的要妙处。在涉及方向性的问题上，当是旗帜鲜明，毫不含糊。“数一二”是就方法论而言的，寓意着细致、审慎的辨析，根据具体情况具体分析，这是“应当时之变”的关键点。换言之，在社会大时向着大同理想行进的路途中，并没有已经格式化、定型化的现成路线固定在某处，等待人们亦步亦趋地去遵照执行，而是在“与时

① 王晖等主编：《世界视野下的中国原创文化》，西安：陕西师范大学出版总社有限公司，2010 年，第 35 页。

迁徙，与世偃仰”“一废一起”“善善恶恶之应”中，秉承“宗原应变”（《荀子·非十二子》）、“以义变应”（《荀子·致士》）的原则，“举措应变而不穷”（《荀子·王制》），贵在明确的方向感与具体的方法论的贯通融合。

四、“以终观始”的整全视野

“个人能开拓时代，时代亦孕育个人。”[①]春秋战国诸子思想的兴起具有鲜明的文化目的性，这就是“救时之弊”。具体的救世方案具有开放性，诸子们从自身角度探讨，从而给出不同答案，建构出不同的思想体系。向内寻究，主要是他们对宇宙、历史、社会、人生的不同认知造成的，而这一切又集中体现为对“时”（时代）的理解。其中，孔子儒家对三代文化推崇备至，他们戴着“望远镜”，置身于古今一体的场域中审视当下的“时”，形成了“以终观始”的整全视野，自觉地将“天时”“时序”“时命”意识融入救世方案中。也就是说，先秦儒家历史认知体系的完整性不仅表现在对“古”的缜密体察，更在于他们对全时空的整体把握。

《礼记·大学》云：“物有本末，事有终始，知所先后，则近道矣。”从“时”的角度来说，“始”就是“今”“当下”“现实”；“终”指向未来。所谓“以终观始”的整全视野，首先表现为儒家的现实意识是包括未来意识在内的，对未来的预判是现实行动的起点。面对季氏“八佾舞于庭”，孔子“是可忍也，孰不可忍也”（《论语·八佾》），这源于他对未来趋势的明确洞见，即一旦礼制缺失，将带来整个社会的无序。事实上，当孔子戴着“望远镜”回溯历史时，其对当下的审视也就获得了一个在“显微镜”下的独特视角，他见微知著。由此便不难理解，当三桓陶醉于歌舞升平时，孔子看到了另外的画面，有着深深的隐忧，那就是“三桓之子孙微矣”（《论语·季氏》），这样的预判来自“以

① 梁启超：《先秦政治思想史》，上海：上海古籍出版社，2014 年，第 9 页。

终观始”的视域。当季氏将要旅祭泰山时，孔子谓冉有曰：“女弗能救与？”（《论语·八佾》）孔子何以言“救”？似乎表达“阻止”义的话语更合情境。其实，这同样是“以终观始”的整全视野在发挥作用。“阻止”是就现在的具体行动而言的，而孔子谈“救”是置身于未来季氏造成的恶果与困境而言的。现在阻止他，正是为了将他从未来的困境中解救出来。然而，冉有并没有能力“救”季氏，对曰：“不能。”（《论语·八佾》）我们能够从中读出孔子师徒在思想认知上的默契，也能感到孔子的无奈。诚是因为孔子看到了“终”，这种无奈就更加强烈。在“以终观始”的视域下，孔子儒家论“今”及为“救时之弊”所采取的措施并非立足于短暂的“一时”，而是以联系发展的眼光关注到事态的未来、长远和整体。

其次，在“以终观始”的视域中，儒家的未来意识来自历史意识，“终”来自“古”。与占卜不同，孔子深谙历史，使其原始察终，告往知来。孔子言“三桓之子孙微矣”，这是因为历史规律在发挥作用。“天下有道，则礼乐征伐自天子出；天下无道，则礼乐征伐自诸侯出。自诸侯出，盖十世希不失矣；自大夫出，五世希不失矣；陪臣执国命，三世希不失矣。”（《论语·季氏》）孔子的历史意识集中体现在他对“古”的言论中。也就是说，孔子儒家从“古”中看到“未来”，又从“未来”的视角反过来观照“今”。此方法看似“绕路”，其效果显然积极，每一个对当下的判断都汇集了对过去与未来的综合研究。反之，若是忽视了儒家历史观的整全视野，以割裂的眼光看待儒家所论之“古”，切断了古、今、未来之间的联系，是就古论古、食古不化，这些正是孔子儒家所反对的，这样做“灾必逮夫身”（《礼记·大学》）。

再次，在“以终观始”的全景视角中，一方面，孔子从“古”中发现了损益变化的规律；另一方面，更为重要的是，他在“古”中探求到人类社会的终极价值、理想图景。所以，“以终观始”的“终”不仅具有自然时间意义，代表未来，还具有人文时间价值，承载着终级意义。从人文时间的向度来看，“终”具有超越性。诚是源于此，使其具有了审判历史的功能，孔子作《春秋》即体现了这一思维。在孔子思想中，

“天下有道，则礼乐征伐自天子出”（《论语·季氏》），天下有道时，天子代表天道，履行审判的权利；面对天下无道，儒家将这种权利赋予历史，“孔子成《春秋》而乱臣贼子惧”（《孟子·滕文公下》）。这并非孔子自视为“上帝”“天子”，而是不得不如此的历史使命感使然，是故孔子曰：“知我者其惟《春秋》乎！罪我者其惟《春秋》乎！”（《孟子·滕文公下》）彰显了其审判历史的决心和勇气，使其获得了一个应对动荡之存在的特殊维度，标示出历史的应然方向。

经史学家蒙文通先生曾论“晚周各派之历史哲学”，认为孔子行事是“洞见源流者也。……于周人一代之变，可谓洞彻终始者也。……其于鲁人一国之变，亦可谓洞彻终始者也。……斯又洞彻于三代之变，且从而损益之，以俟后王。此孔子之所以为昭昭也”[①]。洞见源流、洞彻变化，无不源于孔子儒学有着“以终观始”的整全视野，使得儒家文明具有非凡的远虑能力。子曰：“凡事豫则立，不豫则废。”（《礼记·中庸》）颜回提出：“一言而有益于智，莫如预。”（《孔子家语·颜回》）荀子言：“先患虑患谓之豫，豫则祸不生。”（《荀子·大略》）罗素视远虑为文明的首要特征，视此为人类有别于兽类、成人有别于儿童的主要区别。[②] 显然，在先秦儒家思想中，强烈的远虑意识使儒家思考问题具有长远眼光，更具主动性地走向未来。

综上所述，儒家所言“古”“今”“终”“始”具有自然时间与人文时间的双维向度，其中，其人文时间的意义更值得关注。“古”承载着历史的常道，蕴含着人类社会的终极价值，勾画着理想的文明图景。孔子儒家将这一切投射于未来，投射于“终”。诚如我们再三强调的那样，儒家所言的“古”实际是指向未来的。“古”可验可征，这使得儒家的未来不是来自占卜的预测，不是凭空构想，它有着坚实的根基，承载着历史规律，历经了历史检验，呈现出过去与未来通贯的、绵延的时光之流。同时，儒家以这一来自未来（终）的视野观照当下，建构

① 蒙文通：《中国史学史》，上海：上海人民出版社，2006 年，第 33 页。

② ［英］罗素著，杨发庭等译：《罗素论中西文化》，北京：北京出版社，2010 年，第 14 页。

"以终观始"的整全视野。这使得儒家在"救时之弊"时，有着全景视角、长远打算，遵从历史应然的方向，非行一时之计。儒家将这一历史的应然视作"时"的出发点，也是目的地，周转往复，周流不殆，历史的意义与价值皆在于此。当今，人们常言"复兴"，这与儒家论"好古"的意旨至为相通。

（校对：张雯娟）

仁义与勇力：《儒行》“勇”论及其限度

◇ 白义洋
（山东大学儒学高等研究院）

【摘　　要】《儒行》展现了极为鲜明的刚性气质，“特立”章就提出了三种不同的勇：择取美德的勇气、搏猛引重的勇行、不悔不豫的勇德。这是孔子“勇”论的核心内容，值得关注。但前贤少有措意的是，在经典诠释史上，此章引发了极大争议，自汉儒至清儒，或赞成，或批驳，对“勇力”的态度可谓迥然不同。并且，该章“鸷虫攫搏”“引重鼎”“不断不习”等说法明显与《论语》“暴虎冯河，死而无悔者，吾不与也”的言论有相悖之处，这亦需要进一步的刻画与梳理。事实上，一直以来对儒家“勇”观念断章取义的言说与宣扬是误解了“勇”德的实施前提与行为场域，即“勇”德的开展与实现具有极大的限度：一则仅限于特殊情景，二则需要以“仁”“义”调适导顺。最后，宋儒以为学与力行论“勇”的创造性阐释，或可为今天如何践行“勇”德提供一定的借鉴。

【关 键 词】《儒行》；勇；仁义；特立

【作者简介】白义洋（1998—），内蒙古赤峰人。山东大学儒学高等研究院博士研究生。

《儒行》是《礼记》的第四十一篇，是篇以鲁哀公问“儒服”于孔子为始，至哀公“终没吾世，不敢以儒为戏”结束，凡十八章，刻画了儒者“待聘、待问、待举、待取”的政治志向与儒名、儒服、儒行的处世规范，是后世了解先秦儒者的重要文献材料。在历代经典诠释史上，对该篇文献的评价褒贬不一，从宋儒的质疑到晚清民国的推崇[①]，背后

① 关于不同诠释者对《儒行》的不同态度，可参考蔡杰：《晚清民国〈礼记·儒行〉的再经典化及其意义诠释》，《山东大学学报》（哲学社会科学版）2020 年第 2 期。

隐含着儒家群体对自身建设的隐微期许[①]。

目前，学界对《儒行》多有关注，相关研究亦十分丰富[②]，但鲜有文章专门聚焦于对《儒行》"勇"论的阐明，尤其是尚且缺乏对"特立"章的深入研究。孔子在《儒行》中提揭了不同层次的"勇"：择取美德的勇气、搏猛引重的勇行、不悔不豫的勇德。但需注意的是，在经典诠释史上，"鸷虫攫搏，不程勇者；引重鼎，不程其力"一句引发了极大的争议，并形成了两种迥然不同的解读路径。并且，"鸷虫攫搏""引重鼎""不断不习"等说法明显与《论语》"暴虎冯河，死而无悔者，吾不与也"的言论有相悖之处。本文以此为问题意识，聚焦于儒家对"勇"观念的认识，逐步澄清"勇"德的内在特质。

一、《儒行》的刚性气质与"特立"章论"勇"

《儒行》极为鲜明地凸显了儒者的刚猛气节，如"特立"章、"刚毅"章、"忧思"章：

> 儒有委之以货财，淹之以乐好，见利不亏其义；劫之以众，沮之以兵，见死不更其守；鸷虫攫搏，不程勇者；引重鼎，不程其力；往者不悔，来者不豫；过言不再，流言不极；不断其威，不习其谋。其特立有如此者。（《礼记·儒行》）
>
> 儒有可亲而不可劫也，可近而不可迫也，可杀而不可辱也。其居处不淫，其饮食不溽，其过失可微辨而不可面数也。（《礼记·儒行》）
>
> 适弗逢世，上弗援，下弗推。谗谄之民，有比党而危之者，身可危也，而志不可夺也；虽危，起居竟信其志，犹将不忘百姓之病

① 可参考蔡杰：《〈儒行〉的超越维度：儒家群体的建设与追求》，《天府新论》2023 年第 5 期。

② 可参考陈来：《〈礼记·儒行〉篇的历史诠释与时代意义》，《山东大学学报》（哲学社会科学版）2020 年第 2 期；王锷：《从〈礼记·儒行〉看先秦儒、士关系》，《国际儒学》（中英文）2023 年第 4 期；余治平：《〈儒行〉篇：戴仁而行，抱义而处——孔子为儒者赋予价值规定的经学文本解读》，《中州学刊》2024 年第 1 期。

也。其忧思有如此者。(《礼记·儒行》)

基于特殊的时代背景与思想语境，在此可以对这一现象做出颇为明晰的刻画。一则《儒行》是孔子向以哀公为代表的世俗者解释儒之志向的篇目，其立论基础就是为儒者正名，正名的重点为对儒者的志向与气节的凸显，那么孔子在文中所展现的刚性气节自然就更为突出。这一点从第十八章也能够得到验证，结合当时的社会状况，孔子周游列国后带着失望的情绪返回鲁国，不免喟叹当时道不可行于天下，儒家的修身智慧与出仕志向无法受到世人的重视与理解，包括鲁哀公在内的君主也是如此。所以，当时囿于种种因素，便导致了世俗者反诬儒者的情况。[①] 对这一情况，孔颖达也有说明："言今世以命之为儒，是相耻辱。时世如此，故哀公轻儒也。"[②] 孔子在条分缕析地完成了对儒者的描述后，才在最后带有反讽意味地说出"今众人之命儒也妄，常以儒相诟病"之语，显然并非真的认为儒者如此不堪，而是透露了自己阐发《儒行》的真正意图，就是正名。从终章鲁哀公的反应来看，孔子的譬解有效地扭转了哀公轻儒的印象。

二则在儒家的经典体系中，相较于其他文献，《儒行》更为明确地展现了儒者的刚性品质。这与《孟子》所言"大丈夫"人格和张载所倡言"为天地立心"之志若合符节。如上述所引"刚毅"章，便从饮食不溽与志向严毅的关联中阐明了儒者的刚正，黄道周《儒行集传》中提纲挈领地将此句主旨诠释为："寡欲而壮志，故刚正而严毅。"[③] 那么，饮食不溽在何种意义上才构成与刚毅品质的关联项呢？换言之，寡欲如何促进刚正气节的培养？卫湜《礼记集说》中引宋人方悫之说对这一点有所说明："然居处不淫，饮食不溽，而以为刚毅，何也？盖淫于居处，

① 在历代诠释中，也有注家认为是小人儒冒充其中，才导致儒者的形象一落千丈，但从现实来看，当时世道较差，而历史上世道差的时候儒者往往都不被重视。况且，任何时代都不能避免小人儒与伪儒的存在，那么，除却这样的常规因素，本文主要采用孔颖达的解释。

② 〔清〕阮元校刻：《十三经注疏·礼记正义》(清嘉庆刊本)，北京：中华书局，2009 年，第 3628 页。

③ 〔明〕黄道周：《儒行集传》，见《景印文渊阁四库全书》第 122 册，台北：台湾商务印书馆，1986 年，第 1143 页。

溽于饮食，皆人之欲也。孔子曰：枨也欲，焉得刚？非谓是乎？”[①]从方悫的解释来看，较之刚与柔，古代也多将刚毅与欲望[②]视为相对的范畴。在此视域下，对刚毅的强调，其意义往往落在克制私欲、修养己德上，意在劝勉有德君子以果敢迅捷的执行力克除己私。那么，对“克己复礼”工夫的践行本身可以说就是对个体人格的成全，具体而言，就是对刚正气节的养护。再如，上述所引“忧思”章，展现了一种穷达皆兼济天下的儒者情怀，亦与“横渠四句”的精神相契合。两者都能说明《儒行》偏重于刚猛的面向。

需要进一步分析的是，在传统儒家文献中，德目甚繁，不胜枚举，例如温、良、恭、俭、让、恭、宽、信、敏、惠、智、仁、勇、义、礼、信、忠、恕、孝、悌等。如果我们大致将其分为刚性气质与柔性气质两大类目，那么以上三章无疑都应归之前者。问题在于，在距离“英雄社会”十分遥远的现代，应该如何看待《儒行》所焕发的刚性气质？换言之，诸如“战争德性”[③]色彩浓厚的“勇”德在今日是否失去了其价值而走向形同虚设的地位？要解答这一疑惑就有必要将分析的重点聚焦到第六章“特立”章。以此为主要分析案例，亦有两点理由：其一，该章以“勇”统贯诸说，是为孔子论“勇”的核心立论，其刚性气质鲜明，有利于说明“勇”德的古今之别。其二，此章“鸷虫攫搏”“引重鼎”“不断不习”等说法既与《论语》“暴虎冯河，死而无悔者，吾不与也”的言论有偏离之处，亦与《孟子》“死伤勇”的观点相背离，其中的张力值得进一步探究。

此章名为“特立”章，但实以“勇”德统贯诸说。要证成这一观点，可以先将这段文本分为三个层次。为便于进一步分析，此处按上述划

① 〔宋〕卫湜：《礼记集说》，见《景印文渊阁四库全书》第120册，台北：台湾商务印书馆，1986年，第550页。

② 程子曰：“人有欲则无刚，刚则不屈于欲。”谢良佐曰：“刚与欲正相反。能胜物之谓刚，故常伸于万物之上；为物掩之谓欲，故常屈于万物之下。自古有志者少，无志者多，宜夫子之未见也。枨之欲不可知，其为人得非悻悻自好者乎？故或者疑以为刚，然不知此其所以为欲尔。”见〔宋〕朱熹：《四书章句集注》，北京：中华书局，1983年，第78页。

③ 参见陈立胜：《〈论语〉中的勇：历史建构与现代启示》，《中山大学学报》（社会科学版）2008年第4期。

分方式再次详引“特立”章：

1. 儒有委之以货财，淹之以乐好，见利不亏其义；劫之以众，沮之以兵，见死不更其守；

2. 鸷虫攫搏，不程勇者；引重鼎，不程其力；

3. 往者不悔，来者不豫；过言不再，流言不极；不断其威，不习其谋。其特立有如此者。（《礼记·儒行》）

第1条显豁的是儒者不以金玉为宝，而拥有择取忠信礼义等美德的勇气。在义利之间彰显了一种度越世俗的勇决与志气。这一点在《荀子》中也有相应体现，如荀子批评“贾盗之勇”未能免除贪戾之气，认为其“为事利，争货财，无辞让，果敢而振，猛贪而戾，恈恈然唯利之见”（《荀子·荣辱》）。在荀子看来，“中勇”[①]及以上的“勇”德能够超越对货财、乐好的追求，“贾盗之勇”缺乏这样的能力，层次较低，只能列入“下勇”。这样的诠解思路说明了儒家对“勇”的言说蕴含着“轻货财”的向度。那么，是否能够得出儒家只重义不重利，甚至轻视利益的结论呢？需要辨析的是，义和利是相对而言的范畴，儒家在义利之辩的议题下推崇道义，扬“义”的色彩明显重于抑“利”。对义利的取舍也只出现在两者冲突时，如《儒行》“近人”章中的刻画，就是凸显道义的优先性，而非注重对利的贬抑。

第2条昭明了儒者不畏艰险、敢于担当之“勇”。这类“勇”德直面死亡，被视为一种“战争德性”，在征战频仍的春秋时代颇受重视，如《国语》中训释的诸“勇”：“勇不能死”（《国语·晋语》）、“其勇不疚于刑”（《国语·晋语》）、“勇不逃死”（《国语·晋语》）、“有罪不死，无勇”（《国语·晋语》）、“以义死用谓之勇”（《国语·周语》）。那么，“勇”何以在早期成为重要的德目呢？春秋时期，“勇”代表一种果敢与勇武，相较于个人的伦理美德，更趋近一种保卫君王的

① 荀子诠解“中勇”为：“礼恭而意俭，大齐信焉而轻货财，贤者敢推而尚之，不肖者敢援而废之，是中勇也。”见〔清〕王先谦撰，沈啸寰、王星贤点校：《荀子集解》，北京：中华书局，1988年，第447页。

重要能力与稀缺的战争资源。勇武是爱国卫国的直接表现，亦构成与他人和社会直接关联的美德基质。可印证这一说法的文献证据为《国语·晋语》中公子縶直接将武、仁、智而非我们更为熟悉的“智、仁、勇”三达德并称。根据陈来的考证：“在秦晋文化中，晋文公前后已渐渐形成武、仁、智三德的讲法了。”① 以“武”代“勇”显然蕴含了强调“武力值”的意味。总之，无论是险峻的形势还是危急的情势都离不开“勇力”的加持。

但需要说明的是，此类“勇”行极有可能损害生命，具有特定的应用场景。与之相近的“鸷虫攫搏”“引重鼎”等行为同样不能被广泛效仿应用。孔颖达就警策道，此为孔子自述的托词，特指“夹谷会盟”时，齐景公料定孔子“知礼而无勇”，欲趁机劫持鲁定公，孔子为保护鲁君所展现的仁者之勇，不具有普遍性。如果考虑到孔子的圣人身份，那么，也能够说明搏猛引重的行为并非针对普通人的要求。从天子、诸侯、卿大夫、士、庶人五个阶层的划分来看，不同的阶层承担了不同的职责与功能。相对而言，职位越高的阶层，所具备的能力也就越高，庶人与天子、诸侯面对相同的情形应采取不同的应对举措。

第 3 条凸显了儒者处变不惊、改之必勇的意志力。其是一种更高层次的内在品质，也体现了突破自身限囿的德性自觉。与《儒行》相龃龉的是，《论语》中孔子明确表示：“必也临事而惧，好谋而成者也。”（《论语·述而》）两相校正，似有未安之处。那么，“特立”章为何持有“不断其威，不习其谋”之说？况且，“不悔不豫”在何种意义上可径视为“勇”德的重要表征？对这一矛盾之言需要分别辨析。一则不追悔构成了个体内心处变不惊的平静。这层含义在诸家注解中多有言及，如孔颖达讲：“虽有败负，不如其意，亦不追悔也。”② 再如杭世骏《续礼记集说》引清儒姜兆锡言：“动则当然，故不致悔。”③ 对既往之事不

① 陈来：《古代思想文化的世界：春秋时代的宗教、伦理与社会思想》，北京：北京大学出版社，2017 年，第 347 页。

② 〔清〕阮元校刻：《十三经注疏·礼记正义》（清嘉庆刊本），第 3624 页。

③ 〔清〕杭世骏：《续礼记集说》卷九十六，清光绪三十年浙江书局刻本。

过度苛责自我，与《论语》“毋意，毋必，毋固，毋我”所传达的不偏执之意相契合，也与《大学》阐发的“定静安虑”相浃洽。二则“过言不再，流言不极”绍袭了颜子“不迁怒，不贰过”的伦理美德。对这层意味亦有相应的注解，吕大临讲：“过言不再，知之未尝复行也。”[①]张载讲：“过言不再，不贰过也。”[②]值得一提的是，这与宋儒强调“颜子大勇”的语境相关联，因为不同时代对颜子形象的刻画亦不尽一致，如《韩诗外传》中塑造了颜渊“无勇而威”[③]的形象，再如梁启超《新民说》中严词拒斥了颜子“犯而不校”[④]的柔逊风格。而宋代二程、朱子、象山与明代阳明都褒扬了颜子“过则勿惮改”的勇气，并将“勇”德视为一类提撕自我的突破与能力。“不断其威，不习其谋”可视为“改之必勇”的气节与“处变不惊”的定力的体现。

二、历代诠释与“勇”德的限度

上一节基本廓清了“特立”章言“勇”的主要内涵，本节将在前文分析的基础上，主要处理诠释史上对“特立”章第二个层面“鸷虫攫搏，不程勇者；引重鼎，不程其力”一句的解读所引发的争议。历代注家形成了两种截然相反的解释：或认为儒者应不避艰难，在危急处境中“身自攫搏，见则引之”；或明确反对儒者不程己力而赤身相搏的行为，批评这是一种“暴虎冯河，好勇斗狠”的举动。纵观诸说，对此句的解读虽都言及“勇力”，一个最为直接的分歧却是儒者若逢猛兽或危险，是否应该不度量自己的能力而身往攫搏之，危急时刻迥异的抉择正是引发争议的诱因。为便于后续的分析，首先要对这两类解释路径进行初步交代。

---

① 〔宋〕卫湜：《礼记集说》，见《景印文渊阁四库全书》第120册，第547页。

② 〔宋〕卫湜：《礼记集说》，见《景印文渊阁四库全书》第120册，第548页。

③ 〔宋〕韩婴撰，朱英华整理，朱维铮审阅：《韩诗外传》，见朱维铮主编：《中国经学史基本丛书》第一册，上海：上海书店出版社，2012年，第110页。

④ 梁启超：《新民说》，见《饮冰室合集·专集》第三册，北京：中华书局，2015年，第113页。

第一种解释将“鸷虫”与“重鼎”引申理解为对艰难之事或危急情况的拟说。如孔颖达认为：“此攫搏、引鼎，喻艰难之事，言儒者见艰难之事，遇则行之，不豫度量也。”[①] 基于将“攫搏”“引鼎”的危险之举处理成特殊情况下勇猛之举的思路，在支持这一观点的儒者看来，“身自攫搏，见则引之”的行为便是无须论证的问题，因为特殊案例往往不具备普遍性。此种阐释自郑玄[②]、孔颖达为始，影响深远，后世李光坡[③]、方苞[④]都持此论。强调儒者见到危急情况必然挺身而出，不程量其勇武堪当与否，见则引之。对此或有疑问，儒者不衡量自我的能力便搏猛引重的行为是否存在损伤己身或有勇无谋的嫌疑？其实，上述思路特别提揭了“引鼎”行为的实施场域，譬如方苞认为只限于面临君父之难时。[⑤] 在儒家看来，人伦之理无所逃避，五伦中“父子一伦”是最为基本的，君臣一伦也极为重要，所以面对君父之难时“引鼎”属于不得不为。

同样持有赞成儒者“身自攫搏，见则引之”行为的观点，有别于郑孔的思路，宋儒独辟蹊径，从天理的高度为人的日常行为与普遍生活赋予人文价值。如张载就从天道的高度论证搏猛引重的合理性与可能性，他认为，“勇行”出于道义，不可不为：“鸷虫攫搏不程勇者，引重鼎不程其力，与勉焉，日有孳孳，不知年数之不及，毙而后已同义。于向道亦然，当事亦然。”[⑥] 其将儒者搏猛引重之举视为儒者勉然行道的表现。程门高足吕大临亦将“勇行”视作成德君子的必然之举，从“诚”的高度论证儒者若做好自修之事，培养己德，“勇行”便能不假修

① 〔清〕阮元校刻：《十三经注疏·礼记正义》（清嘉庆刊本），第 3624 页。

② 如郑玄认为：“搏猛引重，不量勇力堪之与否，当之则往也。”见〔清〕阮元校刻：《十三经注疏·礼记正义》（清嘉庆刊本），第 3623 页。

③ 李光坡言：“鸷虫，猛鸟猛兽也。程，犹量也。搏猛引重，不量勇力堪之与否，当之则往也。”“攫搏引鼎，喻艰难之事。言儒者见艰难之事，遇则行之，不豫度量也。”参〔清〕李光坡：《礼记述注》，见《景印文渊阁四库全书》第 127 册，台北：台湾商务印书馆，1986 年，第 913—914 页。

④ 〔清〕杭世骏：《续礼记集说》卷九十六。

⑤ 方苞：“不程勇力，此谓儒者见义必为，非谓其材勇之过人也，如赴君父之难，岂可程勇量力而后进哉。”见〔清〕杭世骏：《续礼记集说》卷九十六。

⑥ 〔宋〕卫湜：《礼记集说》，见《景印文渊阁四库全书》第 120 册，第 548 页。

饰，自然发用，“鸷虫攫搏不程其勇者，自反而缩，千万人吾往矣。其勇也，非虑胜而后动者也。引重鼎不程其力者，仁之为器，重举者莫能胜也。其自任也，不知其力之不足者也”[①]。吕大临又引《学记》讲：“九年知类通达，强立而不反，谓之大成”[②]，强调自修是一个程功积事、不断积累的渐进过程，对应境界较高的大学之道。在宋儒看来，儒者自身具足搏猛引重的才能，故而能身自攫搏，见则引之，展现了儒者对自身能力的自信与对高远人格的追求。

以上两种赞成的思路，其出发点有别，郑孔等凸显在特殊场域中儒者引鼎之行的正当性与必然性，宋儒则将引鼎的“勇行”视作君子之德的必然发用。

反对儒者搏猛引重的一脉往往将其视作崇尚武力甚至是“好勇斗狠”之举，认为不符合儒家对仁义之德的追求。持有此种观点的有黄氏、胡铨、晏光、黄道周、陆奎勋等。

卫湜《礼记集说》引黄氏之言：

> 盖君子以仁义闻则可，以勇力闻则耻也。不程量者，谓不比小人，无德可称，唯较量力勇，以夸矜于人，其临事则反无谋也。故云仁者必有勇，以其临难不苟，见危致命，好谋知几，则临事之功，必克全而无失矣，乃儒者勇力之道也。[③]

黄氏此处的辨析足以代表其将儒者“搏猛引重”视为“暴虎冯河，好勇斗狠”之举的主要立场，即认为作为儒家德目之一的“勇”德并不具有根本地位。如果说存爱之心、孝敬之诚为家庭场域的主要伦理情感，那么“仁”德才是统贯诸德的伦理总纲，自孩提之时培养仁爱之情经由“亲亲—仁民—爱物”逐步推扩至五伦中正是儒家的入德之方。而“勇”德与“仁”德虽然不能简单归结为下位概念与上位概念的关系，但儒者向来以追求仁义为第一要义。故而，黄氏给出的第一个反驳理

① 〔宋〕卫湜：《礼记集说》，见《景印文渊阁四库全书》第120册，第547页。
② 〔宋〕卫湜：《礼记集说》，见《景印文渊阁四库全书》第118册，第840页。
③ 〔宋〕卫湜：《礼记集说》，见《景印文渊阁四库全书》第120册，第548页。

由便是儒家并不主动追求勇力。进言之，黄氏剖析了勇力何以不足为君子的追求。他特别提揭了“勇”与“谋”常常处于对立状态，儒者若平日常行与人程量勇力的夸矜之举，便会忽略见微知著的备豫之功与克己复礼的修养之功，危急情势中缺乏应对之方，从《儒行》的整体结构来看，这与“备豫”章的思想显然有悖。

同样，援引“暴虎冯河”批评儒者搏猛引重行为的还有胡铨：“鸷虫攫搏虽猛，引重鼎虽有力，然不敢与儒者较量勇力堪之与否，当之则往。此乃暴虎之为，非儒者也。”[①]晏光也持此种观点：“鸷虫而能攫搏之，人皆以为勇，吾则不程计其勇，为其暴虎者，尚勇而不尚义也。重鼎而能引之，人皆以为有力，吾则不程计其力，为其杠鼎者，尚力而不尚德也。”[②]二人都认为引鼎之举有与他人较量勇力的嫌疑，是一种好勇斗狠的举动。

分析至此，就需要对以上两种解读思路给出一套较为完满的解释。其实，两种诠解的思路展现了汉宋诠释风格的差异。第一，宋儒追求温柔敦厚的风格，不喜《儒行》的刚猛气象，并以此批驳《儒行》的刚性气质过重，如吕大临对“刚毅”章就存在这样的批评：“疑尚气好胜之言，于义理有所未合也。”[③]第二，黄道周《儒行集传》中提出了汉宋之别视域下，历代学人对智德与勇德的重视程度存在一个变迁的过程：汉代以后的注解明确出现了批评智、勇的趋向，一方面是因为原有传统德目越来越少，另一方面是与政治相关，如果没有仁作为第一原理，对智、勇的盲目抬高易流于权谋、法家。基于警惕智、勇的过度，对该德目的言说也更谨慎。因而，先秦很重视智、勇，甚至将其提升至与仁差不多的地位，后世儒家反而没有那么重视智德与勇德。第三，从广义的汉宋之别来讲，相较于汉儒的辞章之学，宋儒更加强调从义理层面解释经典。因此，更重视从德性的角度诠释传统德目，并希冀能够实行相应的克己工夫，而搏猛引重是极为特殊的勇行，不能推扩

① 〔宋〕卫湜：《礼记集说》，见《景印文渊阁四库全书》第120册，第549页。
② 〔宋〕卫湜：《礼记集说》，见《景印文渊阁四库全书》第120册，第549页。
③ 〔宋〕卫湜：《礼记集说》，见《景印文渊阁四库全书》第120册，第549页。

为普通人的日常修养之功，甚至要有意规避此类伤害己身的危险之举。所以，宋儒的解释还隐含了评估勇行能否普遍地面向成德君子的层面。结合前文的分析，“暴虎冯河”自然偏离了日常的主敬涵养之功，不能被广泛效仿，这也是此句多为宋儒诟病的重要因素。

除了诠释风格的转变，基于上述对“暴虎冯河”行为的严厉批评，还可以对孔子的“勇”观念做出一个恰当的刻画。孔子对“勇”德的论述十分谨慎且具有多面性，存在层次与情景的区别，其对不同弟子论“勇”大相径庭，对“勇”的正面建构也不同。如《论语》中，一个直观的现象为，夫子言勇多针对子路而发，不仅警策其“六言六弊”，面对子路多次问勇亦屡加箴诲。其中对子路最直截的判词莫过于“由也好勇过我，无所取材”（《论语·公冶长》），甚至因子路过于刚勇，曾发出“若由也，不得其死然”（《论语·先进》）的感慨与担忧。如果考虑到孔子教诲子路时，只是一种基于过与不及的程度之别警醒弟子的行为，那就需要考虑一个因素，孔子对子路的回答流露了劝勉的意味，即希冀子路基于其刚勇的性格稍稍克除刚直之气即可，目的在于保全自身而非张扬“勇”德。那么这几条相关文献就不足以涵盖孔子论“勇”的核心观念。换言之，《论语》中对“勇”的界定有一部分原因是孔子对弟子有针对性的教诲，自不能直接视为孔子对“勇”的譬解。但需要辨析的是，对子路的箴诲切实表达了对“子路之勇”的直接批评，那么如何定性子路所代表的“勇”呢？宋儒也常将与子路形象相近的北宫黝、孟施舍放在一起加以针砭，象征了较低层次的“血气之勇”。[①] 那么孔子对子路之勇的态度就蕴含了其对血气之勇涵具的负面效应的拒斥。此外，对血气之勇的警示，我们也能在《论语》中列举出更为充足的证据，如子曰：“暴虎冯河，死而无悔者，吾不与也。必也临事而惧，好谋而

---

① 孟子云：“北宫黝之养勇也，不肤桡，不目逃，思以一豪挫于人，若挞之于市朝。不受于褐宽博，亦不受于万乘之君。视刺万乘之君，若刺褐夫。无严诸侯，恶声至，必反之。孟施舍之所养勇也，曰：‘视不胜犹胜也。量敌而后进，虑胜而后会，是畏三军者也。舍岂能为必胜哉？能无惧而已矣。’”［〔清〕阮元校刻：《十三经注疏·孟子注疏》（清嘉庆刊本），第5840页。］程子讲：“北宫黝之勇，在于必为；孟施舍之勇，能于无惧。”（〔宋〕程颢、程颐撰，〔宋〕李籲、吕大临等辑录：《程氏遗书》，见朱杰人等主编：《朱子全书外编》第2册，上海：华东师范大学出版社，2010年，第26页。）可见，二人都没有达到勇于义的境界。

成者也。”（《论语·述而》）“子不语怪、力、乱、神”（《论语·述而》），朱熹释“力”为“勇力”[①]。基于文献，仍能彰显孔子对“勇”的发微持有审慎态度。再如，《孟子》中也明确提及“死伤勇”，即儒家的“勇”德具有明确的实施限度。

通过上文的分析，从不同时代的诠释风格与孔子言勇的复杂性对两种解读给出了基本的刻画，并且能够看到儒家对“勇”的使用与高扬具有特殊的场域与限度，也对以子路为代表的“血气之勇”多有批驳。这也提示我们，较之“仁”德的完满性，“勇”很难被直接定性为一类独立的“吉”德，武勇与孤勇甚至常常导向危险的境况，对“勇”德的彰显离不开其他德目的导顺与调适。

三、“仁勇”“义勇”：仁义对勇力的范导

虽都反对搏猛引重，大异其趣的是，宋儒黄氏、胡铨等批驳好勇斗狠的行为不符合儒者的气象，而清儒姚际恒则出于文献辨伪的目的。如果我们进一步对持有“搏猛引重”的诠解观点做出更为合理、融贯的解释，就会注意到黄氏与晏光的批评中隐含着一个重要的维度，即对“仁义”的提揭。《儒行》中有三处“忠信并举”：“怀忠信以待举”“儒有不宝金玉，而忠信以为宝”“儒有忠信以为甲胄”。第十七章主言“仁”德的各项意涵。另有四章提及“义”：“不祈土地，立义以为土地……非义不合”“见利不亏其义”“儒有忠信以为甲胄，礼义以为干橹；戴仁而行，抱义而处”“其行本方立义”，可见，“忠信仁义”确为《儒行》通篇最为重要的美德。考虑到这一点，对《儒行》中仁义与勇力之关系的考察无疑就具有一定的可行性与合理性。尽管黄、胡都提示我们“勇”德相对于仁义不能构成一个独立的德目，甚至认为不恰当的“勇”与仁义相暌隔，那么将如何理解仁义对“勇”德的节制、提升、范导作用？

① 〔宋〕朱熹：《四书章句集注》，第98页。

首先，应该对《儒行》中“仁义”之内涵进行一番梳理，其中最为清晰的刻画当属第八章：

> 儒有忠信以为甲胄，礼义以为干橹；戴仁而行，抱义而处；虽有暴政，不更其所。其自立有如此者。（《礼记·儒行》）

有学者将此章中的“戴仁而行，抱义而处”视作整篇《儒行》的箴言[①]，可见仁义作为儒者的内在本质，承载了极为重要的作用。聚焦在“自立”章，以甲胄、干橹比喻忠信、礼义，暗含了四德作为伦理观念对儒者的重要意义，如孔颖达就解读为：甲胄、干橹都是防御的武器，在此处取其“防御患难”之意蕴，意在说明忠信礼义正是在人格上最好的防御武器。甲胄、干橹作为武器可以保全身体，忠信礼义作为品格上的“武器”能够保全本性。面对拥有忠信礼义的君子儒，他人或出于尊崇，或出于敬畏，不敢轻易折辱。如何理解内在信念具有如此强悍的影响呢？

《儒行》是孔子对儒者出仕应物的行为规范的言说，然而，需要做出辨析的是，外在的行为规范只是内在信念的外显，更为重要的是儒者的心志与持守。对这一层意涵的把握宋儒明显更高一筹，吕大临言：“行则尊仁，居则守义，所以自信者笃，虽暴政加之，有所不变也，自立之至者也。首章言自立，论其所学所行，足以待天下之用而不穷。此章言自立，论其所信所守，足以更天下之变而不易。”[②]吕氏从首章自立与此章自立之别的辨析入手，提出学行与信守有本末先后的次序之别，阐明了内在信念的重要性，从一个更高的维度把握住了《儒行》的主旨。结合《说文解字》言“勇”的两个义项：“从力”“从心”[③]，如果力直接对照“勇力”，即外在行为，那么心就可与“仁义”关联而论。“仁义”与“勇力”的关系也就能够得出一个较为融贯的解释，即

---

① 参见余治平：《〈儒行〉篇：戴仁而行，抱义而处——孔子为儒者赋予价值规定的经学文本解读》，《中州学刊》2024 年第 1 期。

② 〔宋〕卫湜：《礼记集说》，见《景印文渊阁四库全书》第 120 册，第 550 页。

③ 〔汉〕许慎撰，陶生魁点校：《说文解字》（点校本），北京：中华书局，2020 年，第 459 页。

"仁义"是儒者所具有的较为稳定的内在美德,"仁义"对勇力构成不可或缺的范导作用。

那么,如何理解"仁"与"勇"的关系呢?"仁"是儒家最重要、最整全、最具代表性的德性,孔子特别重视"仁",赋予了它区别具体德目的全德之名。"仁"也是儒者所汲汲追求的最为重要的美德,君子的成德之道无不趋向"仁"。然而,对"仁"的践行离不开"实有诸己"的切实工夫,《论语》讲"仁者必有勇"(《论语·宪问》),就说明了"仁"与"勇"的关系:"仁"具有先在性,"仁"德涵括了"勇"德,或说,"勇"德实为"仁"德的辅翼。如果从这个意义上考量行仁与引鼎的关系,无疑能获得一个更具理论高度的视角,即行仁如同引重鼎,奋然立志并持之以恒的践履正可谓君子"求仁得仁"的有效路径,这一过程堪比内在信念与超越信仰上的精神"引鼎"。在这个意义上,强学与力行是儒者行道的必要内容,引重鼎就是要以"行仁"为目标并下贯至为学与力行中,吕大临的解读中就暗含了这样的阐释倾向:"引重鼎不程其力者,仁之为器,重举者莫能胜也。其自任也,不知其力之不足者也。"[①] 既然如此,引重鼎就不是行为上的危险之举,而是行道上的修为要求,而且是只有真正的儒者才愿意并可能实现的更高追求。那么,可以想见,当时一些冒充儒者的小人儒仅仅在行为上展现出夸矜之举而非在信念上持有美德,自然无法与真正的儒者相提并论,好勇斗狠者展现的武力也就不能对真正的儒者构成威胁。

"义"与"勇"的关联甚密,义勇的显豁在于评估勇行实施场域的恰当与否。《论语》中亦有两德并举的言说:"见义不为,无勇也。"(《论语·为政》)"君子义以为上。君子有勇而无义为乱,小人有勇而无义为盗。"(《论语·阳货》)"义"主裁断,邢昺注:"义,宜也。"[②] 朱熹注:"义者,事之宜也。"[③] 彰显了儒家审时度势、临事而谋的判别智慧。可见,孔子从伦理学的角度为君子之勇与小人之勇设立了一个

① 〔宋〕卫湜:《礼记集说》,见《景印文渊阁四库全书》第120册,第547页。
② 〔清〕阮元校刻:《十三经注疏·论语注疏》(清嘉庆刊本),第5350页。
③ 〔宋〕朱熹:《四书章句集注》,第52页。

道德标杆——“义”。“义”主要指向道义，《儒行》暗合君臣与朋友两伦，在儒家看来，距家庭场域较远的这两种人伦关系的维持都是依靠“义”，如范祖禹曰：“君臣朋友，皆以义合，故其事同也。”[①]也就是说，道义才是能够缔结君臣与朋友关系的核心凝聚力。“勇”与“死”构成对立项时往往出现在君臣一伦中，君子以死殉义，例如明末遗民的黄道周在抗清过程中被俘，毅然拒降而死，体现了对君臣一伦的坚守，是忠贞气节的代表。需要辨析的是，为正义而死才视之“勇”，反之，则会伤害“勇”。换言之，死并非“勇”的践履，不义而亡，只是武夫的表现。皇侃《论语义疏》引李充曰：“若遇君亲失道，国家昏乱，其于赴患致命而不知居正顾义者，则亦畏陷乎为乱，而受不义之责也。”对此，孟子、荀子[②]也都将超越世俗的道义视作儒者践行“勇”德的高级追求。

杨时对面临死亡时的勇行提出了更为直接的界定：“君子有舍生而取义者，以利言之，则人之所欲无甚于生，所恶无甚于死，孰肯舍生而取义哉？其所喻者义而已，不知利之为利故也，小人反是。”[③]当死亡与勇行站在对立面时，意味着要在儒家曾坚守的全身远害之道与舍生取义之道间做出一定的取舍，“身体发肤，受之父母”，对生命的爱惜富含儒家所独具的古典精神，随意舍弃生命悖于天理、毁坏人伦。捐躯殒命只有在其所获取的意义比之生存更接近人的“本真性存在”时，这种牺牲才被允许，如程子言：“须是实见得生不重于义，生不安于死也。”[④]所以儒家对“勇”的承纳与认肯向来具有严格的限度，一则需要以“仁义”之德来范导“勇行”，此为“仁义之勇”；二则“引鼎”的行为往往在以天命为终极归宿的超越维度中才得以成为可能，此为“畏天之勇”。

---

① 〔宋〕朱熹：《四书章句集注》，第 74 页。

② 孟子讲：“可以死，可以无死，死伤勇。”［〔清〕阮元校刻：《十三经注疏·孟子注疏》（清嘉庆刊本），第 5937 页。］荀子讲：“义之所在，不倾于权，不顾其利，举国而与之不为改视，重死持义而不桡，是士君子之勇也。”（〔清〕王先谦撰，沈啸寰、王星贤点校：《荀子集解》，第 56 页。）

③ 〔宋〕朱熹：《四书章句集注》，第 73 页。

④ 〔宋〕朱熹：《四书章句集注》，第 163 页。

四、宋儒论“勇”及其现代启示

那么，在君臣一伦已然不复存在的当今社会，儒家之“勇”又何以焕发生机呢？在前文的分析中，我们发现，宋儒的阐释路径自成一脉，具有独特性。其对“仁义”与“勇力”的解释溢出了先秦的语境，扩展至更为精细的修养工夫中，宋儒的创造性阐释或可为我们当今如何谈论“勇”提供一定的借鉴与指引。

宋代学者在传统的义利之辩外，还提供了一种以天理人欲领会血气之勇与义理之勇的思路。其认为，“勇”具有两种来源：天理和人欲①，后者只是私欲的肆虐，如出于欲望的血气之怒是不足取的小勇。能够获得对天理的真切肯认，才是开启“勇”德的关键。并且，宋儒还将对“勇”的诠释推扩至为学与知行的关系中。

宋儒对“勇”的阐释已经沉淀为一种内在的修养工夫，体现在治惧与改过中。程子与朱子都提出，惧这一情感的产生是囿于对天理的体认不足，明理可以治惧，曰：“明理固是能勇，然便接那‘不惧’未得，盖争一节在，所以圣人曰：‘勇者不惧。’”②同时，颜子所代表的能够迁善改过的能力，亦是一种大勇的体现：“迁善工夫较轻，如己之有善，以为不足，而又迁于至善。若夫改过者，非有勇决不能，贵乎用力也”③，展现了儒者持守力行的勇决。

从为学的角度看，勇体现为持守义。“为学自是要勇，方行得彻，不屈慑。若才行不彻，便是半涂而废。所以《中庸》说‘知仁勇三者’。勇本是没紧要物事，然仁知了，不是勇，便行不到头。”④可见，勇不

① 张敬夫曰：“小勇者，血气之怒也。大勇者，理义之怒也。血气之怒不可有，理义之怒不可无。知此，则可以见性情之正，而识天理人欲之分矣。”（〔宋〕朱熹：《四书章句集注》，第216页。）王阳明云：“子路之勇，而夫子未许其仁者，好勇而无所取裁，所勇未必皆出天理之公也。事君而不避其难，仁者不过如是。”（〔明〕王阳明著，吴光等编校：《王阳明全集》，杭州：浙江古籍出版社，2010年，第161页。）

② 〔宋〕黎靖德编，王星贤点校：《朱子语类》，北京：中华书局，1986年，第984页。

③ 〔宋〕黎靖德编，王星贤点校：《朱子语类》，第1643页。

④ 〔宋〕黎靖德编，王星贤点校：《朱子语类》，第1561页。

体现在学的内容与方式上，而落实在学的用力程度上，也可以理解成为学的长久恒心，相对于“生知安行”，是一种“困知勉行”的后天工夫。听起来颇为平实的持守之功何以重要呢？有趣的是，很多学者都有过“体仁”的状态，甚至是某种神秘体验，如谢良佐自称曾达致“何思何虑”的境界。在儒家看来，直觉体悟往往被视为不可言说的最高境界，但这样的体验恰恰一瞬而逝，不具备恒久性，是少数天赋极高的人才能达到的超越性体会，相较而言，儒家更提倡平实的、有效的修养工夫，因此，学成之后的持守更具现实价值。

从言行层面来说，勇表现为强毅义。放在知行的关系中，勇是行的状态，辅翼知的完成，是对知的践履，也是致知的效验。有弟子问朱子《中庸》“‘有弗学’至‘行之弗笃弗措也’”是否都可视作“勇”的体现？朱子答曰：

> 此一段却只是虚说……“弗措”也未是勇事。到得后面说“人一己百，人十己千”，方正是说勇处。“虽愚必明”，是致知之效；“虽柔必强”，是力行之效。[①]

知行是一对关联紧密的范畴，但现实中难免出现知行割裂的情况，可见，知有知之功，行具行之力。如果说真知与否的标准是由愚钝至明晰，那么，力行的要领便是积极进取，是“人一己百，人十己千”的奋发有为，是一种程度上的差别。

总而言之，“勇”德是传统儒家的重要德目，并被列为三达德之一，具有重要的现实价值。作为“道义之勇”，是对君臣一伦与朋友一伦的成全与安顿；作为个体的伦理美德，主要体现在为学与知行的关系中。但在当今社会，“搏猛引重”的“勇”行之践履具有极大的实施限制与应用前提。

（校对：由吉辉）

① 〔宋〕黎靖德编，王星贤点校：《朱子语类》，第 1565 页。

荀子性恶论视域下的圣人与礼义

◇ 叶　晴
（清华大学人文学院哲学系）

【摘　　要】荀子对人性的讨论与其对政治秩序的设想息息相关，他的主要目的不是建构一套抽象的人性理论，而是试图从人性出发论证礼义法度对于维系秩序的必要性。荀子认为圣人是礼义法度的制定者，但是由于其主张性恶，性恶之人最开始如何能成圣并制定礼义法度受到了广泛质疑。对此可以从哲学和历史两个角度进行回应：从哲学论证的角度看，圣人通过“心”知的能力可以实现对客观为真之“道”的认识，从而转化自身的性情，成就美德，并在“知道”的基础上建构与天道一贯的人道，即现实的礼义法度。从历史的角度看，荀子认为礼义是历代先王积累损益的结果，天地、圣人和礼义的关系如同“环之无端”，并不需要为其寻找一个具体的开端。圣人所制定的礼义法度既对人有外在约束，让人不为恶，使得秩序走向“治”；又让人在遵循的过程中得以“化性起伪”，从而走向善，使得常人也有成圣的可能性。荀子所构想的是以美德为内核、以至善为目的的政治秩序，其并未偏离儒家大本。

【关 键 词】荀子；性恶；圣人；礼义；美德

【作者简介】叶晴（1998—），广东韶关人。清华大学人文学院哲学系博士研究生。

当前对荀子人性论的研究可谓汗牛充栋，一方面，学界基于荀子对于“性”“欲”“心”等概念的分析，论证其人性论的形态；另一方面，对荀子政治哲学的研究亦方兴未艾。但若仅仅把荀子的思想拆分为若干独立的论题，无益于重构荀子思想的完整体系，而把荀子思想作为一个有机整体，则可以发现不同论题之间有着紧密的关联。荀子对人性的讨论与其对政治秩序的关切息息相关，对人性恶的判断实则服务于建构一套礼义法度以矫饰人性而维系社会稳定，并成就以美德教化从而走向良好生活的构想。在这个意义上，荀子把人性上通过“化性起伪”而由恶转善的成圣目标与政治上圣人通过礼义法度而建构秩序的目标关联起来，体现了儒家“内圣”而“外王”，建构以美德为内核之政治秩序的理想。

荀子在《性恶》篇指出：“人之性恶，其善者伪也。今人之性，生而有好利焉，顺是，故争夺生而辞让亡焉；生而有疾恶焉，顺是，故残贼生而忠信亡焉；生而有耳目之欲，有好声色焉，顺是，故淫乱生而礼义文理亡焉。然则从人之性，顺人之情，必出于争夺，合于犯分乱理而归于暴。故必将有师法之化，礼义之道，然后出于辞让，合于文理，而归于治。”这里所说的人“性恶”，实则是从顺人之性所导致的“暴”“乱”的后果而言的，因而矫正人性的目的，即在于实现“治”。则人性与治乱秩序是关联的，荀子讨论性恶，最终目的仍然是强调“师法之化”“礼义之道”于改造人性的必要性，即要通过一套礼义法度，约束和转化人性以实现政治秩序的治理。

荀子认为人之性恶，要使人为善，就要依靠“伪”，而“伪”的依据在于师法礼义，即依靠一种外在的规范对人进行约束和教化，使人能够矫正自身的恶性。但是可以矫正人之恶性的师法礼义从何而来？如果以“礼”为本，则人依靠“礼”才能为善成圣；但是问题是，荀子强调“圣人”正是礼乐的制作者：“今人之性恶，必将待师法然后正，得礼义然后治，今人无师法则偏险而不正，无礼义则悖乱而不治。古者圣王以人之性恶，以为偏险而不正，悖乱而不治，是以为之起礼义，制法度，以矫饰人之情性而正之，以扰化人之情性而导之也。始皆出于治，合于道者也。”（《荀子・性恶》）这里荀子所说的“圣王”就是那个“起礼义，制法度”者。而荀子也强调：“故圣人化性而起伪，伪起而生礼义，礼义生而制法度。然则礼义法度者，是圣人之所生也。故圣人之所以同于众，其不异于众者，性也；所以异而过众者，伪也。”（《荀子・性恶》）圣人与众人之性同，所不同的恰恰在于圣人能“伪”，由此能够生礼义法度。但是荀子在此未能展开的问题是，如果圣人与常人人性一致，而人性中并无善的依据，圣人如何能够逃离人之性恶的普遍性而通过伪以成圣，并制作礼义法度？如果人是依靠礼义法度才能化性起伪而有成圣的可能，而只有圣人才能制作礼义法度，那么圣人和礼义法度孰先孰后？这就会构成一个循环论证。

现当代许多学者基于此对荀子学说进行了质疑，批评其偏离儒家大本。本文将从现当代学者对荀子的质疑出发，继而从哲学和历史两个维度分析荀子对圣人与礼义的论述以对之进行回应，并指出圣人通过制礼建构的是以美德为价值内核的政治秩序，由此呈现荀子思想中人性和政治关联的整体思想脉络，力证其并未偏离儒家大本。

一、性恶视域下的“大本不立”困境

荀子主张人之性恶，强调师法礼义是矫饰人之情性而使其合于道的外在手段。与孟子不同，他不认为人具有善的本性，这使他遭到了现代儒家学者广泛的批评。如牟宗三就认为，荀子坚持性恶，所言之人不具有善之本原，导致了其学说“大本不立”。由于缺少先天善性所透露的绝对精神，一切精神没有其根据，由此礼义成为“无根”的存在：“荀子特顺孔子外王之礼宪而发展，客观精神彰著矣，而本原又不足。本原不足，则客观精神即提不住而无根。”[①] 荀子之心只是一认识的心，而非以仁识心的道德心，尽管心能认识礼义，但是无法使人成为道德主体；而圣人之道德实践无法基于性分，只能依靠于偶然的才能，这就让道德实践不具有普遍性和必然性。

蔡仁厚亦指出，在荀子看来，礼义是道德修养的规范，但荀子既然认为先天自然之性中并无礼义，则礼义从何而来，道德实践的根据又是什么，就成为两个待解决的问题。荀子认为礼义并非得之于天，亦不是出于性之本然，而是圣人所生，那么进一步的问题即“圣人如何生礼义”？与牟宗三类似，他认为：“荀子认为人性恶，圣人之性亦与众

① 牟宗三：《荀学大略》，见廖名春选编：《荀子二十讲》，北京：华夏出版社，2009 年，第 51 页。

人同；如此，则圣人之‘生礼义’，并不系于他的德性，而是系于他的才能。在人的性分之中没有礼义之根，必将有待于圣人的才能来制作，而圣人又不世出，如此，则礼义之普遍性与必然性根本无法建立。虽说礼义可学而知，可学而能，但礼义既已失去人性之基础与内在根据，则人之成善成德亦将无有内发性与自发性可言矣。”① 他还继承牟宗三的说法，批评荀子之心虽然能认识礼义，以礼义治性恶以成善，但是心只是“认知心”，所以心并没有办法具有充分的道德实践之动力。

劳思光也认为：“荀子学说之基源问题可说为‘如何建立一成就礼义之客观轨道’，盖荀子之价值哲学，于主体殊无所见，故其精神落在客观秩序上。然以主体之义不显，所言之‘客观化’亦无根。”② “荀子徒以‘伪’（‘人为’之意）释‘善’，而不能说明‘性恶’之人何以能有‘人为之善’，亦不能说明师法何由立，礼义何由生，遂伏下荀子理论之致命因子。”③ 劳思光批评荀子主张性恶，无法从主体确立价值，只能从客观秩序上建立价值哲学；但荀子无法说明性恶之人如何能伪，也就无法说明客观的师法礼义如何产生，这使荀子的理论具有根本困难。他进一步指出，荀子认为人能够在自觉努力中创建礼义，如“凡礼义者，是生于圣人之伪，非故生于人之性也。故陶人埏埴而为器，然则器生于工人之伪，非故生于人之性也。故工人斫木而成器，然则器生于工人之伪，非故生于人之性也”（《荀子·性恶》），就如器生于工人之伪，人必须依靠外来的力量成礼义，但是这力量源自何处？荀子又认为来自圣人，那么“依此，则师法礼义皆生于圣人。而圣人乃能自作努力（积思虑），又能承受文化成绩（习伪故）者。但人之性既恶，则人只有动物性，又何以能成为圣人？何能自作努力，何来文化成绩？”④ 即荀子无法回答圣人如何伪而成就德性的问题。劳思光总结道，荀子之心是认识心，荀子认为天并非人之主宰，既不归于“心”，

① 蔡仁厚：《孔孟荀哲学》，台北：台湾学生书局，1984年，第476页。

② 劳思光：《新编中国哲学史》（增订本），北京：生活·读书·新知三联书店，2019年，第320页。

③ 劳思光：《新编中国哲学史》（增订本），第322页。

④ 劳思光：《新编中国哲学史》（增订本），第324页。

亦不以非人格化之天为价值根源，那么礼义就只能是人为了平乱息争、应付环境而不得已之举，礼义于是只有工具性价值：“荀子价值论之唯一出路，乃只有将价值根源归于某一权威主宰。实言之，即走入权威主义。”①

此外，徐复观认为，荀子之天是自然之天，因为缺乏道德超越性，其性恶说导致的是强制性的权力机栝。②韦政通则指出，荀子忽视了道德主体的彰显和价值自觉。③克莱恩也曾质疑，荀子并没有说明在没有礼义规范出现的社会中，性恶的人如何成为圣贤。④可以看到，接续牟宗三对荀子“大本不立”的判断，现当代儒家学者在不同程度上对荀子持有类似的批评：由于主张性恶论，荀子对道德的超越根源欠缺了解，既无法说明道德的来源和基础，也无法确立道德主体和价值自觉，因此偏离了儒家之大本。基于此，荀子的学说无法自洽地解释道德实践如何可能、为善的圣人如何产生等问题，最终荀子所言的礼义只能诉诸一种权威主义或工具性手段。这就使得荀子性恶论视域下的圣人和礼义之形成缺乏价值根据，似乎偏离儒家成德之学的宗旨。

本文认为，荀子的理论可以回应相关的问题，并证明自身实则未曾偏离儒家之大本。这种回应可以分为哲学的回应及历史的回应两种。哲学的回应意味着我们可以从理论论证的角度，根据荀子的相关思想，帮助他回应现代学者对圣人和礼义起源的质疑：荀子认为人性恶是对人性的普遍预设，对于圣人如何能够成圣的问题，可予以一种理论之可能性的回应，其关键是对荀子之“心”与“天”的重新理解。荀子实际上仍然承认超越的道德根据，并认为圣人之心可以通过认识这一超越的道德根据而确立人之道德主体，从而依据天道而制礼义。历史的回应则是基于荀子的本意：荀子并不着意于解决“第一个圣人”的问题，成为传统的礼义可诉诸历史文化，其从先王之礼义法度累积而成，并

① 劳思光：《新编中国哲学史》（增订本），第328页。

② 徐复观：《中国人性论史·先秦篇》，台北：台湾商务印书馆，1969年，第225—259页。

③ 韦政通：《荀子与古代哲学》，台北：台湾商务印书馆，1992年，第219页。

④ T.C.Kline III,“Moral Agency and Motivation in the Xunzi”,*Virtue,Nature and Moral Agency in the Xunzi*,Indianapolis: Hackett Publishing Company,2000,p.155.

没有一个明确的开端。

二、成圣的理论根据：心能知道

荀子认为“礼”是矫饰人之情性而使其合于道的外在手段，但是荀子既然认为圣人是礼的制作者，那么圣人本身如何逃离性恶的藩篱，去制作礼呢？“化性起伪”固然需要依靠师法礼义等外在手段，但是荀子亦为“伪”提供了基于人自身结构的内在可能性，即人心之知的能力，由此，从“心”的功能入手，或可为性恶之人如何成圣的问题提供一种合理的论证。

荀子肯定人有“知”的能力：“凡以知，人之性也；可以知，物之理也。以可以知人之性，求可以知物之理而无所疑止之，则没世穷年不能遍也。”（《荀子·解蔽》）也就是认知是人与生俱来的能力，物理是可以被人所认知的，而“心”则是认知的重要场所。荀子说：“心有征知。征知则缘耳而知声可也，缘目而知形可也，然而征知必将待天官之当簿其类然后可也。”（《荀子·正名》）眼耳鼻口等是人的感觉器官，它们所获得的感觉是杂乱的，但是心具有认知理性，能够通过认知理性对杂乱的感觉进行加工，赋予其一个秩序。

然而，“心”的知究竟是一种怎样的“知”？这则涉及荀子对“心”与“道”的关系的讨论。目前学界对荀子之心与道的关系有两种主要观点，一种观点是“建构主义”的，即认为“道”是被“心”建构的存在。这意味着，“心”的认知能力实际上是一种工具理性式的，其表现在根据人自利欲望的满足，按照对现实情况的认知进行最佳的利益计算，从而做出最符合长远利益的选择。如此，则礼义是先王为应付现实环境而制定的，如荀子说：“礼起于何也？曰：人生而有欲，欲而不得，则不能无求；求而无度量分界，则不能不争；争则乱，乱则穷。先王恶其乱也，故制礼义以分之，以养人之欲，给人之求，使欲必不穷乎物，物必不屈于欲，两者相持而长，是礼之所起也。”（《荀子·礼论》）由于人天生的欲望导致争夺、混乱，所以先王通过制礼义来规范人的欲求，减少争夺，保持和谐的秩序，反而能够促进物质的生产，满足人们长远的物质需求，使得物和欲“相持而长”。这一思路实则与霍布斯讨论人类如何从“自然状态”进入订立契约而形成的国家状态有相似处：人能认识到在自然状态下，顺从人的自然本性会导致争夺、混乱，因此为了改变这种情况，出于理性计虑，思考一种满足人的长远利益的制度方案，订立契约进入国家状态。

由此，心知被视为一种工具理性式的认知功能，即人能够通过反思无序的“自然状态”而制定更长远的满足自身利益的方案，这就是人类如何进入秩序的解释。放在荀子的思想框架看，这即意味着，圣人之所以为圣人，乃是因为其根据自身的认识能力，基于避免争夺、混乱和实现欲望的长期稳定满足，而建构出了一套礼义法度，从而建立了一套人间的秩序，则道德价值就来源于人建构的礼义法度。比如哈根就指出：“这里并没有什么神秘的形而上学的道德论。这是如何达到和谐的出于常识的解释，以及有德之人是如何从自私的人性与欲望开始协同地取得进步的。进而，德性的培养不需要改变基本的欲望，而是将理智加于其上，这本身就是基本的自然欲望与智慧一起驱动的。”[①] 如此“道”无非是人根据心的理性能力而建构出来以满足人类利益的一种现实制度的别名。

在这种解释思路下，荀子思想中的道德价值成了被人建构的结果，即道德不具备自身形而上的超越地位，而是人基于自利需要的一种制度需求。这是把荀子思想与现代以来以霍布斯为起点的政治哲学不恰当接洽的理论后果，其本质上是祛魅政治背后的道德价值，把道德化约为一种工具理性建构的制度的内容。这则与儒家美德政治的理想不同，而使荀子更接近于法家的政治哲学。[②] 这种理解使得荀子似乎“出

① ［美］库蒂斯·哈根著，秦际明译：《荀子与审慎之道：作为动机的欲成为善》，《国学学刊》2018 年第 1 期。

② 法家的政治哲学与现代政治哲学更加契合，因此具有“早期现代性”的特质。法家强调“道”和“君主”的强关联性，而依靠君主建立一套法制来治理国家；法家如韩非子对“道”的解释借用的是道家式的“道”，其实际上更强调“道”的自然内涵，而非其道德内涵。对于法家思想的细节，本文不过多涉及，详可参见白彤东：《韩非子：第一个现代政治哲学家》，《世界哲学》2012 年第 6 期；白彤东：《韩非子对古今之变的论说》，《复旦学报》（社会科学版）2020 年第 5 期。

儒入法”，偏离了儒家以美德为内核的政治构想：若把“心”知的功能作为满足长远利益的理性计算，以“礼”为导向功利主义而泯于价值的外在手段，则无法证成人道德实践的可能性和道德主体的可能性，难免会遭到如牟宗三所言的荀子“大本不立”的批判[①]。

当然，主张荀子的思想为建构论的学者或许认为，荀子与霍布斯的理论仍有不同：霍布斯从未认为从自然状态过渡到政治社会的过程中，人类的自利动机会改变。基于一种利己主义的心理学，霍布斯始终以自我保存和满足作为政治秩序的内在标准，所以其实际是以政治手段处理道德问题，这确实无法确立德性秩序，因为在这一视域下人始终是私利的个体。但在荀子那里，人们不仅以礼义限制其行为，而且久而久之会以礼义转化其品格，因此礼义可以从工具性手段变为目的本身，并发挥转化性情的作用。[②]但如果礼义起源于私利或者现实处境，而无客观的价值根据，即便人们可以将遵循礼义从手段变为目的，亦无法说明礼义的价值根据以及其如何能够使人成就美德。这一理解无法导向一种以至善的生活为目的的政治结构。其理论后果实际是去除了儒家之“道”的形而上价值和“道”之至善目的对现实政治的约束作用，使得“道”与现实政治同化。但荀子实则多次强调“道”超越于人治的形而上地位，如荀子强调“从道不从君”（《荀子·臣道》），即“道”超越于君主权威。实际上，儒家政治思想中始终是有一个“道”高于君主权威，由此能够基于“道”对君主提出道德约束，这恰恰体现

---

① 牟宗三：《荀学大略》，见廖名春选编：《荀子二十讲》，第 47—48 页。

② 比如哈根认为“遵循礼义”的具体欲望一开始仍是从属于“自利”之原始欲望的工具性欲望，但在长期的训练过程中，人会逐渐发现“遵循礼义”这一具体欲望本身有利于满足原始欲望，从而使得这一欲望渐渐变成非工具性的目的本身，由是便形成了人遵循礼义的道德动机，人性的修养和教化才得以可能。（［美］库蒂斯·哈根著，秦际明译：《荀子与审慎之道：作为动机的欲成为善》，《国学学刊》2018 年第 1 期。）邓小虎也指出：“道德规范来源于声望的创制，但其基础或理据却在于‘人道’。在荀子看来，人之所以需要道德规范，就恰恰因为人类的行为和活动并不导致一自然的和谐；正正相反，在自然情欲的推动下，个人盲目地求取情感欲望的满足，一定会导致争夺乱穷。道德规范因此是对于人类基本处境的一种响应……换言之，道德规范的源起或许是世俗乃至于功利的，但这不代表道德规范不可以在发展过程中具备超越功利乃至世俗生活的意义。”他认为，荀子所言的礼义法度虽然是圣人创制的，但是其有效与否取决于人类生活的理则，即“人道”，因此其具有客观的标准。（邓小虎：《荀子的为己之学：从性恶到养心以诚》，北京：北京大学出版社，2015 年，第 53 页。）邓小虎所言人道是现实的人类生活处境，其未能发掘人道与形而上的天道的关联。

了儒家政治的美德内核；同时，“道”高于“君”，亦为政治批判和政治革命提供了合法性和可能性。荀子强调“道”超越现实政治权威的独立地位，并以之引导政治朝向良善的目的，与儒家思想中“道高于君”“德尊于势”的主张是一致的。

另外，从荀子对“天”的认识来看，荀子虽然认为“天行有常，不为尧存，不为桀亡”，看似是把“天”看作一种自然之天，但是实际上仍然以天道作为一种对人道的规约：天不会干涉人的事务，并非意味着人可以不遵循天道行为，虽然荀子的天不具有很强的道德人格意味，但是仍然是有“道”的。如他指出：“列星随旋，日月递照，四时代御，阴阳大化，风雨博施，万物各得其和以生，各得其养以成，不见其事而见其功，夫是之谓神。皆知其所以成，莫知其无形，夫是之谓天功。”天地运作而生养万物，这是天职、天养、天功，其说明了经验世界的秩序与运行，“天”构成了秩序的形而上依据。而“天有其时，地有其财，人有其治，夫是之谓能参”，人通过“治”从而参赞天地之化育中。而人道之治需要与天道秩序相一致：“暗其天君，乱其天官，弃其天养，逆其天政，背其天情，以丧天功，夫是之谓大凶。圣人清其天君，正其天官，备其天养，顺其天政，养其天情，以全其天功。如是，则知其所为，知其所不为矣，则天地官而万物役矣。”天君、天官、天情、天养、天政均来自天，其中天君、天官、天情是人的禀赋，说明了天对人的规定性；而天养、天政则是天之养育功能和运行法则。天是有其秩序的，因此人“应之以治则吉，应之以乱则凶”“顺其类者谓之福，逆其类者谓之祸，夫是之谓天政”（本段引文皆出自《荀子·天论》）。人为的治乱将导致不同的价值判断，顺逆会带来福或者祸，这就是“天政”，是人政的形而上根据。人道需要与天道的秩序保持一致，从而使得“天地官万物役”，建构出一套和谐的人间秩序。在这个意义上，荀子的人道实际上与天道具有连续性，“道”或者“天道”并非建构的，而是有其形而上的实在价值，亦是人间礼义的价值依据。[1]

“心”的认知能力恰恰是指向对“道”的认知能力，荀子不仅强调“道”对于衡量万物的超越作用，而且强调人去“知道”即依靠“心”：

何谓衡？曰：道。故心不可以不知道。心不知道，则不可道而可非道。人孰欲得恣而守其所不可，以禁其所可？以其不可道之心取人，则必合于不道人，而不知合于道人。以其不可道之心，与不道人论道人，乱之本也。夫何以知！曰：心知道，然后可道；可道，然后能守道以禁非道。以其可道之心取人，则合于道人，而不合于不道之人矣。以其可道之心，与道人论非道，治之要也。何患不知？故治之要在于知道。（《荀子·解蔽》）

人要“知道”，就要依靠“心”的能力，“心”若是“知道”，进而“可道”即认可道，并“守道”即坚守道，才会使得“治”得以可能，所以“治之要在于知道”。许多学者质疑的是，荀子的心只是认识心，无法自足地成就道德实践，缺乏道德实践的动力。但荀子认为，心的认知和认可，足以使人选择道作为行动的理由，从而克制欲望，构成行动的充分动力。关键是所认知的“道”本身是真的信念，“道”之“真”是“可道”的前提，因此对于道的认识不仅具有规范性功能，而且能够使人认可进而产生支持性的态度，从而具有激发行动的动机效力。[2]进一步，荀子论述了“心何以知”：

人何以知道？曰：心。心何以知？曰：虚壹而静。（《荀子·解蔽》）

虚壹而静，谓之大清明。万物莫形而不见，莫见而不论，莫论

①　不少学者肯定荀子之“天”和“道”的实在性和形而上学意义，如刘纪璐指出，荀子的天道观是一种道德实在论；梁涛也指出，“天”具有“本体天”的维度，天政是人间政治的形上根据，是礼法的价值原则。参见刘纪璐：《荀子如何调解“其善者伪也”与道德实在性的冲突——荀子的道德理论是道德建构论还是道德实在论？》，《人文杂志》2019 年第 4 期；梁涛：《“天生人成”与政治形上学——荀子天论发微》，《中国哲学史》2021 年第 5 期。

②　参见东方朔：《认知、信念与行动——由荀子论及儒家道德行动的动力问题》，《船山学刊》2024 年第 2 期。

而失位。坐于室而见四海，处于今而论久远，疏观万物而知其情，参稽治乱而通其度，经纬天地而材官万物，制割大理而宇宙理矣。（《荀子·解蔽》）

在荀子对“心”的“虚壹而静”的论述中，可以看到这种“心”去“知道”的能力并非简单的工具理性可以涵括的，这种知并不仅仅是出于满足自利欲望的计虑，而是一种更高的认知状态，通过去除已有知识的遮蔽、保持专一和不动而不被扰乱，达到一种“大清明”的境界。在这种境界下，心能够观万物而知其道理、位置，看治乱而知道其度量，乃至经纬天地材官万物，通晓道理而掌管宇宙。这就是一种通达于“道”的更高实践智慧。在这种情况下，人通过“虚壹而静”的工夫而认识道，而此“道”实际上是天地、宇宙之道，所以人才能够参赞天地之化育。

在荀子对“心”之地位的肯定中，亦彰显着“心”是人与道沟通的桥梁之意味，如他指出：“形具而神生，好恶、喜怒、哀乐臧焉，夫是之谓天情。耳目鼻口形能，各有接而不相能也，夫是之谓天官。心居中虚以治五官，夫是之谓天君。”（《荀子·天论》）“心者，形之君也，而神明之主也，出令而无所受令。自禁也，自使也，自夺也，自取也，自行也，自止也。故口可劫而使墨云，形可劫而使诎申，心不可劫而使易意，是之则受，非之则辞。”（《荀子·解蔽》）在《天论》中，荀子以人之情感为天情，耳目口鼻形为天官，在此尤强调以心为天君，把人的感官和“天”类比，说明人本身也是“天生”，因此人的感性经验、情感亦是天之自然在人身上的延续，人自然之性中蕴含着和天道秩序符合的内容，而这也为人能够以心认识道，继而在此基础上转化自身性情使之符合于道提供了内在的可能。而“心”是“天君”“神明之主”即意味着“心”能够主宰五官，在对五官的感觉经验的统合主宰之上，做出超越一般计虑理性的判断，从而接近于“道”。通过“知道”，圣人则有转化自身性情而成为善的可能[①]；亦是通过“知道”，圣人能够在成就美德的基础上，根据天道而建构出与之相连贯的人道，即现实礼义秩序，从而确立起人间的教化，由此，圣人由恶而善的内圣之学与制作礼义、建立秩序的外王之教即关联起来。

三、礼义的历史源起：“古今之所一”

圣人通过心去“知道”从而“化性起伪”，便能依照“道”建构一套人间的礼义、法度，此即“圣人积思虑，习伪故，以生礼义而起法度，然则礼义法度者，是生于圣人之伪，非故生于人之性也”（《荀子·性恶》）。礼义法度使得人之性恶得以被矫正，人间的争夺也可以通过秩序的分配而平息，从而实现“出于治”与“合于道”：“古者圣王以人之性恶，以为偏险而不正，悖乱而不治，是以为之起礼义，制法度，以矫饰人之情性而正之，以扰化人之情性而导之也。始皆出于治，合于道者也。”（《荀子·性恶》）“先王恶其乱也，故制礼义以分之，使有贫富贵贱之等，足以相兼临者，是养天下之本也。”（《荀子·王制》）实际上，固然我们可以从荀子对人之内在结构的相关讨论中找到性恶之人成圣的依据，从而在哲学上论证其可能性，但荀子似乎对第一个圣人是如何产生的理论问题并不关心。讨论第一个圣人的出现实则是一种抽象思维的产物，而荀子讨论人性的目的最终仍然落实于他对圣人教化、礼义师法之历史传统的关注，所以回到真实的历史背景中看待这一问题，更符合荀子的本意。

在解释荀子论礼的起源时，林宏星区分了“建构的真实”和“历史的真实”，建构的真实就如霍布斯所说的“自然状态”，罗尔斯的“原初

---

① 对于性恶之人如何成善的内在原因，其实还可以结合荀子对“欲”的看法做出更多的分析，已有不少研究借鉴当代道德心理学的方法，对荀子讨论“欲”“情”“心”的内在道德动机进行了详细研究，指出荀子实际上承认人性中所蕴含的与道德意气相投的情感，这种自然情感为人通过心知转化自身性情、成就德性主体提供了内在可能性。由于这并非本文的重点，在此不作详论，可参见东方朔、徐凯：《荀子的道德动机论——由 Bryan Van Norden 与 David B.Wong 的论争说起》，《学术月刊》2018 年第 1 期。

状态”和“无知之幕”，他认为：“荀子试图通过这样一种建构出来的叙述结构将其有关礼义法度的构想和建立一种‘井然有序之社会’（well-ordered society）的蓝图整合成一种圆满的统一的理论系统。”[①] 荀子虽然确实有说圣人在类似“自然状态”的环境中，为了避免争、乱、穷而开始制作礼义，这是一种理论的建构，是为了凸显礼义之必要性和合理性，但我们也并不能忽视荀子对礼义起源之历史真实的论述。对于现存一些具体礼制的历史起源，荀子在《礼论》中有所论述：

> 凡礼，事生，饰欢也；送死，饰哀也；祭祀，饰敬也；师旅，饰威也：是百王之所同，古今之所一也，未有知其所由来者也。（《荀子·礼论》）
>
> 故三年之丧，人道之至文者也。夫是之谓至隆，是百王之所同也，古今之所一也。（《荀子·礼论》）

荀子认为我们无法追溯礼在真实历史上最初的来由，所以说“未知其所由来者”，与其说礼义和一些具体的礼制是来自某位先王，不如说是历代圣王积累传承的结果。但是，制礼背后的原理是可以推知的，其是不变之“道”；即便社会可能发生变化，圣人所创制的礼义却为“古今之所一”，所以我们必须延续前代圣人所积累传承的礼义传统。在《非相》中，荀子便批评了任意改变治乱之道的说法：

> 夫妄人曰：“古今异情，其以治乱者异道。”而众人惑焉。彼众人者，愚而无说，陋而无度者也。其所见焉，犹可欺也，而况于千世之传也！妄人者，门庭之间，犹可诬欺也，而况于千世之上乎！圣人何以不欺？曰：圣人者，以己度者也。故以人度人，以情度情，以类度类，以说度功，以道观尽，古今一度也。类不悖，虽久同理，故乡乎邪曲而不迷，观乎杂物而不惑，以此度之。（《荀子·非相》）

① 林宏星：《〈荀子〉精读》，上海：复旦大学出版社，2011 年，第 177 页。

当时有人根据社会的变化，提出要以不同于此前的新的“道”来进行治理[①]，但荀子批评了这样的说法。他认为，虽然时代变化，但是“道”没有变化，以今人之心亦能推度古人之心，以今人之情亦能推度古人之情，以同类的条理可以推度同类事物，以礼义之道可以观尽天下事物之理。上古时代的圣贤所掌握的道与后代圣人一致，具体时代环境的变化并不意味着客观存在的道发生了变化，其是“古今一度”的，因此古今礼义的道理相同，现存的礼义是历史的积累损益而传承至今的结晶，是对抽象之道的具体化，不能轻易改变。

所以荀子既肯定历史中的三代之治和先王之道，也认为我们要“法后王”：

> 圣王有百，吾孰法焉？故曰：文久而息，节族久而绝，守法数之有司极（礼）而褫。故曰：欲观圣王之迹，则于其粲然者矣，后王是也。（《荀子·非相》）
>
> 王者之制：道不过三代，法不贰后王。道过三代谓之荡，法贰后王谓之不雅。（《荀子·王制》）
>
> 故尊圣者王，贵贤者霸，敬贤者存，慢贤者亡，古今一也。故尚贤使能，等贵贱，分亲疏，序长幼，此先王之道也。（《荀子·君子》）

此间出现了“先王”和“后王”两种说法，荀子把“先王”和“后王”对举，是因为较早的三代之道、先王之法已不可见，但是后王所留下的法度保存完好，可以据此推出先王之道。因为后王与先王所依循之道“古今一也”，后王的法度实则为先王损益之结果，正如孔子亦言：“周监于二代，郁郁乎文哉！吾从周。”（《论语·八佾》）“殷因于夏礼，所损益，可知也；周因于殷礼，所损益，可知也；其或继周者，虽百世可知也。”（《论语·为政》）三代之礼之间必有因袭损益，而周礼则是三代之礼“统而一之，连而贯之”的结晶。所以荀子此处所说的

① 李涤生认为“妄人”指法家之说，法家反对荀子法文武之说，所以倡导此论。李涤生：《荀子集释》，台北：台湾学生书局，1981 年，第 83 页。

后王实则指向周朝中仍有留存法度于世的王，如李涤生和王天海的解释："论治道，不超过夏商周三代，过则浩荡无据；言礼法，不贰于后王——文武，贰则不雅正。说详《非相篇》《儒效篇》。"[①]"后王，指文王、武王也。"[②]此外，物双松、久保爱等也以其为"周王"或"周道"说。

可见，荀子更强调礼义为历史积累损益的结果，是古今所同之道的体现，即便时代变化，以道为依据的礼义也不会发生实质性的变化。荀子实际上并未承认"自然状态"是历史中的真实状态，反而认为礼义在真实的历史中是一直存在的。所以，荀子并没有讨论礼义在历史上的具体起点，也没有讨论第一个圣人的起源，与其说圣人和礼义的产生是一个有"开端"的过程，不如把其形容为一个"环状"的循环过程。在《王制》篇荀子便指出：

> 以类行杂，以一行万，始则终，终则始，若环之无端也，舍是而天下以衰矣。天地者，生之始也；礼义者，治之始也；君子者，礼义之始也。为之，贯之，积重之，致好之者，君子之始也。故天地生君子，君子理天地……君臣、父子、兄弟、夫妇，始则终，终则始，与天地同理，与万世同久，夫是之谓大本。(《荀子·王制》)

在这里，天地与礼义、君子的关系如同"环形"一样，没有明确的开端结束，如杨倞解释为："言以此道为治，终始不穷，无休息，则天下得其次序。"[③]梁启雄说："谓'始'就是'终'，'终'就是'始'，因为：天地生万物，礼义治事物，君子行礼义；为之、贯之、积重之、致好之育成君子——天地是始、君子是终。反过来看：君子通过为、贯、积重、致好来实践礼义，更通过人治来管理天地——君子是始，天地是终。这是人和天地互相联结，而且是循环往复地依赖的道理。"[④]

① 李涤生：《荀子集释》，第 174 页。
② 〔战国〕荀况著，王天海校释：《荀子校释》，上海：上海古籍出版社，2000 年，第 317 页。
③ 〔战国〕荀况著，王天海校释：《荀子校释》，第 378 页。
④ 梁启雄：《荀子简释》，北京：中华书局，1983 年，第 108 页。

李涤生亦言："此言：礼义之统类的功效，如循圆环一般，始则终，终则始，永远不变，永无已时，人类社会，自然世界，在礼义之治中，才有条理和秩序。"[①] 在这种始终的连绵延续中，天地和人间总是呈现出条理和秩序，使天地和人间皆能得到治理，这便是礼义之作用。可见，在这里，荀子所说"始则终，终则始"，恰恰意味着天道与君子之间总是循环互动的，君子以天地为始，成就自身美德为终；反过来，君子制作礼乐，经纬天地，使天地"理"，是以君子为始，天地为终。荀子并不认为这有一个开端上的先后，而把这一关系形容为"环之无端"，即礼义之统始终存在，人类和自然始终在这样一个循环互动的秩序中获得自身的条理。如此，"第一个圣人"的问题于荀子并非是最重要的，其所力图强调的是天地、圣人和礼义的互相成就，并在这种循环始终的关系中建构出秩序本身。

在荀子看来，圣王和礼乐的存在其实是一个接续的历史事实，因此其强调的是"古者圣王以人之性恶""先王"，即从古代出现圣王、有礼义法度的历史讲起，强调儒家历史中圣人教化的传统，以及在"今人之性，生而有好利焉，顺是，故争夺生而辞让亡焉……"即在"今天"顺从人性所导致的混乱下，回复古代圣人之礼义法度对教化人性、稳定秩序的必要性。因此对于荀子而言，对儒家教化和秩序之历史的关注是其关切的核心，而非第一个圣人如何可能的理论假设。事实上，恰恰是在荀子所处的时代，即战国时代，礼崩乐坏，诸侯争霸，社会混乱动荡，所以他才更加缅怀古代圣王之制，并突出圣王所制的礼义法度是矫饰人性情的必要手段，试图在当下重新树立圣人的礼义法度用以教化。其性恶论的假设亦服务于推演出圣人承天道而制礼的政治哲学，体现为历史和时间维度的礼义之统；礼义的依据是"古今之所一"的道理，则礼义的正当性并非来自君主的政治权威。

① 李涤生：《荀子集释》，第 179 页。

四、以美德为内核的政治构想

在荀子看来，圣人对于“道”在人间的实现起着至关重要的作用，只有知“道”、通过“化性起伪”而成就善性，圣人才能够将“天道”落实为“人道”，制定现实的礼义法度。一方面，天道是天的秩序，是人间秩序的形而上基础；另一方面，天道就体现在前代圣王所制定积累下来的礼法之中。所以荀子多次强调了有德的圣人的重要地位，如：

故天地生君子，君子理天地。君子者，天地之参也，万物之揔也，民之父母也。无君子则天地不理，礼义无统，上无君师，下无父子，夫是之谓至乱。(《荀子·王制》)

礼有三本：天地者，生之本也；先祖者，类之本也；君师者，治之本也。(《荀子·礼论》)

君臣不得不尊，父子不得不亲，兄弟不得不顺，夫妇不得不欢。少者以长，老者以养。故天地生之，圣人成之。……礼之于正国家也，如权衡之于轻重也，如绳墨之于曲直也。故人无礼不生，事无礼不成，国家无礼不宁。(《荀子·大略》)

荀子使用了“君子”或“君师”“圣人”的不同称谓，其所指其实都是制定礼义法度的圣人：圣人有德有位，既发挥了教化人民的“师”的作用，也发挥着治理统治的“君”的作用，是德位一体、君师合一的“圣王”。与孔孟一致，荀子同样强调为政者的个体美德对于政治的根本性意义，在这里即表现为圣人于“道”“理”之落实的重要性：“无君子则天地不理”，“君师者，治之本也”，即有美德之人才能够制定人间的秩序，使得人间走向治理，这体现了荀子对于有德的圣人地位的重视。荀子强调，相比起“治法”，“治人”有着更为基础性的地位：

有乱君，无乱国；有治人，无治法。羿之法非亡也，而羿不世中；禹之法犹存，而夏不世王。故法不能独立，类不能自行，得其人则存，失其人则亡。法者，治之端也；君子者，法之原也。故有君子则法虽省，足以遍矣；无君子则法虽具，失先后之施，不能应事之变，足以乱矣。不知法之义而正法之数者，虽博，临事必乱。（《荀子·君道》）

具体的法是有限的，仅仅依靠法不足以“应事之变”，只有通达法背后道理的君子才能够根据各种具体的情况做出判断，从而真正实现善治。此外，从上述文本中也可以看出，荀子往往把礼和天地并列而言，这实则意味着君子正是在接续天道的前提下制定礼义，维系人间的秩序。在这里，天道为现实的礼义法度提供了形而上的依据，所以说“天地者，生之本也”“天地生之，圣人成之”，天地本身有一套秩序，圣人通过知晓天之道，才可在人间根据现实的环境将其落实为礼义法度。所以“知道”而有德的圣人所制定的礼义法度本质上是天道在人间的落实和呈现，其具有形而上的价值根据，而人道符合天道才能让人间走向“治”的和谐秩序。

而荀子认为，圣人所制定的礼义法度不仅能够约束顺从自然的人性之恶，发挥治理规范的作用；更重要的是，礼义能够在矫饰人民性情的基础上，引导人民为善。这样的制度既然是圣人根据天道而建立的，那么常人亦是天生的一部分，人的自然情性就与天具有连续性，且常人亦有心知的能力，荀子指出“然而涂之人也，皆有可以知仁义法正之质，皆有可以能仁义法正之具”（《荀子·性恶》），通过遵循这样一套依天道而建构的人间礼义，常人能够在日用践履的持守中转化自身的性情。因此，常人亦能够经由礼义这一“中介”实现对“道”的体认，进而有培养美德成为圣人的可能，如荀子说“涂之人皆可以为禹”“故圣人也者，人之所积也”，这便是肯定常人成圣的可能性。

荀子所期待的政治是由“治民”而走向“化民”，礼义法度既发挥了治理的功能，让社会避免顺从人性而导致的争夺、混乱，也发挥了教化的功能，“夫民易一以道而不可与共故。故明君临之以埶，道之以道，申之以命，章之以论，禁之以刑。故其民之化道也如神，辨埶恶用矣哉！”（《正名》）使民化于道，在现实政治中即化于礼法。因此礼义法度不仅仅从消极而言有稳定社会秩序的作用，更是从积极而言让人民都能修养自身，使得其可以成就美德，这就让人们能够从对礼义的被动遵循转为有美德的人对礼义的主动遵循。荀子对礼义法度的理解实则是将其作为“以政为教”的特殊形态，最终以美德的培养和自我的完善为目的，而个人的完善必然导向良善的政治秩序。

可见，荀子的政治哲学体现的是儒家注重美德教化的内核，其政治目标仍是培养人民的美德，而非仅仅强调外在规范对人的约束和强制，这与法家亦在本质上有所区别。因此，若仅仅认为荀子重视礼义法度、规约人性，而将其归为一“权威主义”，却忽视其政治与教化合一且重视美德的价值内核，实则有失偏颇，如此来看，荀子并未偏离儒家大本。

（校对：白义洋）

新世纪以来清代《论语》诠释研究综述*

◇ 唐德晟　唐明贵
（北京师范大学哲学学院　聊城大学哲学系）

【摘　　要】清代《论语》诠释，上承宋明之余韵，集中国古代《论语》诠释之大成，借鉴吸收西方思想，下启近代的进步思潮。儒生们从不同的角度诠释《论语》，阐发自己的思想，构建了各具特色的诠释体系。21世纪以来，学者对这一时期《论语》注本的研究，既有宏观的通史类、断代史类著作，也有微观的对个人著作的探讨，数量丰富，并取得了明显的成绩，但也存在着可以补充和完善的地方，值得进一步深入研究。

【关 键 词】清代；《论语》；诠释研究

【作者简介】唐德晟（1999—），山东临清人。北京师范大学哲学学院博士研究生。唐明贵（1971—），山东临清人。聊城大学哲学系教授。

《论语》是记载孔子及其部分弟子言行的语录，“孔子一生仕止久速、造次颠沛、纂修删述、盛德大业，靡一不具《论语》；及门弟子德性气质、学问造诣、浅深高下、进止得丧，靡一不具《论语》”[②]，于是乎它成为儒家学派最重要、影响最大的经典之一，被誉为“五经之錧辖，六艺之喉衿也”[③]。受“述而不作”或“寓作于述”的治学传统及崇拜经典、崇拜圣贤心理的影响，后世学者往往通过对《论语》的注疏、训解、阐释而提出自己的学术观点、思想观念，建构自己的理论体系。

---

* 本文是国家社科基金重大项目（项目号：21VGQ018）和山东省社科规划研究重点项目（项目号：22BZJ01）“清代《论语》学研究”阶段性成果。

② 〔清〕朱彝尊：《经义考》卷二百十一引谭贞默语，北京：中华书局，1998年，第1083页。

③ 〔汉〕赵岐注，〔宋〕孙奭疏：《孟子注疏·题辞解》，见《十三经注疏》下，上海：上海古籍出版社，1997年，第2662页。

自汉迄清，概莫能外。尤其是清代，作为《论语》研究的鼎盛期和总结期，不仅著述如林，而且名家辈出，其气魄之博大、思想之开阔、考据之精审、影响之久远，在中国古代《论语》学史上，罕能出其右者。故而清代《论语》诠释研究也成了21世纪以来学者们重点关注的领域，兹将研究情况分类概述如下。

一、对清代《论语》诠释的宏观研究

有关清代《论语》诠释的研究，从宏观上看，一是“四书”学通史性质的研究论著中涉及清代《论语》学的研究成果。如台湾编译馆编纂的《新集四书注解群书提要（附古今四书总目）》以“提要”的形式分别对清代以“四书”命名的一百八十五种著作和以《论语》命名的七十一种著作的基本情况予以了说明，成为研究清代《论语》学的不可或缺之书籍。[①] 朱修春的《四书学史研究》通过分类剖析和研究清儒以“四书”命名的诠释著作，勾勒了清代“四书”研究的历史进程，揭示了清代“四书”诠释的特点和规律，探寻了清代社会政治、经济、文化及诠释主体等因素与“四书”诠释之间的关系。[②] 周春健的《宋元明清四书学编年》按时代顺序，考证了宋元明清“四书”学史上的重要事件、人物和著述，是一部编年体的“四书”学通史，其在卷五“清代四书学编年”中考释了孙奇逢、江永、程延祚等人著作中的话语，可作为行文材料的可靠来源。[③] 日本学者佐野公治的《四书学史的研究》以宋明清三代“四书”学研究为主体，其中“四书注释书的历史”“科举与四书学”部分对清代《论语》学的发展有所涉及。[④] 以上提到的几部书都是从“四书”入手的通史性质的著作，对清代《论语》研究涉及的相对

① 台湾编译馆主编：《新集四书注解群书提要（附古今四书总目）》，台北：华泰文化事业股份有限公司，2000年。

② 朱修春：《四书学史研究》，北京：中国文史出版社，2005年。

③ 周春健：《宋元明清四书学编年》，台北：万卷楼图书股份有限公司，2012年。

④ ［日］佐野公治著，张文朝、庄兵译：《四书学史的研究》，台北：万卷楼图书股份有限公司，2014年。

较少。

二是《论语》学通史性质的研究论著中所涉清代《论语》学的研究成果。如王鹏凯的《历代论语著述综录》第八章对清代以《论语》为名的著作进行了分类，并对清代《论语》学的发展做了说明：清初以朱注为主，雍乾之后考据类《论语》著作大兴，晚清则以公羊学解《论》为主。[①] 藤塚邻的《论语总说》第三篇专门探讨了日本学者物徂徕的《论语征》对清儒的影响，认为《论语征》在乾嘉年间传入中国，清儒吴英、翁广平、狄子奇、刘宝楠、刘恭冕、戴望、俞樾、李慈铭等都曾评价或引用过此书，此书也影响了他们对《论语》的诠释。[②] 日本学者松川健二主编的《论语思想史》第三部“明清之部”中清朝作品占大多数，涉及了王夫之、毛奇龄、焦循、宋翔凤、黄式三和刘宝楠这些代表人物的《论语》诠释著作，并对它们的突出特点进行了总结，如认为刘宝楠的《论语正义》是“清朝考证学《论语》研究的集大成者”[③]。唐明贵的《论语学史》第八章“清代的《论语》学”探讨了毛奇龄《论语稽求篇》、陆陇其《松阳讲义》、翟灏《论语考异》、刘宝楠《论语正义》和康有为《论语注》的写作原因、诠释特色和历史地位。[④] 该书以作品而不是人物为切入点，考察了大部分的清代《论语》诠释流派，但未涉及心学派的《论语》研究。戴维的《论语研究史》分时期和学派研究清代《论语》学，内容涉及清朝前期的陆王学派、程朱正统派、反朱派，中期的吴派、皖派、扬州学派、常州学派，晚期的今文学派、汉学家的《论语》研究。[⑤] 该书内容翔实，但个别人物分类有值得商榷之处。

---

① 王鹏凯：《历代论语著述综录》，新北：花木兰文化出版社，2005 年，第 162 页。

② ［日］藤塚邻著，陈东译：《论语总说》，北京：国际文化出版公司，2005 年。

③ ［日］松川健二编，林庆彰等译：《论语思想史》，台北：万卷楼图书股份有限公司，2006 年，第 533 页。

④ 唐明贵：《论语学史》，北京：中国社会科学出版社，2009 年。

⑤ 戴维：《论语研究史》，长沙：岳麓书社，2011 年。

二、对清代《论语》诠释的整体研究

有关清代《论语》诠释的研究，也集中在对清代“四书”学和《论语》学的整体研究中。一方面，在对清代“四书”学状况所做的整体研究中涉及《论语》注本的研究。如朱修春的《从“工具理性”到“价值理性”——论清代〈四书〉学的学术转向与道统传承》认为考据派学者们从字词训诂入手，讲求会通，将“四书”与古代文献广泛联系，多方探寻经书的意义，确立了一套以训诂明经、考释词义、匡经卫道为特色的经典诠释方法和范式，代表人物有戴震、焦循、阮元和凌廷堪。他们的所作所为，折射出意在重建当代所需要的新知识系统和匡正儒家道统新价值的趋向，表明乾嘉考据学从工具理性向价值理性的转向。[①]郑国岱的《晚清民国四书学研究》认为晚清民国“四书”学的核心议题是“中西化合”，并以此为切入点对“康有为和王国维”“钱基博和马一浮”“辜鸿铭到林语堂”“杨文会到欧阳渐”为代表的四种研究倾向进行了研究。[②]徐晓楚的《晚清〈四书〉学著述及其出版研究》在对晚清“四书”学著述的版本情况、创作出版过程、主要学术价值等做了较为详尽的整理和概括的基础上，又通过对这些著述的体例、撰著者、出版状况等的综合分析，结合宏观的数据分析与个案研究，归纳出了晚清“四书”学著述的总体特征。[③]

另一方面，对清代《论语》学状况所做的整体研究中涉及《论语》注本的研究。如朱华忠按照时代和学术发展的特点，对清代的《论语》学著作进行了分类，并以力倡实用的颜元、辩证对待朱注的王夫之、尊朱斥王的陆陇其、注重考证和搜集的翟灏、汉宋兼采的刘宝楠，以及偏向公羊学的康有为的《论语》注本为代表进行了个案分析。[④]柳宏

① 朱修春：《从“工具理性”到“价值理性”——论清代〈四书〉学的学术转向与道统传承》，《哲学研究》2011年第7期。

② 郑国岱：《晚清民国四书学研究》，广西师范大学博士学位论文，2015年。

③ 徐晓楚：《晚清〈四书〉学著述及其出版研究》，华东师范大学博士学位论文，2016年。

④ 朱华忠：《清代论语学》，成都：巴蜀书社，2008年。

集中研究了清儒以《论语》或《论语》篇目命名的《论语》诠释著作，通过对《论语》诠释文本的解读，结合清代社会政治、文化背景，在时空关系域上纵横比较、辨章学术、考证源流、互参比勘、深入析论，从而勾勒了清代《论语》研究的历史进程，揭示了清代《论语》研究的特点和规律。[①] 该成果做到了历史逻辑和义理阐释并重，在梳理流派特色时，不忘阐述人物思想，是一部研究清代《论语》学的优秀著作。柳宏和宋展云在经学与地域学派的互动关联中，从研读《论语》注本出发，深入辨析不同地域学派之间的联系与区别，深度审视清代《论语》诠释的种种形态和复杂问题，清晰勾勒出了吴派、皖派、扬州学派、常州学派、浙东学派、岭南学派、湖湘学派《论语》诠释的鲜明个性和治经风格。[②] 这种从文化地理学视角入手，详细探究经学与地域之间关系的做法，无疑是一大创新。

三、对反朱类《论语》注本的研究

受明中期以降反朱尊王学术风气的影响，在清中期以前许多学者仍对朱子之学持批判态度，如王夫之、毛奇龄和颜李学派等，他们在自己的《论语》注释中时常流露出这一观点。

研究王夫之《论语》学的成果主要有陈来的《王船山〈论语〉诠释中的理气观》和《王船山〈论语〉诠释中的气质人性论》、周兵的《天人之际的理学新诠释——王夫之〈读四书大全说〉思想研究》和《王夫之四书学思想研究》、季蒙的《主思的理学——王夫之的四书学思想》、林玉均的《王船山对〈论语〉的新解释——以其与朱子对〈论语〉解释的比较为中心》、姚育松的《责任伦理与儒家工夫论：船山〈读四书大全说〉另解》、温航亮的《船山“忠敬为主，质内文外”思想及其经典诠释的方法论价值——以〈论语·颜渊〉“棘子成曰”

① 柳宏：《清代〈论语〉诠释史论》，北京：社会科学文献出版社，2008 年。

② 柳宏、宋展云：《清代地域学派〈论语〉诠释研究》，北京：社会科学文献出版社，2018 年。

章注疏为中心》、蔡家和的《船山对〈论语〉“足食足兵”章之内圣外王诠释——以〈读四书大全说〉为依据》、乐爱国的《王夫之、吕留良对〈论语〉“君子所贵乎道者三”的解读——兼论王夫之〈四书笺解〉的著作年代》等。[①] 其中陈来先生从船山以理气为框架的论述语境入手，在其《论语》诠释的具体脉络中，深入其中有关理、气等宋明道学所注重的问题，以分析船山在其《论语》批读中所表达的哲学思想。他指出，王船山的理气观与朱子不同：凡朱子之说中把理气变成各自独立的二物之处，船山必定强调理气合一；凡朱子学表现出重理轻气的地方，船山必强调气；凡朱子学言气离理的地方，船山则注重理。因此，船山的理气观为理气互体、理气合一。[②] 周兵以王夫之的“四书”学著作为研究对象，考察了王夫之关于天、理气、命、人、性、情、心、道、德、圣人等问题上的观点，并着重揭示王夫之在以上问题上的新思想。[③] 蔡家和指出，《读四书大全说》系王夫之针对朱子及朱子后学而作，一般而言，船山会先批评朱子弟子，不得已时才针对朱子。然而此章却直接批判朱子，对其《论语集注》之原文诠释提出异议。在他看来，子贡之问政，是就积弊弱国当为之先务而言，因力有未逮，无法兵、食、信三者一次到位，如此，则该以何者为先，何者为次？而朱子的说法却成了于国家板荡之际，固有之三者顿时无力维持，则此时该将何者先去，何者后去？可见，船山的思考点是弱贫

① 陈来：《王船山〈论语〉诠释中的理气观》，《文史哲》2003 年第 4 期；陈来：《王船山〈论语〉诠释中的气质人性论》，《中国哲学史》2003 年第 3 期；周兵：《天人之际的理学新诠释——王夫之〈读四书大全说〉思想研究》，北京师范大学博士学位论文，2005 年；周兵：《王夫之四书学思想研究》，北京：科学出版社，2017 年；季蒙：《主思的理学——王夫之的四书学思想》，广州：广东高等教育出版社，2005 年；林玉均：《王船山对〈论语〉的新解释——以其与朱子对〈论语〉解释的比较为中心》，《船山学刊》2017 年第 4 期；姚育松：《责任伦理与儒家工夫论：船山〈读四书大全说〉另解》，《中山大学学报》（社会科学版）2019 年第 1 期；温航亮：《船山“忠敬为主，质内文外”思想及其经典诠释的方法论价值——以〈论语·颜渊〉“棘子成曰”章注疏为中心》，《船山学刊》2020 年第 2 期；蔡家和：《船山对〈论语〉“足食足兵”章之内圣外王诠释——以〈读四书大全说〉为依据》，《船山学刊》2022 年第 2 期；乐爱国：《王夫之、吕留良对〈论语〉“君子所贵乎道者三”的解读——兼论王夫之〈四书笺解〉的著作年代》，《中共宁波市委党校学报》2022 年第 3 期。

② 陈来：《王船山〈论语〉诠释中的理气观》，《文史哲》2003 年第 4 期。

③ 周兵：《王夫之四书学思想研究》，北京：科学出版社，2017 年。

之国的富强之道，而朱子之说则是国家存亡危急时的应对之道，二者显然不同。[①]

对颜李学派《论语》注本研究的主要有李智平的《颜元李塨〈论语〉解经思想研究》、朱义禄的《论颜元与“孔颜乐处”》、陈奕苍的《颜元学术思想评析——以〈四书正误〉〈朱子语类评〉为例》、李伟波的《经世向度下的原典回归——以颜元的四书解释为中心》、罗惠龄的《试论程廷祚〈论语说〉对朱熹〈论语集注〉评议之研究》、高华灼的《程廷祚及其〈论语说〉研究》、王祥辰的《程廷祚〈论语说〉与清初尚实学风之兴起》及杨哲的《程廷祚新理学思想研究——以〈论语说〉为中心》等。[②]其中李智平认为，颜李身为清初重要思想家兼解经家，他们立足在反对程朱陆王等思维下，对于理学过分重视内圣心性展开现实的检讨。在重视“习行”躬行实践的治学态度下，他们对于《论语》价值的体认，与魏晋“援道入儒”及宋代着重心性价值阐述，甚至是其后乾嘉考据学兴起后的解释，皆不尽相同。故透过颜李有关《论语》著述的相关内容，既可纵向研究“《论语》学史”在明末清初理学反动思维下解经的时代意义，也可横向由《论语》注释中呈现颜李学术的地位与价值。[③]李伟波指出，明清之际，学术路向渐由空谈性理的理学转向经世致用的治平之学，儒者们普遍主张回归原初经典，重新释读以探究其中蕴含的经世意旨。经由“四书”解释，颜元展开了对朱子之学的纠偏运动。在经世致用的解释视域之下，他将“四书”解释的重心从朱子“心性义理”的超验世界转移到了“习行事物”的经验世界，希

① 蔡家和：《船山对〈论语〉“足食足兵”章之内圣外王诠释——以〈读四书大全说〉为依据》，《船山学刊》2022 年第 2 期。

② 李智平：《颜元李塨〈论语〉解经思想研究》，东海大学硕士学位论文，2002 年；朱义禄：《论颜元与“孔颜乐处”》，《中山大学学报》（社会科学版）2009 年第 4 期；陈奕苍：《颜元学术思想评析——以〈四书正误〉〈朱子语类评〉为例》，高雄师范大学硕士学位论文，2010 年；李伟波：《经世向度下的原典回归——以颜元的四书解释为中心》，《中州学刊》2011 年第 6 期；罗惠龄：《试论程廷祚〈论语说〉对朱熹〈论语集注〉评议之研究》，华梵大学硕士学位论文，2007 年；高华灼：《程廷祚及其〈论语说〉研究》，高雄师范大学硕士学位论文，2011 年；王祥辰：《程廷祚〈论语说〉与清初尚实学风之兴起》，《档案与建设》2018 年第 7 期；杨哲：《程廷祚新理学思想研究——以〈论语说〉为中心》，安徽大学硕士学位论文，2020 年。

③ 李智平：《颜元李塨〈论语〉解经思想研究》，东海大学硕士学位论文，2002 年。

图通过在日常生活中躬身践行“事物”以体知先王之道，为世人开创一个即“事物”见道的人间世，从而重树原始儒学的正统权威。[①]杨哲指出，程廷祚通过注解《论语》与撰写义理性的文章，重新阐释理学上至关重要的概念，构建了一个包含增加了伦理感情色彩的“气一元论”、通向实德实行的心性论及以“立人道”为旨归的知行合一功夫论在内的崭新的理学框架。这不仅体现了程廷祚异于朱子的个人思想，而且展示了清代中期多元的学风，更促进了宋明理学向清代新理学的转化。[②]

研究毛奇龄《论语》学的成果主要有赖芳晖的《毛奇龄〈四书改错〉研究》、唐明贵的《毛奇龄〈论语稽求篇〉研探》、胡春丽的《毛奇龄与清初〈四书〉学》、孙蕴的《毛奇龄〈四书改错〉研究》、张珊珊的《论毛奇龄的〈论语〉研究》、闫宝明的《毛奇龄的〈论语〉〈孟子〉观对清初学风的新拓》、王秋雯的《由理学到考据学——毛奇龄四书学的转折》、金凤的《毛奇龄〈四书改错〉研究》及朱熙钰的《毛奇龄〈论语稽求篇〉研究》等。[③]其中唐明贵分析了《论语稽求篇》的成因、诠释特色和影响，认为毛奇龄在章节、句读、改经、改注、填补经文、解释经文和经意方面对朱注进行了批评与修正，其对训诂的重视也开后世考据学派的先河。[④]张珊珊花大篇幅详细论述了毛奇龄从名物制度、历史人物、史实和文本四大方面对朱注的纠错。与此同

① 李伟波：《经世向度下的原典回归——以颜元的四书解释为中心》，《中州学刊》2011年第6期。

② 杨哲：《程廷祚新理学思想研究——以〈论语说〉为中心》，安徽大学硕士学位论文，2020年。

③ 赖芳晖：《毛奇龄〈四书改错〉研究》，台湾“中央”大学硕士学位论文，2004年；唐明贵：《毛奇龄〈论语稽求篇〉研探》，《太原理工大学学报》（社会科学版）2006年第2期；胡春丽：《毛奇龄与清初〈四书〉学》，复旦大学博士学位论文，2010年；孙蕴：《毛奇龄〈四书改错〉研究》，鲁东大学硕士学位论文，2012年；张珊珊：《论毛奇龄的〈论语〉研究》，陕西师范大学硕士学位论文，2012年；闫宝明：《毛奇龄的〈论语〉〈孟子〉观对清初学风的新拓》，《昆明学院学报》2014年第5期；王秋雯：《由理学到考据学——毛奇龄四书学的转折》，台湾政治大学硕士学位论文，2015年；金凤：《毛奇龄〈四书改错〉研究》，扬州大学硕士学位论文，2018年；朱熙钰：《毛奇龄〈论语稽求篇〉研究》，扬州大学硕士学位论文，2019年。

④ 唐明贵：《毛奇龄〈论语稽求篇〉研探》，《太原理工大学学报》（社会科学版）2006年第2期。

时指出了其不足之处，如《四书改错》以诘难朱注为主，但所列举的错误大部分与朱熹无关；在注释时经常过于关注朱熹对事物的误解，而忽略了朱子对经义的正确解释，未能辩证地对待朱注。[①] 王秋雯指出，毛奇龄对“四书”的解读促进了“四书”学在义理、考据、经典观三部分的转折：一是承继王学“心”“意”“知”的架构，但其中“知”之本体义已然消退，此为义理层面的转折。二是承继明代所形成的回归原典风气，于考据方法上有所开展，提出“以经解经”“以汉破宋”，成为后世学者的典范，此为考据方法的转折。三是基于对经典的尊奉意识，由“四书”“六经”的义理、考据两面向的一贯，发展出诸经一贯的经典观，此为经典观的转折。[②] 朱熙钰指出，《论语稽求篇》以先秦经典为依据，敢于突破前人窠臼，大胆质疑，体现出攻驳朱《注》、稽求真义、考订详明的鲜明特点，为乾嘉汉学的兴起打下了基础。[③]

四、对宗朱类《论语》注本的研究

清初，鉴于阳明后学空谈心性等弊病存在，许多学者重新将目光转向了朱子理学，代表性人物有吕留良、陆陇其、张履祥。

研究吕留良的主要有徐宇宏的《吕留良理学思想初探——以〈四书讲义〉为中心》、刘欣韦的《治道合一的危机：吕留良〈四书讲义〉对清初儒学的冲击》、张天杰的《吕留良时文评选中的遗民心态与朱子学思想——以〈四书讲义〉为中心》、韩书安的《吕留良政治思想研究——以〈四书讲义〉为中心》、朱新屋的《从善书批判看吕留良〈四书讲义〉——兼及清代“文字狱”的思想史意义》和唐明贵的《吕留良〈论

---

① 张珊珊：《论毛奇龄的〈论语〉研究》，陕西师范大学硕士学位论文，2012 年。

② 王秋雯：《由理学到考据学——毛奇龄四书学的转折》，台湾政治大学硕士学位论文，2015 年。

③ 朱熙钰：《毛奇龄〈论语稽求篇〉研究》，扬州大学硕士学位论文，2019 年。

语讲义〉的经世致用特色》等。[①] 其中刘欣韦力图以“治道合一”的危机为切入点，重新阐发吕留良思想在清初的地位与作用。他指出，透过追问《四书讲义》与《驳四书讲义》的差异意义，可以看到在治统与道统的紧张关系下所产生的“危机”，在此危机中，《四书讲义》与《驳四书讲义》两者的理论差异便象征了“治道合一”的内在紧张，而吕留良《四书讲义》的意义，便是在清廷以治统合并道统的统治策略下，仍然高举着朱子学中的道统精神，保有儒学批判意义的重要作品。[②] 唐明贵指出，身处换代之际的吕留良，在《论语》诠释中，积极充实新的时代的内容，提倡学问当能经世致用。他将三代之治作为自己的政治理想，以之作为衡量治乱的依据。他一方面主张君臣之间应建立平等的关系，避免互相残杀。另一方面主张恢复封建制，以确保王朝不受外族侵犯；恢复井田制，实现耕者有其田，解除民众疾苦。他高扬“尊王攘夷”的《春秋》大义，以期唤醒人们夷夏之防的民族意识；但同时，他也不否认君臣之义，以期唤起士人们的气节意识，鼓起为君为国献身的勇气。吕留良以弘扬朱子学为己任，极力抬高程朱的地位，褒扬朱子之说，并极力诋毁阳明学。这些思想既有理想的成分，也有现实需要的因素。[③]

陆陇其诠释《论语》的作品有《四书讲义困勉录》和《松阳讲义》，对其进行研究的有唐明贵的《从〈松阳讲义〉看陆陇其的〈论语〉学特点》、林雨洁的《陆陇其〈四书〉学研究》和张天杰的《陆陇其的〈四书〉学与清初的“由王返朱”思潮》。其中唐明贵以陆陇其的作品《松阳

① 徐宇宏：《吕留良理学思想初探——以〈四书讲义〉为中心》，复旦大学硕士学位论文，2005 年；刘欣韦：《治道合一的危机：吕留良〈四书讲义〉对清初儒学的冲击》，台湾政治大学硕士学位论文，2013 年；张天杰：《吕留良时文评选中的遗民心态与朱子学思想——以〈四书讲义〉为中心》，《苏州大学学报》（哲学社会科学版）2017 年第 4 期；韩书安：《吕留良政治思想研究——以〈四书讲义〉为中心》，武汉大学硕士学位论文，2017 年；朱新屋：《从善书批判看吕留良〈四书讲义〉——兼及清代“文字狱”的思想史意义》，《福建论坛》（人文社会科学版）2017 年第 10 期；唐明贵：《吕留良〈论语讲义〉的经世致用特色》，《孔子研究》2020 年第 6 期。

② 刘欣韦：《治道合一的危机：吕留良〈四书讲义〉对清初儒学的冲击》，台湾政治大学硕士学位论文，2013 年。

③ 唐明贵：《吕留良〈论语讲义〉的经世致用特色》，《孔子研究》2020 年第 6 期。

讲义》为考查对象，总结出了陆陇其的《论语》学的三大特点：力黜王学、尊信朱学和崇实黜虚，肯定了陆陇其的地位和成就。[①]林雨洁指出，在明末清初特殊的学术氛围中，陆陇其对“四书”进行了解读，一方面对阳明心学流弊彻底予以检讨，另一方面从儒家道统观延续的角度提出“朱子之学即为孔子之学”的观点，并力主尊崇朱注、罢黜陆王，奠定了其“朱学正脉守护者”的身份，对朱子羽翼卫道之功甚大。陆陇其结合学问和生活，倡导实学实行，将“四书”与朱子理解所注重的抽象道德思维，化为现实环境中修己治人的参考，把所学真正实践于所行，提出“道不离人身”的日用践履工夫，凡事必求之于“实”。这种肯定和注重现实的经世精神，拓展了“四书”学的外王之道。[②]张天杰认为陆陇其“四书”诠释的学术主旨即“尊朱辟王”，在对朱子学加以发挥的同时，对阳明学的流弊作了多方面的批判，从而在“由王返朱”思潮的发展过程中起了“卫道”之功。[③]

此外，有学者对清初理学大儒张履祥进行了研究，并指出，在明末清初“由王返朱”的思潮之中，张履祥是一位值得关注的学者，他在“四书”的诠释上对朱子学多有发明。其治学以“四书”为核心，“祖述孔孟，宪章程朱”，将《论》《孟》《学》《庸》贯通“一辙”，其宗旨为“约礼”之学，“四书”其他道理如“视听言动”可谓“约礼”之“目”；《中庸》之义“须臾不可离也”，故“行准中庸”而强调须落实于“伦常日用”。就如何笃实践履而言，他对于“四书”的新诠，使其成为“朱子以后五百年来闻知之一人”及入祀孔庙的儒家圣贤。[④]

---

① 唐明贵：《从〈松阳讲义〉看陆陇其的〈论语〉学特点》，《社会科学战线》2008年第4期。

② 林雨洁：《陆陇其〈四书〉学研究》，台湾政治大学硕士学位论文，2009年。

③ 张天杰：《陆陇其的〈四书〉学与清初的“由王返朱”思潮》，《浙江社会科学》2016年第10期。

④ 张天杰、王龙强：《三代以下折衷于朱子——张履祥对〈四书〉的新诠及约礼之学》，《嘉兴学院学报》2021年第3期。

五、对心学派《论语》注本的研究

清前期，学者们普遍认为阳明心学及其后学要为明朝的衰亡负责，所以大多对其持批判否定的态度。在这种大背景下，孙奇逢、李颙、王吉相、王心敬等学者仍坚持阳明心学，并进行了合理化的修改。

学界对孙奇逢的研究成果数量不多，其中杨爱姣通过对比孙奇逢和朱熹对“四书”的解释，指出，就本体论来说，朱熹以“理”贯穿整个思想体系，而孙奇逢则是以“心”贯穿整个思想体系；就解经方法而言，朱子既重训诂又重义理，而孙奇逢则是直陈己见、直抒心意；就思想指向而言，朱熹倾向于将圣人为人处事的信条加以形而上学化，而孙奇逢则注重内心世界的修养和完善。[①] 李静雯指出，就修养工夫论而言，孙奇逢提出了“闲邪存诚”与“戒惧慎独”的工夫论。在“闲邪存诚”中，孙氏将“敬”视为沟通两者的桥梁，将“诚”看作做此工夫最终要达到的目标。在“戒惧慎独”中，他既延续了阳明之学戒惧慎独为一体、不可分割的观点，又继承了朱熹思想的合理内核。他认为这两种工夫相互融合、互为补充。[②]

对关中学者予以研究的主要有李敬峰的《王心敬四书学的学术旨趣和义理价值》和《王吉相〈四书心解〉的学术旨趣、诠释特质及其思想意义》。王心敬在对“四书”的创造性诠释过程中，凸显出了“会通朱王”“推重主敬”及“摆落训诂”的学术旨趣，不仅维系了阳明心学在清初关中地区的主导地位，而且以“义理经学”的面相抵制了考据之学在关中地区的渗透。[③] 而王吉相在对“四书”的创造性诠释过程中，呈现出宗本阳明、驳斥程朱的学术取向，彰显了“重义理轻训诂”“以四书证四书”“推阐心解之法”“排斥异端之学”的诠释特质。他的诠释

① 杨爱姣：《孙奇逢〈四书〉学思想研究》，陕西师范大学硕士学位论文，2013 年。

② 李静雯：《理学视域下的孙奇逢〈四书〉学思想研究》，山东大学硕士学位论文，2021 年。

③ 李敬峰：《王心敬四书学的学术旨趣和义理价值》，《中南大学学报》（社会科学版）2021 年第 6 期。

更新和补正了阳明心学，开显出了阳明心学的经世面向，成为把握清初阳明心学演进面貌乃至清初学术格局的一个鲜活而具体的个案。[①]

对李颙进行研究的主要有赵吉惠的《李二曲〈四书反身录〉对传统儒学的反省与阐释》、方庆云的《李二曲〈四书反身录〉之研究》、朱康有和葛荣晋的《论李二曲的心解四书》、杨亚亚的《李颙〈四书反身录〉研究》、张波的《李二曲良知论研究——以〈四书反身录〉为主要文献基础的考察》和李敬峰的《李二曲的〈四书反身录〉与明清之际阳明心学的自我更新和转向》等。[②]其中赵吉惠指出，李二曲作为明清之际主要是清初具有强烈民族气节的思想家，面临宋明以来儒学“经世致用”传统的渐趋淡化，功利之习、训诂章句之风渐盛，独树一帜地奋起重建、复兴儒学“经世致用”的传统学风，以孔孟之原典阐释儒学的精神，以“明体适用”为精神方向，以“修己”“治平”“性命”之学为理论基础构建了传统儒学体系。李二曲的“明体适用”“修己”“性命”之学，相互为用，通向了“内圣外王”之道，活跃了传统儒学的命脉，复归了孔孟原典要指。[③]方庆云指出，《四书反身录》一书主要阐述了“明体适用”之学说主张，按其内容可分为四大类：心性论——二曲认为人人皆有道德本心，不论圣人愚夫皆先天有之。因此只要懂得操持存养，人人皆可成圣。修养论——由于道德本心极易遭受生理役使、物欲蒙蔽、环境熏染，所以二曲提出立志、悔过、虚心、静坐、持敬、守廉、孝亲、安命等八项修养工夫，以保道德本心之虚灵不昧。读书论——二曲强调读书贵在“向内觅理”，以寻回道德本心。因此他认为读书应以“性命之学”为先为主，以“经世之学”为次为副，以“记忆

① 李敬峰：《王吉相〈四书心解〉的学术旨趣、诠释特质及其思想意义》，《中国哲学史》2022 年第 5 期。

② 赵吉惠：《李二曲〈 四书反身录〉对传统儒学的反省与阐释》，《中国哲学史》1998 年第 1 期；方庆云：《李二曲〈四书反身录〉之研究》，逢甲大学硕士学位论文，1990 年；朱康有、葛荣晋：《论李二曲的心解四书》，《唐都学刊》2006 年第 6 期；杨亚亚：《李颙〈四书反身录〉研究》，华中师范大学硕士学位论文，2015 年；张波：《李二曲良知论研究——以〈四书反身录〉为主要文献基础的考察》，《孔子研究》2015 年第 5 期；李敬峰：《李二曲的〈四书反身录〉与明清之际阳明心学的自我更新和转向》，《哲学动态》2022 年第 5 期。

③ 赵吉惠：《李二曲〈四书反身录〉对传统儒学的反省与阐释》，《中国哲学史》1998 年第 1 期。

之学”为末为后。并且主张多思多问，多亲师友，多重实践，以求学业精进。政治论——因为二曲重人治轻法治，所以主张以知人善任和荐举方式来擢拔人才，并将讲明学术之重责大任寄希望于少数精英。另外他提出制定田制、减轻田赋、增加田利三项民生主张，可惜缺乏具体措施。① 朱康有、葛荣晋指出，李颙是以自己的心性修养为基础，以建立的工夫、本体、适用范畴框架为基本依据，对“四书”进行了高妙阐解，从而提升了其形上境界。② 张波指出，二曲之学本于阳明，其良知论立足于儒学道体、性体、心体名异实同的思维理路，提出“良知即良心也，一点良心便是性”的命题，也侧重从阳明学注重道德本心的角度揭示“良知即明德”“良知之外再无知”，以及“真知”与“闻见择识”“外来填塞之知”的联系与区别。李颙强调“学贵敦本”和对良知本体的描绘，凸显了与宋明儒重视以“体认”为主要特征的理论路径的不同，并以“学道原为了心”“放心”“养心”作为其良知论的理论归宿，展示了清初之际儒者对阳明心学的理解与继承。③ 李敬峰指出，李二曲以“依经立说”为进路，借由对“四书”的创造性诠释，以“标举心学要旨”“阐扬良知要义”“重构体用关系”“整合程朱工夫”的理论新诠形式，从阳明心学内部展开自我革新。一方面，李二曲通过回向经典，求证于经书，推动阳明心学朝“经典主义”转进；另一方面，他借朱子学救济阳明心学，援引“主敬穷理”，抉发“明体适用”，促使阳明心学从偏于内在的心性体悟、专于个体的道德完善扭转到经世致用、切实敦行的方向上来，开辟出修正、更新阳明心学的新路径，提振几于坠落的阳明心学，为阳明心学在晚清的再度崛起赓续学脉。李二曲之学成为探究明清之际阳明心学衍化的一个生动而具体的个案。④

① 方庆云：《李二曲〈四书反身录〉之研究》，逢甲大学硕士学位论文，1990 年。

② 朱康有、葛荣晋：《论李二曲的心解四书》，《唐都学刊》2006 年第 6 期。

③ 张波：《李二曲良知论研究——以〈四书反身录〉为主要文献基础的考察》，《孔子研究》2015 年第 5 期。

④ 李敬峰：《李二曲的〈四书反身录〉与明清之际阳明心学的自我更新和转向》，《哲学动态》2022 年第 5 期。

六、对乾嘉汉学派《论语》注本的研究

考据学，也称考证，指对古籍文献的字音字义及古代社会的典章制度等的考核和辨正。[①] 有清一代特别是乾嘉时期，考据学大兴，由考经而考史，大家辈出。这一时期，有关儒家经典的笺注、古代制度的考订、文字训诂、音韵、史事考辨，以及校勘、辑佚、考异、辨伪等领域都有专著问世，学者们在考证工作上形成了一套很有特点的治学方法，这就是：实事求是、无征不信、广参互证、追根求源。[②] 受此影响，重考证也成为清代《论语》学的重要特点，由此产生了两大学派及不少以辑佚、考异、辨伪、校勘为主的《论语》研究成果。学界对此也多有关注。

一是分学派研究《论语》诠释特色。在学风上，乾嘉学者可分成以惠栋为首的吴派和以戴震为首的皖派，两派差距较大，"惠君之治经求其古，戴君之治经求其是" [③]，共同之处在于他们都反理学、反心学，而推崇汉儒，讲求回归儒家经典。对清代吴派研究的代表作是柳宏和冯晓斌的《论吴派〈论语〉诠释特点》，该文在分析惠栋的《论语古义》、江声的《论语注参》和《论语竢质》及余萧客的《论语钩沉》等吴派代表作品后，认为惠栋等吴派学者对《论语》的诠释呈现出博古崇汉、重视训诂、专于辑佚的鲜明特点。但也存在着不足：固守汉儒经说，唯汉是信；援古正后，违背了发展规律；混淆大义和训诂，违背了汉儒治经的基本精神。[④] 对清代皖派研究的代表作是乔芳和柳宏的《清代皖派〈论语〉诠释特点论》，该文总结了皖派《论语》诠释的三大特点：精于名物、崇尚古注、权衡汉宋，并引用江永《乡党图考》来加以论证。[⑤]

---

① 庞朴：《中国儒学》（四），上海：东方出版中心，1997 年，第 47 页。

② 陈其泰：《清代公羊学》，北京：东方出版社，1997 年，第 150 页。

③ 陈寒鸣、杨菊芹：《乾嘉汉学家的经学思维方式及其政治意义》，《中国社会科学院研究生院学报》1997 年第 4 期。

④ 柳宏、冯晓斌：《论吴派〈论语〉诠释特点》，《江苏社会科学》2018 年第 4 期。

⑤ 乔芳、柳宏：《清代皖派〈论语〉诠释特点论》，《学术界》2017 年第 11 期。

二是对考异、辨伪、校勘形式的《论语》代表性文本予以研究。对考异形式的《论语》代表性文本进行研究的成果主要集中在翟灏的《四书考异》上，代表作有唐明贵的《〈论语考异〉探微》、潘虹的《翟灏〈四书考异·总考〉述略》、林雅淳的《翟灏〈论语考异〉研究》、安静的《〈四书考异·条考〉考异考释之形式特点》和《浅谈〈四书考异〉与考异法的词义确诂价值》等。[①] 其中唐明贵指出，翟灏生活的时代，恰逢朴学大盛时期，受时代思潮之影响，所著《论语考异》具有三大注释特点：注重对经文和音读的校勘；引证广博，不立门户；博搜泛采，资料翔实，成为清代汉学家研究《论语》的扛鼎之作。[②] 潘虹指出，翟灏是清代著名的经学家、语言学家，其代表作《四书考异·总考》的特点：博采众长，细致严谨；汉宋兼采，精于审断；诠释精准，方法多变；考据翔实，令人信服。不足之处是引文脱、讹、衍、误及论证有时牵强。[③] 林雅淳指出，翟灏《论语考异》中的条考考异方式主要包括由句读不同解读之、考论石经版本异同、审辨字音字义同异、考异衍字讹字脱字、由史书史料考其异、论述避讳相关问题，其特色主要有引经据典广博、审辨文字音训、实事求是精神、遵从汉注古说。[④]

对辨伪形式的《论语》代表性文本进行研究的成果主要集中在崔述的《洙泗考信录》《论语余说》上，代表作有陈金信的《崔述群经辨伪研究》、李玉莉的《崔述的〈论语〉研究》和宋庄泽的《论崔述的〈论语〉研究》等。[⑤] 其中李玉莉指出，在撰述《洙泗考信录》和《论语余说》时，崔述就提出了《论语》的真伪问题。通过考究《论语》源流，他论

① 唐明贵：《〈论语考异〉探微》，《东方论坛》2008 年第 4 期；潘虹：《翟灏〈四书考异·总考〉述略》，杭州师范大学硕士学位论文，2009 年；林雅淳：《翟灏〈论语考异〉研究》，高雄师范大学硕士学位论文，2010 年；安静：《〈四书考异·条考〉考异考释之形式特点》，《浙江教育学院学报》2010 年第 5 期；安静：《浅谈〈四书考异〉与考异法的词义确诂价值》，《内蒙古师范大学学报》（哲学社会科学版）2019 年第 2 期。

② 唐明贵：《〈论语考异〉探微》，《东方论坛》2008 年第 4 期。

③ 潘虹：《翟灏〈四书考异·总考〉述略》，杭州师范大学硕士学位论文，2009 年。

④ 林雅淳：《翟灏〈论语考异〉研究》，高雄师范大学硕士学位论文，2010 年。

⑤ 陈金信：《崔述群经辨伪研究》，彰化师范大学硕士学位论文，2000 年；李玉莉：《崔述的〈论语〉研究》，河南师范大学硕士学位论文，2009 年；宋庄泽：《论崔述的〈论语〉研究》，曲阜师范大学硕士学位论文，2014 年。

定《论语》一书有“窜乱”，有“续附”，认为《论语》非孔门《论语》之原本，亦非汉初《鲁论》之旧本。在纂辑者的问题上，崔述认为《论语》不是孔子门人所作，也不是出于一人之手，而是后儒根据孔子门人的记述编辑而成。另外，崔述还对《论语》的版本流传问题进行了研究。崔述《论语》研究最主要的成就体现在篇章辨疑上。在辨疑中崔述肯定了《论语》可信的部分，更主要的是发现了许多可疑之处，并对这些疑问进行了深入的考证辨析。这些疑问不仅包括《论语》中一些事实言论的不可信，也包括《论语》上下两部分之间文体结构上的相异之处。后者具体表现在前后称谓之异、问答表达方式之异和语言风格及思想意境之异等方面。在进行《论语》篇章辨疑的同时，崔述还对《论语》义理进行了阐释。虽然崔述没有对《论语》进行全面系统的注解，但对《论语》的句读之法有很深的感悟和体会。在此基础上，他阐述了《论语》所蕴含的“圣道”本真，并对前人传注作以评说，其中最主要的是对朱子《论语集注》进行了精辟的论析。崔述在《论语》研究方面取得了巨大的成就，他的大部分观点为后人所继承。[①] 宋庄泽指出，在《洙泗考信录》中，崔述从不同角度对《论语》进行了辨伪，认为“后五篇，惟《子张》篇专记门弟子之言，无可疑者。至于《季氏》《阳货》《微子》《尧曰》四篇中，可疑者甚多。而前十五篇之末亦间有一二章不类者”“前后十篇文体之异”等。崔述所认为的这些问题，从目前的考古发现及结合传世文献的印证，他以为需要怀疑的很多地方，甚至包括研究方法在内，都值得商榷。因此，对崔述思想的研究，对《论语》的重新认识，都非常有助于更好地传承、学习《论语》。[②]

对《论语》尤其是《乡党》篇中的名物制度予以考证的成果主要集中在江永的著作上。这方面的成果主要有丁之涵的《明清〈四书〉专题类书研究——以江永〈四书典林〉〈四书古人典林〉为例》、吴小晶的《〈乡党图考〉研究》、吴龙灿的《〈乡党图考〉的〈论语〉学和三礼学

① 李玉莉：《崔述的〈论语〉研究》，河南师范大学硕士学位论文，2009 年。

② 宋庄泽：《论崔述的〈论语〉研究》，曲阜师范大学硕士学位论文，2014 年。

贡献》和许璐的《江永孔子研究考——以〈乡党图考〉为中心》等。[①] 其中丁之涵指出，江永的两部类书，都以辑录经史文籍的原文为主。虽然他在学术研究上精于考订，其所著书也多有考辨新意，然类书既为制举设，则力求不掺杂己见，而以“止录陈说”为第一原则。但于通说之经文，则求其能明于学子。故经义其文有难明而注释不可省者，则略释一二，其文或用古注，或用先儒说，或以己意融贯，然不作发明。而于天文、历法、制度、名物，有先儒说未当者，有今人考据未精者，其事关经文理解之重要者，则为剖析一二。若非其辨之不当，考之不精，而仅为江永之别见新意者，则不采录，唯恐其不可通行，故止录旧说。[②] 吴小晶指出，《乡党图考》的考证特点有四：实事求是，汉宋兼采；开辟新的考证角度；前后勾连，整合一体；审慎严谨，考辨翔实。[③] 许璐指出，江永《乡党图考》“备论孔子生平历年行事”的目的是纠他书误处、释古有疑难、辨真伪异说。他在书中对孔子先世及生平的考证，符合清儒学术取向，也为清人所接受。在考证中，他对年代、地名高度敏感，善于运用天文学、地理学、训诂学的相关知识来诠释经文，得出的结论客观、切实。[④]

对校勘形式的《论语》代表性文本进行研究的成果主要集中在阮元的著作上，代表作黄娇的《阮元〈论语〉研究成就略论》指出，阮元《论语》研究的方法主要有二：一是以校勘为主要方式探求经注原貌，二是阐释《论语》中的关键词以求圣贤之道。阮元《论语》研究的特点是：第一，用实践思想贯通《论语》；第二，冷静客观地批判朱子的学说与观点；第三，引用曾子之说阐释《论语》。阮元《论语》研究的贡献是：

① 丁之涵：《明清〈四书〉专题类书研究——以江永〈四书典林〉〈四书古人典林〉为例》，华东师范大学硕士学位论文，2011 年；吴小晶：《〈乡党图考〉研究》，鲁东大学硕士学位论文，2013 年；吴龙灿：《〈乡党图考〉的〈论语〉学和三礼学贡献》，《泰山学院学报》2019 年第 6 期；许璐：《江永孔子研究考——以〈乡党图考〉为中心》，《中国典籍与文化》2021 年第 2 期。

② 丁之涵：《明清〈四书〉专题类书研究——以江永〈四书典林〉〈四书古人典林〉为例》，华东师范大学硕士学位论文，2011 年。

③ 吴小晶：《〈乡党图考〉研究》，鲁东大学硕士学位论文，2013 年。

④ 许璐：《江永孔子研究考——以〈乡党图考〉为中心》，《中国典籍与文化》2021 年第 2 期。

一方面，他对某些具体问题的论述成为不刊之论；另一方面，他论述的某些问题为后人研究指明了方向。[①] 胡鸣的《阮元〈论语注疏〉校勘价值诉求》指出，阮元《论语注疏》校勘的最终目的在于尽可能地展示最接近古本《论语》之“善本”，故先以校而不改的方法复现宋十行本，再以古本之“善”校十行本之“异”。由于其取舍标准不一，版本依据驳杂，终致其理想善本难以实现。[②]

七、对兼采贯通派《论语》注本的研究

乾隆年间，汉学在惠栋、戴震、江永等人的引领下开始了复兴，“崇汉复古”的诠释方式逐渐成为主流。但也有学者不认同他们过度崇尚“汉学”的做法，主张平等对待汉学和宋学，贯通各家，因而可以称为兼采贯通派，其中较为出名的有焦循、黄式三和刘宝楠。

焦循是乾嘉之际扬州学派的著名学者，诠释《论语》的成果有《论语通释》和《论语补疏》。关于焦循《论语》注本的研究主要有廖千慧的《焦循论语学研究》、石樱樱的《“执两用中”之恕道——焦循〈论语〉义理思想之阐发》、陈居渊的《论焦循的〈论语〉学研究》、万苗旺的《焦循〈论语〉学与乾嘉之际经学流变》、康宇的《由焦循对孔孟经典的诠释看乾嘉经学发展之转向》、冯晓斌的《焦循〈论语补疏〉诠释特点研究》、乐爱国的《焦循解〈论语〉“君子喻于义，小人喻于利”——兼与日本荻生徂徕〈论语征〉的解读之比较》等。[③] 其中石樱樱指出，焦循治《论语》之寄寓所在，乃一在阐发“一贯之道”，一在力辟“异端

① 黄娇：《阮元〈论语〉研究成就略论》，湖北大学硕士学位论文，2008 年。

② 胡鸣：《阮元〈论语注疏〉校勘价值诉求》，《赤峰学院学报》（汉文哲学社会科学版）2013 年第 6 期。

③ 廖千慧：《焦循论语学研究》，中正大学硕士学位论文，1994 年；石樱樱：《“执两用中”之恕道——焦循〈论语〉义理思想之阐发》，逢甲大学硕士学位论文，1997 年；陈居渊：《论焦循的〈论语〉学研究》，《云南大学学报》（社会科学版）2007 年第 1 期；万苗旺：《焦循〈论语〉学与乾嘉之际经学流变》，江西师范大学硕士学位论文，2013 年；康宇：《由焦循对孔孟经典的诠释看乾嘉经学发展之转向》，《社会科学》2015 年第 4 期；冯晓斌：《焦循〈论语补疏〉诠释特点研究》，《孔子研究》2016 年第 5 期；乐爱国：《焦循解〈论语〉“君子喻于义，小人喻于利”——兼与日本荻生徂徕〈论语征〉的解读之比较》，《中国哲学史》2021 年第 3 期。

执一”。缘此前提，故其提出“执两用中之恕道”及“反经行权之变通”两大人生课题。[①] 陈居渊指出，焦循对《论语》的研究，是为补充邢昺的《论语注疏》而作，其特点是重义理而轻考据。他对“一以贯之”“异端”等孔学真谛做出了新的诠释，提出了以《论语》来阐发《易传》思想，又以《易传》来印证《论语》之说，从而正确地把握孔子的思想脉络，给人提供了一个重要的治学启示。另外，通过对《论语通释》原稿本与定本之间关系的考辨可以看出，《论语补疏》是研究焦循《论语》学的最为完备的文本依据。[②] 冯晓斌认为焦循选择何晏《论语集解》的部分条目逐条诠释，以互文旁通为依据，以纠谬补新为途径，以精实兼具为追求，或训诂文字，或考究名物，或阐发义理，以己意明经为宗旨，时有新意灼见，显示了独特的《论语》诠释特点，为《论语》学研究提供了崭新的研究视角和研究方法。[③] 乐爱国指出，焦循解《论语》“君子喻于义，小人喻于利”的创新之处在于，以《易传》“利者，义之和”及《周易》中的“君子”“小人”可以互相转化为依据，不仅将其中的“君子”“小人”解为“以位言”，而且对义与利的相互联系、不可分离做了深入阐释，较日本荻生徂徕《论语征》的解读更为深入，并为后世清儒所接受，为刘宝楠《论语正义》所吸取，而成为一家之言。[④]

黄式三是清朝中后期著名的经学家，是浙东学派的代表人物之一，诠释《论语》的成果为《论语后案》。关于黄式三《论语》注本的研究成果主要有刘阁薇的《黄式三〈论语〉学研究》、谢志平的《黄式三〈论语后案〉训诂研究》、韩岚和张涅的《黄式三〈论语后案〉以“礼”为本的思想及其意义》、宋展云的《黄式三〈论语后案〉诠释特点论》、陈峰的《黄式三〈论语后案〉研究》及肖永明和陈峰的《论清儒以“礼”解经的

① 石樱樱：《“执两用中”之恕道——焦循〈论语〉义理思想之阐发》，逢甲大学硕士学位论文，1997 年。

② 陈居渊：《论焦循的〈论语〉学研究》，《云南大学学报》（社会科学版）2007 年第 1 期。

③ 冯晓斌：《焦循〈论语补疏〉诠释特点研究》，《孔子研究》2016 年第 5 期。

④ 乐爱国：《焦循解〈论语〉“君子喻于义，小人喻于利”——兼与日本荻生徂徕〈论语征〉的解读之比较》，《中国哲学史》2021 年第 3 期。

多重进路——以黄式三〈论语后案〉为例》等。[①] 其中宋展云指出，《论语后案》的诠释特点可分成三个方面：首先是“力求会通，不尚拘守”，《论语后案》荟萃汉魏、宋明及当时的《论语》注本，广收历代儒者经说，择善而从并抒发己见，反对佛、道和晚明的王学末流，力求保持儒学的纯洁性；其次是“考证史事，以史经世”，黄式三继承了浙东学派“经史兼治”的学术传统，对《论语》中诸多史事详加考辨，并援引史书以明经义；最后是“以礼为本，治平修身”，黄式三考证了《论语》中的礼制，并提出了“礼学即理学”的思想主张，强调“礼”的实用性，力图以礼经世。[②] 肖永明、陈峰则重点关注了黄式三以“礼”解《论语》的特色，指出，黄式三所著《论语后案》以郑玄礼学为学问宗主，重视“三礼”与《论语》的贯通互证，对《论语》中“礼”的意蕴与功用多有讨论。作为清儒以“礼”解《论语》的典范之作，《论语后案》折射了清儒以“礼”解经中秉信宗主、文献互证、礼意建构等多重进路。[③]

刘宝楠是乾嘉末期扬州学派的代表人物，其所著的《论语正义》被誉为集大成之作，在《论语》学史上占有相当重要的地位，故对《论语正义》的研究也比较多。成果主要有杨菁的《刘宝楠〈论语正义〉的注疏方法及其特色》、班吉庆的《刘宝楠〈论语正义〉征引〈说文解字〉略论》、邱培超的《刘宝楠〈论语正义〉研究》、龚霁芃的《〈论语正义〉的学术成就》、庄小蕾的《刘宝楠〈论语正义〉研究》、唐明贵的《刘宝楠〈论语正义〉的注释特色》、李鑫卓的《刘宝楠〈论语正义〉义理思想研究》、陈鸿森的《刘氏〈论语正义〉纂著史实考证——以新见刘宝楠父子书札为讨论中心》、吴柱的《刘宝楠、刘恭冕父子合撰〈论语正义〉

---

① 刘阁薇：《黄式三〈论语〉学研究》，高雄师范大学硕士学位论文，2008 年；谢志平：《黄式三〈论语后案〉训诂研究》，暨南大学硕士学位论文，2011 年；韩岚、张涅：《黄式三〈论语后案〉以“礼”为本的思想及其意义》，《孔子研究》2009 年第 2 期；宋展云：《黄式三〈论语后案〉诠释特点论》，《孔子研究》2014 年第 5 期；陈峰：《黄式三〈论语后案〉研究》，湖南大学硕士学位论文，2015 年；肖永明、陈峰：《论清儒以“礼”解经的多重进路——以黄式三〈论语后案〉为例》，《江汉论坛》2016 年第 2 期。

② 宋展云：《黄式三〈论语后案〉诠释特点论》，《孔子研究》2014 年第 5 期。

③ 肖永明、陈峰：《论清儒以“礼”解经的多重进路——以黄式三〈论语后案〉为例》，《江汉论坛》2016 年第 2 期。

新证》、陈壁生的《刘宝楠〈论语正义〉的得与失》及秦跃宇和张永俊的《刘宝楠〈论语正义〉对刘台拱〈论语骈枝〉之继承》等。[①] 其中班吉庆指出，清代训诂学家非常重视《说文解字》，广泛运用它来注释和整理先秦文献。刘宝楠、刘恭冕父子竭毕生精力而成就的《论语正义》，引用《说文解字》多达千条。或追根溯源，不限形体；或旁稽博考，兼采备录；或多方参照，舍短从长，均能持论谨严，实事求是。对《说文》传本中某些异文、脱文及其他存疑之处，《论语正义》也做了校订和说明。“欲治圣经，先通小学”，这是包括《论语正义》作者在内的清代扬州学派留给我们最可宝贵的经验。[②] 龚霁芃指出，《论语正义》有“博采众长，精于审断”“考据义理，两不偏废”“不分门户，实事求是”“诠释方法，灵活多样”这四大学术成就。该书结合语言解释和心理解释来分析《论语》，避免了之前经学家们容易忽略对文本情感的分析与揣摩的问题，是一种全新的视角。[③] 唐明贵的《刘宝楠〈论语正义〉的注释特色》则针对性更强，总结了《论语正义》的四大诠释特色：“甄采众家，兼收并蓄”“持论谨严，实事求是”“广参互证，注重考证”和“会通章句，阐发义理”，并指出了《论语正义》与历史上著名研究成果的关系：“是书在皇《疏》、邢《疏》、朱熹《集注》的基础上，指正谬误，兼采善说，对其他诸家的佳注也时有甄采。”[④] 李鑫卓指出，《论语正

---

① 杨菁：《刘宝楠〈论语正义〉的注疏方法及其特色》，见蒋秋华主编：《乾嘉学者的治经方法》下，台北：“中研院”中国文哲研究所，2000 年；班吉庆：《刘宝楠〈论语正义〉征引〈说文解字〉略论》，《扬州大学学报》（人文社会科学版）2001 年第 6 期；邱培超：《刘宝楠〈论语正义〉研究》，台湾“中央”大学硕士学位论文，2001 年；龚霁芃：《〈论语正义〉的学术成就》，《孔子研究》2006 年第 3 期；庄小蕾：《刘宝楠〈论语正义〉研究》，复旦大学硕士学位论文，2006 年；唐明贵：《刘宝楠〈论语正义〉的注释特色》，见《历史文献研究》（总第 31 辑），上海：华东师范大学出版社，2012 年，第 302—310 页；李鑫卓：《刘宝楠〈论语正义〉义理思想研究》，武汉大学硕士学位论文，2020 年；陈鸿森：《刘氏〈论语正义〉纂著史实考证——以新见刘宝楠父子书札为讨论中心》，《文史》2021 年第 4 期；吴柱：《刘宝楠、刘恭冕父子合撰〈论语正义〉新证》，见《历史文献研究》（总第 46 辑），扬州：广陵书社，2021 年，第 142—146 页；陈壁生：《刘宝楠〈论语正义〉的得与失》，《国际儒学》2021 年第 4 期；秦跃宇、张永俊：《刘宝楠〈论语正义〉对刘台拱〈论语骈枝〉之继承》，《湖州师范学院学报》2022 年第 7 期。

② 班吉庆：《刘宝楠〈论语正义〉征引〈说文解字〉略论》，《扬州大学学报》（人文社会科学版）2001 年第 6 期。

③ 龚霁芃：《〈论语正义〉的学术成就》，《孔子研究》2006 年第 3 期。

④ 唐明贵：《刘宝楠〈论语正义〉的注释特色》，见《历史文献研究》（总第 31 辑），上海：华东师范大学出版社，2012 年，第 302—310 页。

义》不仅考据精审，于义理方面也颇为用力。在刘宝楠看来，圣贤论政治学术，都是本“中庸”之意而来，其核心就在于“成己成物”。君子要先通过学使自身完善，即“成己”，然后出仕、任教，由修养自身进而惠及天下百姓，达到“成物”的境界。因此在论“学”方面，刘宝楠特别看重对内在心性的修养，并结合自身经历，提出“执一艺以成名”才是学者为学之正法。而在“仕”方面，刘氏对学优则仕、仕优则教的古选举制十分向往，其关于出处之际及仕与富贵关系的看法，都比较切合实际，并非空言。《论语正义》能取得如此成就，首先得益于刘宝楠深厚的家学渊源和汉学功底。而对于宋学，刘宝楠也多有吸纳，他本人对于朱子更是极为推崇。同时，刘宝楠深受清代公羊学派的影响，对于《论语》一书中有补于时政的一面尤为重视。其所提倡的“经世致用”的治学宗旨，不拘门户、实事求是的治学态度，对于当代学者仍然具有重要的借鉴意义。[①] 陈壁生以刘宝楠、刘恭冕父子的《论语正义》为例，考察了清代经疏中最重要的解经方法之一，即“以经证经”这一基本方法的得失。他指出，刘宝楠的《论语正义》对汉注采择极为精审，他最重要的贡献，是从群书引《论语》内容中发掘《论语》的“汉人旧义”。20 世纪敦煌文献出土，使今人可以看到，刘宝楠的“汉人旧义”，有大量与新出土之说若合符契。该书的问题主要是大量引用先秦两汉子书、史书中的说理之言解释《论语》语录，于是乎出现了许多似是而非、模棱两可的解释。今天阅读《论语》，在参考刘宝楠的《论语正义》时，必须正视其得失，才能更好地领会《论语》精义。[②]

八、对公羊学派《论语》注本的研究

清中期以降，常州学派揭橥公羊学大旗，倡导“三世说”等思想，强调经世致用，致力于挖掘经文之“微言大义”。受此影响，许多学者开始尝试以公羊学来诠释《论语》。该学派肇端于刘逢禄、宋翔凤，继

① 李鑫卓：《刘宝楠〈论语正义〉义理思想研究》，武汉大学硕士学位论文，2020 年。
② 陈壁生：《刘宝楠〈论语正义〉的得与失》，《国际儒学》2021 年第 4 期。

之以戴望等人，终成于康有为。他们倡言“托古改制”说，借阐释经典来为变法寻找依据，使学术成为政治的工具。

对常州学派《论语》学进行整体研究的主要成果是柳宏的《清代常州学派〈论语〉诠释特点新论》，该文指出，常州学派的《论语》诠释高举西汉今文学大旗，阐发《论语》微言大义，形成了鲜明的个性特点；完成了由乾嘉考据向今文义理的发展转型；体现出不别古今、会通汉宋的学术品格；拓展了《论语》的诠释空间，敞开了《论语》文本的意义结构。[①]

代表人物刘逢禄以公羊学论释《论语》的作品是《论语述何》。对其进行研究的有许雪涛的《刘逢禄〈论语述何〉及其解经方法》、黄开国的《析刘逢禄〈论语述何〉及治学方法》、马永康的《〈论语〉注解中的“公羊学”取向——刘逢禄〈论语述何篇〉和康有为〈论语注〉比较》等。[②]其中许雪涛指出，刘逢禄用了深化主题、类比引申、断章取义几种方法将《论语》与公羊学一体化。此种做法开启了晚清《论语》大义公羊化之风气，虽然某些过度的解释受到讥讽，却也起到拓展传统公羊学研究视野的效果。[③]黄开国探讨了刘逢禄以《公羊》说《论语》的依据，肯定了刘逢禄为提高《论语》和《春秋》地位的努力，但也指出刘逢禄证明《论语》中有公羊学三科九旨诸义的过程中不乏牵强附会之说。[④]

常州学派的另一重要代表人物是宋翔凤，他著有《论语说义》和《论语纂言》。学界对此研究的较多，如孔祥骅的《论宋翔凤的〈论语〉学》、黄开国的《宋翔凤〈论语〉学的特点》、申屠炉明的《论宋翔凤以〈公羊〉解〈论语〉的得失》、闫春新和徐向群的《宋翔凤〈论语说义〉

① 柳宏：《清代常州学派〈论语〉诠释特点新论》，《文学评论》2012年第1期。

② 许雪涛：《刘逢禄〈论语述何〉及其解经方法》，《中国哲学史》2005年第2期；黄开国：《析刘逢禄〈论语述何〉及治学方法》，《四川大学学报》（哲学社会科学版）2007年第5期；马永康：《〈论语〉注解中的“公羊学”取向——刘逢禄〈论语述何篇〉和康有为〈论语注〉比较》，《孔子研究》2008年第3期。

③ 许雪涛：《刘逢禄〈论语述何〉及其解经方法》，《中国哲学史》2005年第2期。

④ 黄开国：《析刘逢禄〈论语述何〉及治学方法》，《四川大学学报》（哲学社会科学版）2007年第5期。

的解经特色》、杨佩玲的《宋翔凤〈论语纂言〉研究》及张天杰的《宋翔凤〈论语说义〉的特色与公羊学解经的新发展》等。[①] 其中黄开国指出，宋翔凤的《论语说义》除了以公羊学孔子素王说的微言为宗表现出今文公羊学的基本取向，还具有自身的特点，如显著的汉学风格；杂采古今、汉宋；孔老同源说的援道入儒；杂引谶纬、牵强附会。这些特点是其所处的时代背景的体现，具有时代局限性。[②] 闫春新和徐向群认为《论语说义》有三大解经特色，一是以《公羊》之义挖掘、引申《论语》所蕴含的微言大义；二是以"三礼"与音韵解经；三是既博采杂引历代各类子书、古籍以训诂名物，而又尤重以四书五经之经意解说《论语》，思想活跃而多变。[③] 张天杰指出，宋翔凤解析《论语》中孔子的微言大义，以《春秋公羊传》贯通《论语》而阐发"性与天道"之说，而后又以《周易》《老子》会通《论语》并推论孔、老同源于《归藏》之《易》，其最大的特色就是《论语》与《老子》互证。[④]

戴望为常州公羊学后劲者，他继承了刘逢禄、宋翔凤以《公羊》解《论语》的思维模式，但关注重点倾向于政治方面，著有《论语注》一书。学界对此多有关注，主要代表作有黄珊的《孔子改制与〈论语〉研究——刘逢禄至戴望的〈论语〉学》及谢弟庭的《戴望及其〈论语注〉研究》。[⑤] 其中黄珊考察了刘逢禄、宋翔凤和戴望三者间的联系和区别，联系在于三人的《论语》诠释作品都贯穿着以《公羊》解《论语》的主题，但在解释的过程中存在差异：刘逢禄的解释着眼于"句"，宋翔凤

---

① 孔祥骅：《论宋翔凤的〈论语〉学》，《历史教学问题》1999 年第 6 期；黄开国：《宋翔凤〈论语〉学的特点》，《哲学研究》2007 年第 1 期；申屠炉明：《论宋翔凤以〈公羊〉解〈论语〉的得失》，《南京工业大学学报》（社会科学版）2009 年第 3 期；闫春新、徐向群：《宋翔凤〈论语说义〉的解经特色》，《船山学刊》2010 年第 1 期；杨佩玲：《宋翔凤〈论语纂言〉研究》，高雄师范大学硕士学位论文，2011 年；张天杰：《宋翔凤〈论语说义〉的特色与公羊学解经的新发展》，《湖南大学学报》（社会科学版）2021 年第 4 期。

② 黄开国：《宋翔凤〈论语〉学的特点》，《哲学研究》2007 年第 1 期。

③ 闫春新、徐向群：《宋翔凤〈论语说义〉的解经特色》，《船山学刊》2010 年第 1 期。

④ 张天杰：《宋翔凤〈论语说义〉的特色与公羊学解经的新发展》，《湖南大学学报》（社会科学版）2021 年第 4 期。

⑤ 黄珊：《孔子改制与〈论语〉研究——刘逢禄至戴望的〈论语〉学》，《福建师范大学学报》（哲学社会科学版）2006 年第 6 期；谢弟庭：《戴望及其〈论语注〉研究》，高雄师范大学硕士学位论文，2010 年。

的解释着眼于“篇”，而戴望的解释则从“字”开始，进而扩展到“篇”。刘、宋认为《论语》寓素王改制之意，并以此作为诠释的主题，但由于《论语》内容零碎，有时前后文关联性不强，难免会出现牵强附会之处。而戴望着眼于“字”，采用“注”的方式，因而《论语注》中公羊学思想和《论语》原文的关联更为密切，但仍在《论语》素王改制的预设之下，并不能完全解决思想引申带来的割裂感。①

康有为是常州学派公羊学的集大成者，戊戌变法失败后，他避居印度大吉岭时写成了《论语注》。当下的研究成果主要有柳宏的《康有为〈论语注〉诠释特点论析》、林沁莹：《康有为“四书新注”思想之研究》、赖璟宜的《康有为〈论语注〉之研究》、唐明贵的《康有为〈论语注〉探微》、苗琦玉的《康有为仁学思想研究——以〈四书注〉〈大同书〉为中心》、谭凯和贺汉魂的《儒学近代化的努力——康有为〈论语注〉思想研究》、曹润青的《康有为〈论语〉观析论》《康有为〈论语注〉思想研究》、刘星的《康有为儒家经典诠释研究》等。② 其中，柳宏认为康有为作《论语注》的目的是以今学反拨伪古，以大同代替旧制，张孔学大道，绘改制蓝图。他之所以倡言孔学被曾学遮蔽、被刘歆篡伪、被宋儒歪曲，是为赋予自己的诠释以合法性。他以《论语》为载体，融入君主立宪制、社会契约论、进化论等西方思想，重视农耕，试图为变法维新构建理论依据。③ 林沁莹指出，康有为撰写《论语注》的目的在于“正伪古之谬，发大同之渐”，因此全书阐述的主题在于“神化孔子”及“大同思想”两大方面。基于“尊孔”的信仰，康氏做了很多面向的努力，

① 黄珊：《孔子改制与〈论语〉研究——刘逢禄至戴望的〈论语〉学》，《福建师范大学学报》（哲学社会科学版）2006年第6期。

② 柳宏：《康有为〈论语注〉诠释特点论析》，《广东社会科学》2008年第6期；林沁莹：《康有为“四书新注”思想之研究》，台湾政治大学硕士学位论文，2011年；赖璟宜：《康有为〈论语注〉之研究》，高雄师范大学硕士学位论文，2008年；唐明贵：《康有为〈论语注〉探微》，《中国哲学史》2009年第2期；苗琦玉：《康有为仁学思想研究——以〈四书注〉〈大同书〉为中心》，台湾中山大学硕士学位论文，2014年；谭凯、贺汉魂：《儒学近代化的努力——康有为〈论语注〉思想研究》，《船山学刊》2016年第4期；曹润青：《康有为〈论语〉观析论》，《中国哲学史》2018年第4期；曹润青：《康有为〈论语注〉思想研究》，北京：商务印书馆，2019年；刘星：《康有为儒家经典诠释研究》，北京：中国社会科学出版社，2021年。

③ 柳宏：《康有为〈论语注〉诠释特点论析》，《广东社会科学》2008年第6期。

包括立孔教为国教，设立孔教会、宗圣会、圣学会，以及注解“四书”。其神化孔子的目的在于巩固中国的民族力量，以抵御西方列强的侵略，因此在《论语注》中几乎随处可见尊封孔子为“教主”“圣王”的注解文字。此外，康有为也强调孔教具有“时中权变”的价值意义，能够在现实环境中解决各种问题，自然也可以帮助晚清挣脱内忧外患的政治困境。另一方面，他对“大同思想”的论证，大致上以“三世进化”作为基本观点，以“政治变法”作为运用层面，以“享乐主义”作为思想特色，这是《论语注》的义理研究进路。[①] 唐明贵在《康有为〈论语注〉探微》中对康有为进行了准确定性，即康有为不是一个纯粹的学者，而是一个欲以经学干政的政治活动家。其对刘歆的伪古文经的批判也不总是准确的，存在矫枉过正的情况。但康有为拓展了传统儒家的“外王学”，援西入《论语》，开儒学近代化之先河，在《论语》注释史上开创了新的一页。[②] 曹润青的专著以《论语注》为核心，对康氏戊戌变法后的经学与哲学思想进行了初步考察，一方面，集中探讨了康氏的“《论语》观”，对康氏打破“四书”、重建基于今文经学的新经典体系进行了较为深入的分析；另一方面，在哲学思想上，勾勒了康氏以改制为中心、以“性与天道”和“微言大义”为两大内容的思想体系，从而呈现了康氏思想体系的整体规模。[③] 刘星的专著立足于康有为儒家经典的代表性著作，探究了西方科学视域下康有为所建构的儒学思想体系的嬗变与重建，肯定了康有为积极吸取西方先进思想来丰富和发展儒学的努力。[④]

九、结语

综观清代《论语》学研究的历史，参与之人众多，领域广泛且成

① 林沁莹：《康有为“四书新注”思想之研究》，台湾政治大学硕士学位论文，2011 年。

② 唐明贵：《康有为〈论语注〉探微》，《中国哲学史》2009 年第 2 期。

③ 曹润青：《康有为〈论语注〉思想研究》，北京：商务印书馆，2019 年。

④ 刘星：《康有为儒家经典诠释研究》，北京：中国社会科学出版社，2021 年。

果丰硕。上文较为全面地列举了八种类型的相关文章，并对其中具有代表性的作品进行了概括描述。这些作品都有自己的特色和可取之处，但就整体而言仍存在着可以补充和完善的地方：一是研究多集中于著名人物身上，对一些有《论语》诠释作品但名气稍逊的学者的研究较少，比如翁方纲、徐养原和俞樾等；二是专题研究力度不够，对心学派和乾嘉学派的挖掘有待深入，相关《论语》著作的研究较为少见；三是研究领域有待拓展，如对清代《论语》学与政治、教育、学术的互动关系方面的研究较为欠缺，只有与康有为相关的文章有所涉及，实际上与当时的时代背景相联系有助于理解学者在《论语》诠释中流露出的思想。因此，清代《论语》诠释仍是一个值得深入研究的领域。

（校对：由吉辉）

“儒林论坛·先秦儒学与早期中国”学术研讨会综述

◇ 高 强
（山东大学儒学高等研究院）

2024 年 5 月 18 日至 5 月 19 日，适逢山东大学儒学高等研究院（前身为“山东大学儒学研究中心”）庞朴先生创办《儒林》杂志 20 周年。为推动儒学的多角度、全方位研究，缅怀庞朴先生办学精神，并将“儒林”系列论坛打造为儒学走向世界的标志性学术文化会议品牌，“儒林论坛·先秦儒学与早期中国”学术研讨会在山东大学中心校区成功举办。本次研讨会由山东大学杨朝明教授发起，山东大学儒学高等研究院、儒家文明省部共建协同创新中心主办，山东大学儒学高等研究院中国哲学研究所、《儒林》编辑部承办，来自清华大学、中国人民大学、中国社会科学院、复旦大学、南京大学、南开大学、四川大学、山东大学等机构的 50 多位专家学者出席本次会议。

本次会议的主题为“先秦儒学与早期中国”。先秦儒学是中国古代两千多年儒家思想，乃至整个中华文明传统的源头。“仲尼祖述尧舜，宪章文武”，说明“二帝三王”是早期儒家重要的思想渊源，也是两千多年来儒家所向往的理想时代。本次会议，正是围绕儒家思想的初始与开源阶段展开研讨，深入理解和把握儒家思想的文明特质。会议的主旨发言和分论坛，主要围绕以下三个方面展开。

一、儒家经典的专门研究

《周易》《尚书》《春秋》《论语》《大学》《中庸》等儒家经典是先秦儒者思想的集中表达，对我们深入理解早期中国的精神形态具有重要意义。

在《周易》研究方面，山东大学秦洁将《周易》“观，盥而不荐，有孚颙若”与《论语》“禘自既灌而往者，吾不欲观之矣”两句文辞进行对比，认为观卦卦辞与“禘自既灌”章所内含的“观其德”之义，是祭祀礼之根本大义，也契合《论语》的思想主旨。

在《尚书》研究方面，福建社会科学院陈罕含对《尚书》的名称进行了专门考察，认为它晚于“书”作为文类及“夏书”“商书”“周书”称谓的出现时间，并不间断地继承了“书”从西周以来一直作为政治公文档案的性质。山东师范大学刁春辉将《尚书·秦誓》主旨与儒家王霸论相联系，认为虽然霸道并无价值上的绝对合理性，但在事实层面仍需加以肯定，并在心性与作为上作一转进，而至王道才可。

在《春秋》研究方面，西北师范大学张立恩指出，在《春秋》学史上，清儒姚际恒剔除汉唐文字褒贬条例之说的普遍性与褒贬属性，试图坚持朱子所说的据事直书说，实现对朱子《春秋》说理论困境的解决。

在《论语》研究方面，厦门大学冯兵认为，《论语》的为政之道主要针对作为统治者的“君子”，以民本思想为价值基础。所论不仅体现出了德智兼备的要求，也体现出了情理交融的特点。聊城大学唐明贵分析了《论语》学的形成与汉政府推行的尊孔重儒的措施，分析其与尊崇儒术的文教政策、语言文字的时空性差异，以及释读者的创造性有很大关系。山东社会科学院刘云超从“仁”的生成与向善、生命的平等与独特、生命的敬畏和关怀、生命的有限与超越四个方面论证，《论语》是一部充满诗意、情感充沛并且崇尚变化、赞美生命之独特性的生命哲学作品。

在《大学》《中庸》研究方面，山东社会科学院张兴指出，郑玄《礼记注·中庸》注释的内容主要包括对字词句的注释、对句子大意的概括、引用史实进行注解，注释的特点主要是对字词的注释以简短为主、阐释句子大意及注解名物制度等。山东大学邹晓东比较了《大学》《中庸》的差异，认为《大学》"明德"并非《中庸》之"性"，"教—学—受教"意识属《大学》基本思维，它淡化"知识问题"，而凸显"知而不行—意志软弱"，《中庸》专门突出"真知问题"，并提出"天命之谓性，率性之谓道"作为对治方案。

二、尧舜三代与孔孟等思想研究

尧舜三代的圣贤形象、孔子及孔门弟子、孟子、荀子等的思想研究在先秦儒学的研究中也具有十分重要的地位。

在尧舜三代的圣贤形象研究方面，孟子研究院陈晓霞从《孟子》出发，认为舜的形象的关键在于舜是政治权力交接的"模范圣王"、儒家德性政治的"完美化身"、"尚贤"思想的"最佳代言人"。九州大学邓红认为董仲舒将泰伯让位解释为"行天（上帝）命""顺神（天）意"，上升到了"天命"的高度。山东大学杨朝明指出，不了解周公制礼作乐的内涵，或者将周公作《周礼》的时代拉后，就很难真正理解孔子的思想。山东师范大学张磊指出，鲁文化积淀了深厚的上古文明，崇德重礼的风尚培育和滋养了众多的圣人贤士，从而映现了宏大的圣贤气象。

在孔子的思想研究方面，南京大学李海超认为孔子临终前的"消摇"和"伤感"皆是其在不同的生活情境中本真的、自然的情感反应。孔子儒学的修养论蕴含着对开放心灵的追求。西南大学吴祖刚指出，孔子提出的"近取譬"开启了对仁爱推行方法的探讨。其后孟子以"推恩"继承和发展了"近取譬"，同时表现出对仁的新理解。荀子基于对理和类的诠释，批评孟子"推恩"，并提出了"推类"的行仁方式。中南财经政法大学夏世华分析了《子羔》对舜之受命的阐释，强调人子和民也能受天之命，这是对三代始祖禹、契和后稷的感生神话所蕴含的“天子”观念和天命思维的创造性转化。河北大学许春华指出，孔子诗教与诗学融入孔子儒学，是孔子诗性品质的思想根源。这种诗性品质是道德品质与实践品质的统一。兰州大学张美宏从孔子重塑三代理想的背景出发，认为“仁”在孔子那里成为一种规限日用常行的绝对价值原则，“行仁”是主体实现自我与满足自我的不二选择。孔子“仁学”由此展现出普遍性的价值关切。河北大学朱君鸿认为“仁”至孔子那里则演变为社会人伦之全德总德，是道德行为之规范准则；“仁”成为统率其他德目的总德，趋于为儒家所专有。

在孔门弟子的思想研究方面，四川大学曾海军对孔门弟子颜子、曾子的传道特征展开研究，颜子见得高，却能时时取道中庸，曾子学得实，却能事事究极高明，二者都能于“极高明而道中庸”上不落于一边。

在孟子的思想研究方面，山东大学陈佩辉认为孟子继承了《中庸》《五行》两种进路，将“仁义礼智”根植于每个人的内心，强调天赋性善的普遍性和必然性，以及由尽心而会通天人的普遍性和简易性，并积极突出“德性之天”的重要性，提出“存心养性”这一新的事天观。上海师范大学高瑞杰指出，从《中庸》称“义者宜也，尊贤为大”，到《孟子·离娄上》称“义之实，从兄是也”，由“尊贤”而至“从兄”之“义”，思孟学派显然有伦理内向化的倾向。河南省社会科学院贾晓东认为，“道德情感”这一概念在孟子思想中体现为伦理思想中典型的情感主义色彩、人与社会乃至国与国之间关系处理的“情理合一”的特点，以及良知良能和“养气”说等培养人的道德情感的工夫论进路。首都师范大学孔德立指出，孟子阐发了“养浩然之气”。“气”以义、道为基础。道是仁道，义是行仁之路。“养气”是行仁义之道的方式。仁义之正，气之浩然，使孟子进一步阐发了集义与仁政学说。曲阜师范大学郑治文以“仁义内在”“君子所性”“反身而诚”三个思想命题来概括孟子性善论的主旨，它们分别证明了道德依据在“我”、道德选择在“我”，以及道德实现在“我”的三大理论问题，由此真正确立了“我”作为道德主体而存在的意义。

在荀子的思想研究方面，复旦大学蔡思涵认为荀子充分认识到社会国家起源问题的重要性，冯友兰在两卷本《中国哲学史》中以边沁式功利主义回答了性恶之人如何结成秩序的难题，提出人们之所以需要国家，是由于功利这一理由。山东大学李玮皓指出荀子“名”的制定除了有助于改善社会风气，亦有利于建立社会秩序。庄子以寓言或譬喻之形式阐发道的境界，从而启发人们追求人生之真谛。

在宋明理学研究方面，中国人民大学刘增光从各个方面分析了“真儒从善治而出”一语，认为罗汝芳等人对孝悌之教的重视主要是落在社会教化层面，忽视了政治制度的相对独立性。上饶师范学院徐公喜指出，朱子学是一门“致广大，尽精微，综罗百代”的精致而又庞大的学术体系，它具有多学科交叉、综合性的学说特征；朱子学又是时代文化的创新者，有着“发展出一番新理学”的整体性、创新性和先进性特征。

三、早期儒家思想及早期儒家出土文献的综合研究

早期儒家思想包含着十分丰富的内容，如天命观念、伦理思想及治道理论，而且，相关出土文献的发掘，为我们认识上述内容提供了更为广阔的视域。

在早期儒家的天命观念研究方面，首尔大学郭沂具体从“西周的宗教哲学”“《周易》古经中的德义”“西周的自然天道观”三个方面论述西周作为早期儒家思想的重要来源。清华大学黄少微探讨了“以史为鉴”思想形成的背景与机制。周人主要通过听闻古人之言获取经验知识，在丰富的过往经验的基础上和天命观念的促发下，形成了以夏殷过往经验为鉴诫的历史意识。清华大学唐文明通过对《伯夷列传》中“伯夷”“叔齐”与“盗跖”不同命运的分析，反驳了对天道的报应论解释，提出一种以圣人为枢纽的感应论天道观，凸显了教化的天道论意义。中国社会科学院赵法生指出，孔子在综合吸收三代宗教相关思想的基础上完成了哲学突破，创立儒家学派，成为跨越古代宗教和哲学

两个时代的文化集大成者。

在早期儒家的伦理思想研究方面，山东大学黄玉顺通过对文化的讨论，阐明儒家文化思想中礼义→礼制→礼仪多个层面的特征。山东大学李富强指出，先秦儒家的“时中”哲学，一方面强调在“因应时变”中把握中庸之道，另一方面体现在合理地行权意味着实践主体以其灵活性因应特殊的情境。南开大学卢兴将儒家的仁德归结为“个体之仁”“类性之仁”“成物之仁”和“本体之仁”四个层面，其内在逻辑是仁德的推扩原则，建基于仁爱之情的感通作用。郑州大学田丰从卫庄公蒯聩与卫出公辄父子相争的困境出发，认为依据儒家伦理学判断时不是仅依凭抽象原则，而是在不同的份位名号与具体情境中寻求中道。山东大学徐玲指出，周公制礼使礼从宗教鬼神之礼转为人文制度之礼，而孔子在礼坏乐崩的时代，重新振兴礼乐，赋予礼乐内在之源的深刻内涵。湖北大学周海春从先秦儒学的经典化、人性论、中国的国家观念、圣王的人格追求、秩序原则五个方面深入论证了其对中华文明的深刻贡献。山东大学马德鑫从史学角度分析了《春秋》中诸侯参与的会盟与战争位次。会与盟本为二事，各有其次，若仅有诸侯参与，则会、盟同次，有王臣参与，则会、盟异次。

在早期儒家的治道理论研究方面，河南大学董保民基于金文文献的研究，指出西周中晚期的周王室形成了以“世官为表，任官为里”为特征的官僚制模式。山东大学李承志从公私、治道、官民及圣俗四个方面分析了孔庙的意义，认为孔庙的未来发展或应建基于公民宗教，以适应现代生活方式。山东大学李文文指出，在“时”的视域下，“信而好古”不仅是关于过去的“文明记忆”，更为塑造人类“想要的未来”注入想象力和可能性，深层次反映了儒家的历史观念。山东大学王占彬分析了先秦时期不同学派“太上，其次”话语的不同内涵，认为“太上，其次”话语蕴含的伦理、政治思想能为当今个人美德和政德修养提供有益借鉴。山东大学谢文郁从君子何以“知人知天”入手，呼吁我们当下应该建构一种新时代的君子理念，寻求培养新一代君子群体的途径，造福于当代社会。山东大学曾美珠以船山的“诗礼乐”论为中心，认为我们现在应该思考如何重新构建和复兴儒家那自先秦以来即具有社会功能和价值的“教化”观。中南大学张子峻认为自前子学时代到先秦子学时代的秩序学说最终汇流于儒家，勾勒了一条自帝、天、德到仁、礼的儒家秩序理论线索。

在早期儒家的出土文献研究方面，天津师范大学李金璇从上博简《鲁邦大旱》探讨孔子的灾异观，既建议统治者正德刑以稳固统治，又利用民众仍然重鬼神的特点建议统治者祭鬼神以安抚民众。山东大学刘光胜以清华简《芮良夫毖》为中心，探讨西周的保民思想，指出西周重民思想存在由“自纳于善”向“纳王于善”转变的理论趋势。中央民族大学王文东探讨了郭店楚简的礼学特色，具体表现在知礼乐与贵仁、不争之德与谦让、减损价值观及爱敬节制与守中的取向三个方面。

四、结语

山东大学蔡杰对本次会议总结道，本次“儒林论坛”学术研讨会，对于“先秦儒学与早期中国”的研究是一次尝试性的深入探索，涉及的面向十分丰富。从儒家经典的专门研究来看，本次论坛呼应了经学逐渐复兴的潮流，这是历来乃至未来儒学发展不可或缺的核心部分。从尧舜三代的圣贤形象与孔、孟、荀的思想研究来看，孔、孟、荀的思想研究一直是先秦儒学研究的重镇，本次“儒林论坛”除了孔、孟、荀研究，还将眼光投向孔子之前更早的“二帝三王”，对儒家思想的渊源进行探索，这无疑是一种重要的突破，因为“二帝三王”一直以来都是传统儒家的理想时代，其圣王历史寄托了儒家在教化层面对于理想社会的憧憬，所以对先秦儒学的理解，离不开对早期儒家历史渊源的探索。从早期儒家思想观念的研究看，本次论坛有一个显著的特点，就是先秦儒家超越维度的突显，和以往扭扭捏捏、模棱两可地论说儒家的超越性不同，本次会议有多位学者明确强调，并且深入探讨了先秦儒家超越维度的思想特征，这也为将来先秦儒学的研究指引了一个重要的方向。

征稿启事

《儒林》为山东大学儒学高等研究院主办的学术刊物，由庞朴先生创刊于2005年，在学术界产生了重要影响。《儒林》是高品位的大型学术连续出版物，主要刊载儒学及儒学相关的研究成果，每年出版两辑。

一、办刊宗旨

以实事求是为圭臬，以兼容并蓄为宗旨，坚持百花齐放、百家争鸣的方针，主张对儒学展开多角度、全方位的研究。

二、栏目设置

本刊常设栏目包括：儒林大家访谈、儒家思想研究、儒学源流、儒学与世界文明、儒家与当代社会、研究综述、书评等。欢迎海内外儒学研究领域及文史哲相关领域的专家学者积极投稿。

三、投稿要求

1. 一般稿件篇幅为1万字左右，最长勿超过1.5万字（特殊稿件例外）。

2. 来稿请撰摘要、关键词、作者简介。

3. 注释、参考文献一律采用脚注形式。某参考文献在文中首次出现时，注明其相关信息，格式如下：

（1）图书：作者/编者：《书名》，出版地：出版社，出版年份，页码。

（2）期刊：作者：《文章标题》，《刊名》XXXX年第X期。

（3）报纸：作者：《文章标题》，《报纸名称》，出版年月日。

（4）网络文章：作者：《文章标题》，网站名：网址。

4. 来稿请在文末注明作者信息（姓名、工作单位、职称、职务、研究领域等）、联系方式、通信地址等。

5. 来稿请发 Word 文档电子稿。

6. 来稿请勿一稿多投。稿件寄出后三个月未收到录用通知，即可另行处理。

四、稿酬

来稿一经发表，即按统一的稿酬标准寄上稿酬。

五、投稿邮箱： rulinzazhi@126.com

山东大学儒学高等研究院

《儒林》编辑部